CONNAISSANCE DE L'ORIENT

COLLECTION UNESCO
D'ŒUVRES REPRÉSENTATIVES

SÉRIE JAPONAISE

PUBLIÉE EN VERTU D'ACCORD ENTRE L'UNESCO ET LE GOUVERNEMENT JAPONAIS
AVEC LA COOPÉRATION DES EXPERTS DU
CONSEIL INTERNATIONAL DE LA PHILOSOPHIE ET DES SCIENCES HUMAINES
ET DE M. ETIEMBLE, REPRÉSENTANT LES ÉDITIONS GALLIMARD.

Conformément aux règlements de l'Unesco, cette traduction a été relue par M. François Toussaint.

Rashômon

et autres contes

par Akutagawa Ryûnosuke

TRADUCTION ET INTRODUCTION
D'ARIMASA MORI

nrf

GALLIMARD / UNESCO

Titre original :

SAKUHIN-SHU

AVANT-PROPOS

La présente traduction a été faite d'après le texte original contenu dans Akutagawa Ryûnosuke Zenshû (« *Œuvres complètes d'Akutagawa Ryûnosuke* »*), publié par les Éditions Iwanami, 1955, tomes I, II, IV, V, VI et VII.*

*Le premier souci du traducteur était de se tenir, autant que possible, proche du texte qu'il s'efforça de rendre sans le déformer ni l'enjoliver. Mais, mises à part les difficultés dues à la différence foncière des deux langues, japonaise et française, le traducteur doit s'avouer presque désespéré de la distance qu'il a été obligé de reconnaître entre ce souci et ce qu'il a pu réaliser. Si, en dépit de cela, l'insuffisance de la présente traduction a pu être plus ou moins atténuée, le traducteur le doit entièrement aux conseils et aux corrections pertinentes que des professeurs et des amis français ont bien voulu lui faire au cours de son travail. M. Charles Haguenauer, professeur à la Sorbonne, directeur d'études à l'École pratique des Hautes Études et directeur de l'Institut des Hautes Études Japonaises de l'Université de Paris, a bien voulu, non seulement encourager la tâche ardue du traducteur, mais encore prendre la peine de relire certaines parties de la traduction et corriger nombre de fautes qui pouvaient s'y trouver; M. René Sieffert, professeur à l'École Nationale des Langues Orientales Vivantes, a, de son côté, eu la grande amabilité de relire avec le traducteur la majeure partie du manuscrit et de suggérer des solutions en répondant en expert à beaucoup de questions posées par celui-ci. Qu'ils reçoivent ici l'expression des sentiments de reconnaissance les plus sincères du traducteur. Il tient ensuite à remercier vivement tous ses amis et toutes ses amies qui ont bien voulu l'aider dans l'arrangement et la mise au point du manuscrit, notamment M. Jean Esmein, M*lles *Marguerite Jay et Anna Feles qui, chacun de son côté, ont bien voulu relire la totalité, ou presque,* *de la présente traduction et contribuer, par leur soin méticuleux, à l'amélioration de la version française.*

M. Bernard Frank, chargé de recherche au C.N.R.S., a bien voulu répondre avec beaucoup d'attention aux questions que le traducteur lui a posées sur certains termes bouddhiques. Qu'il soit assuré de tous les sentiments de gratitude du traducteur.

Le choix des textes traduits a été fait par le soin de la Commission nationale de l'Unesco au Japon.

Tenant compte de la nature des œuvres d'Akutagawa, destinées au grand public, le traducteur a tâché de limiter les notes au strict nécessaire.

A. Mori.

INTRODUCTION

Pour les lecteurs sensibles à certaines valeurs littéraires, le nom d'Akutagawa Ryûnosuke reste l'un des plus riches en évocations et en souvenirs de la littérature japonaise contemporaine. Bon nombre de Japonais cultivés se rappellent avoir eu, en leur jeunesse, une période fortement marquée par l'œuvre de notre auteur, apparemment intellectualiste, dénuée de toute manifestation sentimentale, teintée d'un scepticisme insouciant et ironique à la manière d'Anatole France, mais qui, sous une apparence légère et élégante, cache assez mal quelque chose d'inquiétant, de peu assuré, quelque chose qui peut évoquer un acteur de théâtre dont le masque et le jeu, tragiques à souhait, ne suffisent pas à dissimuler l'autre lutte pénible, parfois inconsciente, qui se déroule en son for intérieur. Et, cette lutte, à un moment donné, viendra à affleurer inéluctablement à la surface de son existence et à la submerger sous les flots d'une véritable tragédie. Dès ses toutes premières nouvelles se dégageait ce « quelque chose », cette « vague inquiétude », selon les termes mêmes par lesquels il tint à définir le motif de son suicide. Mais notre propos n'est pas, pour le moment, de tenter de percer le secret de cette « vague inquiétude » dont la signification ne cesse de soulever des polémiques. Le moins qu'on puisse en dire, c'est que c'est justement ce « quelque chose », cette « vague inquiétude » de plus en plus obsédante à l'approche de la fin tragique de l'écrivain, qui exerce sa puissante fascination sur l'intelligence et la sensibilité des lecteurs; ces derniers sentent que leurs préoccupations profondes, ou plutôt leur problématique « existentielle », se trouvent saisies et partagées par l'auteur qui, en les précisant et en les amplifiant jusqu'à une sorte de hantise, les projette sur un fond imprégné d'un « spleen » qui lui est particulier. Pour tous ceux qui étaient à même de se retrouver dans ce paysage intérieur d'Akutagawa, toile de fond de toute son œuvre, sa mort fut loin d'être une surprise. Shiga Naoya (né en 1883), un des plus grands romanciers de notre temps, et qui le connaissait personnellement, écrit à ce propos dans une de ses nouvelles : « J'ai appris la mort d'Akutagawa, le matin du 25 juillet, dans le train qui m'amenait de Shinonoi à Kutsukake, dans la province de Shinano. Je ne nie pas que ce ne fût une nouvelle inattendue. Néanmoins, le sentiment que j'ai eu à ce moment-là était différent de celui que j'avais éprouvé lors du suicide d'Arishima Takéo (1878-1923). Dans ce dernier cas, comme dans celui du général Nogi (le comte Nogi Maresuke, 1849-1912, vainqueur des Russes à Port-Arthur en 1905, se suicida à la mort de l'Empereur Meiji, son souverain), c'est l'irritation qui s'était emparée de moi (devant l'absurdité de leur acte). Mais, pour Akutagawa, je n'ai fait que soupirer, sans savoir pourquoi, en me disant : « Il ne pouvait faire autrement... » Bien que rien de positif n'ait pu le justifier, il est curieux que ce premier mouvement de réaction résignée l'ait emporté sur tous autres sentiments » (Shiga Naoya : « A Kutsukake », nouvelle, dans Études sur Akutagawa Ryûnosuke, *rédigées par Fukuda Kôzon, éd. Shinchôsha, Tôkyô, 1957, p. 242; les parenthèses sont du traducteur).*

Nul écrivain japonais contemporain n'a suscité autant de discussions qu'Akutagawa quant au caractère essentiel de son œuvre. La surprenante variété des sujets traités, l'ahurissante habileté avec laquelle il a su manier différentes sortes d'écritures, classique et moderne (je dis « écriture », non pas « style », car je suis d'avis que notre auteur a son style propre, qui est manifeste à travers toute une gamme d'« écritures » dont il disposait avec une grande aisance, style qui incarne le mouvement de son esprit, lequel consiste essentiellement à narrer et à interpréter, non pas à inventer et à développer), le surgissement inattendu de son propre fond sans fard ni masque dans de multiples structures verbales savamment et ingénieusement combinées, déroutent et souvent consternent les critiques.

Nombre de critiques littéraires ont essayé de situer Akutagawa dans son cadre social et, sous ce rapport, de le comprendre et de l'apprécier. Je ne nie pas qu'il y ait intérêt à le faire. Mais, dans une telle optique, certains points essentiels de son œuvre risquent de passer inaperçus, ignorés. D'aucuns voudraient en préciser les traits dominants dans la perspective d'une rencontre des deux civilisations orientale et occidentale. Cette voie d'accès, hormis le fait qu'elle est conforme à une manière actuelle d'envisager le problème de la culture, aurait d'autant plus de raisons d'être positive que notre romancier lui-même ne cessa d'être hanté par des notions de la civilisation occidentale et prit part, comme tant d'autres, à ce grand mouvement à l'échelle nationale qui visait à la transformation de la culture traditionnelle afin de créer une nouvelle civilisation japonaise d'allure occidentale, une civilisation pour ainsi dire « hybride », celle du Japon contemporain. Mais, là encore, en dépit de toutes les significations qu'il pourrait prendre, ce point de vue peut souvent, sinon fausser, du moins simplifier le problème et laisse échapper l'essentiel de ce qu'on peut et doit attendre à juste titre de la lecture des ouvrages d'Akutagawa. Il est évident que son œuvre est, comme bien d'autres, susceptible d'être analysée à partir de ces considérations d'ordre culturel, sociologique ou historique. Mais, ainsi que nous l'avons vu, dans l'activité littéraire ou plus exactement dans la motivation littéraire d'Akutagawa — et je ne doute pas qu'il n'ait répondu par ses écrits à ses plus profondes sollicitations intérieures, transcendantes à tous éléments venus de l'extérieur —, il existe quelque chose qui reste résolument imperméable à toutes ces analyses et qui, par cela même, constitue le noyau de ses réalisations littéraires. Ce noyau a un caractère nettement personnel et, ce qui est très important, foncièrement japonais. De prime abord, les lecteurs attentifs pourront bien le sentir. Notre romancier porta en lui-même, et ce dès ses débuts, le germe d'un drame intérieur dont son suicide sera l'aboutissement. Toutes les affabulations à la manière occidentale tombent l'une après l'autre, au fur et à mesure que se développe son drame. Il serait facile de le classer sous telle ou telle étiquette conventionnelle. On ne parviendrait jamais pour autant à s'expliquer cette irrésistible fascination de son œuvre qui s'exerce sur la sensibilité du lecteur. Elle vient certainement de ce quelque chose de très personnel dont Akutagawa, tout en se refusant à se livrer aux yeux indiscrets, imprègne son œuvre, la marquant d'un style si bien à lui, qui ne cesse de sourdre de la diversité de ses écritures parfois très éloignées les unes des autres.

AKUTAGAWA RYUNOSUKE

Biographie sommaire.

Akutagawa Ryûnosuke (1892-1927) est né à Tôkyô le 1er mars de la vingt-cinquième année de Meiji, dans un vieux quartier de l'Est, encore riche de souvenirs de l'ancien Edo (dans l'actuel arrondissement de Nihonbashi, quartier d'Irifune). Dès le neuvième mois après sa naissance, il fut adopté par la famille Akutagawa, d'où était issue sa mère Fuku, devenue folle. Il passa donc sa première enfance dans l'arrondissement de Honjo, quartier Koizumi, où habitait cette famille. Ses parents adoptifs appartenaient à une vieille maison d'Edo et qui comptait parmi ses membres bon nombre de gens versés dans le style de vie de la dernière époque de Tokugawa, qui avaient des fonctions rituelles et protocolaires dans le gouvernement du shogunat. Le goût d'Akutagawa pour les choses chinoises et japonaises prend donc sa source dans l'atmosphère familiale dans laquelle il grandit. A la différence de Nagai Kafu (1879-1959), né et élevé dans une famille de fonctionnaire du nouveau régime, déjà sensiblement européanisée, le milieu dans lequel évolua Akutagawa enfant n'était pas encore touché par les flots de l'occidentalisation qui commençaient à ébranler le vieil édifice du Japon traditionnel. Élève de l'école primaire de son quartier, le futur romancier, à l'âge de neuf ans, montrait déjà un penchant pour la littérature, parcourant les œuvres classiques et modernes, tant chinoises que japonaises, telles que Suiko-den, Saiyu-ki *ou bien les auteurs comme Bakin (1767-1848), Samba (1776-1822), Ikku (1765-1831), Chikamatsu (1635-1724), Tokutomi Roka (1868-1927), Izumi Kyôka (1873-1939), etc. Ayant terminé ses études primaires en 1905, il entra au lycée de son arrondissement. Il excella en « classique sino-japonais »* (Kanbun) *et arriva assez rapidement à goûter dans le texte original les anciens poèmes du Continent. Sa connaissance de la littérature contemporaine allait s'élargissant ; tous les grands noms littéraires de l'époque trouvaient leur place sur les rayons de sa bibliothèque : Kôyô (1867-1903), Rohan (1867-1947), Ichiyô (1872-1896), et surtout Mori Ogai (1862-1922) et Natsume Sôseki (1867-1916), dont il deviendra un des familiers vers la fin de ses études supérieures. Parmi les Occidentaux, il fut particulièrement attiré par Ibsen et Anatole France. L'histoire, elle aussi, le passionna ; il eut même l'intention, à une certaine époque, de se faire historien. Au lycée supérieur (second cycle de l'enseignement secondaire, section Lettres), où il fut admis en 1910, il continua de lire avec une ardeur accrue. Ses lectures préférées étaient alors Baudelaire, Strindberg, Anatole France, etc. En 1913, il entra à la Faculté des Lettres de Tôkyô, dans la Section de littérature anglaise. Les vastes connaissances qu'il avait acquises commencèrent à porter leurs fruits. Dès 1914, ses activités littéraires se multiplièrent : traduction d'Anatole France et de Yeats, participation brillante à la revue littéraire* Shinshichô *(« Idées nouvelles »), qui publia sa première nouvelle,* Vieillesse *(1914). Le célèbre* Rashômon *succéda à celle-ci en 1915, toujours dans la même revue, qui don-*

nera un an après le non moins célèbre Nez. *Cette nouvelle lui valut la haute considération du romancier Natsume Sôseki, dont le nom s'imposait parmi les jeunes et dont notre auteur était déjà un des familiers. La même année parurent successivement* Un enfer de solitude, Gruau d'ignames *et* Le Mouchoir. *Cette année-là encore, il obtint le titre de licencié ès lettres à la Faculté des Lettres et fut nommé chargé de cours d'anglais à l'École des Ingénieurs de la Marine à Yokosuka. Puis ce fut un de ses chefs-d'œuvre,* Le Rapport d'Ogata Ryôsai, *en 1917; il se mit ensuite à écrire* L'Illumination créatrice. *1918 vit son œuvre déjà importante s'enrichir de* Le Martyr, Le Fil d'araignée, Figures infernales. *En 1919, il donna sa démission à l'École Navale pour se consacrer à la création littéraire et publia des nouvelles dans diverses revues et journaux, notamment dans le* Mainichi, *journal à gros tirage, dont il devint correspondant. En 1921, envoyé par ce journal, il fit un voyage en Chine qui dura cinq mois, au cours duquel il parcourut le Continent en tous sens. L'année suivante parurent* Chasteté d'Otomi *et* Dans le fourré *qui, trente-cinq ans plus tard, fournira l'intrigue principale du célèbre film* Rashômon, *titre emprunté à une autre nouvelle déjà mentionnée et dont la vision cauchemardesque lui servira de cadre. Il déployait une activité littéraire de plus en plus intense, mais sa santé, minée par diverses affections, neurasthénie, ulcère d'estomac, troubles intestinaux, palpitations de cœur, etc., commença à décliner. Il est évident que son affaiblissement physique eut de fâcheuses répercussions sur le rythme de sa production littéraire. A partir de 1923, le ton de son œuvre change. Les nouvelles ou les contes dont il recherchait les sujets et les éléments dans un passé ranimé par son imagination cèdent la place à des récits plus proches de la réalité, souvent autobiographiques, intimes même :* Le Carnet de Yasukichi, Un morceau de terre, *etc. En 1925, parut une nouvelle, apparemment autobiographique,* La Première Moitié de la vie de Daidôji Shinsuke. *Pendant l'année 1926, Akutagawa écrivit peu, changea souvent de domicile pour soigner une santé déjà très affaiblie. 1927, c'est l'année de sa mort, et c'est cette année-là qu'il se lança dans une tentative littéraire désespérée avec* Villa Genkaku *et le célèbre* Kappa. *Il se suicida le 24 juillet en absorbant une forte dose de cyanure. Il laissait quelques œuvres posthumes :* Lettres à un vieil ami, Engrenage, Vie d'un idiot, L'Homme de l'Ouest, *la suite de* L'Homme de l'Ouest, *et on y voyait enfin apparaître, au lieu du conteur caustique qu'il avait été, l'homme déchiré et épuisé par la lutte qu'il menait contre un destin tragique.*

Généalogie littéraire d'Akutagawa.

Apprécier à sa juste valeur l'œuvre d'Akutagawa est une tâche assez complexe. Il suffit de la lire, dira-t-on. Mais, dans le cas de notre auteur, tout comme pour les autres écrivains japonais d'aujourd'hui, il est utile, nécessaire même, afin de la mieux comprendre, de tenir compte des diverses conditions et des multiples éléments relatifs à la genèse de leur création. Il me semble que c'est d'autant plus nécessaire lorsqu'on en lit une traduction. On a maintes fois parlé du brusque changement politique, social et culturel intervenu au Japon dans la seconde moitié du XIXe siècle, lorsque ce pays, sortant d'un isolement prolongé, entra en relations avec les puissances occidentales. Il serait donc superflu de répéter ici l'historique de cette transformation. Il n'empêche que le véritable sens de ce problème a été relativement peu approfondi, surtout par les étrangers, dont l'attention a souvent été portée vers le côté extérieur et « sensationnel » de cette métamorphose; le problème est, d'ores et déjà, de savoir en quoi consistait précisément, pour la conscience des Japonais plus ou moins avertis, ce changement ou ce passage d'un état à l'autre de leur culture. Car, cette transformation, à la différence de celle qui s'accomplit insensiblement et spontanément au cours d'une longue évolution continue, fit brusquement l'objet de leurs préoccupations. Aucune catégorie sociale n'y demeura étrangère. Chacun avait donc plus ou moins conscience qu'il participait à l'Événement et à la reconstruction qui s'ensuivit. Les gens de lettres ne firent pas exception; au contraire, ils prirent souvent une part très active au mouvement, voulant en ouvrir la voie. On peut donc trouver ici un curieux renversement de la position de la littérature qui, en règle générale, est le produit d'une civilisation arrivée à maturité. Dans cette période de bouleversement national, la littérature, comme tant d'autres activités politiques et sociales, œuvra pour la modernisation du pays. Loin d'être le témoignage de ce qui se passe dans le champ d'une conscience individuelle, du moins tout au début de l'ère de Meiji, elle se plaça d'emblée au cœur d'une société en effervescence, et cela non pas en tant que reflet ou image consciente de cet événement social à l'intérieur d'une conscience individuelle, mais en tant que littérature directement alimentée par les divers éléments qui s'affrontaient dans ce mouvement de transformation. Avant la publication du célèbre manifeste, La Substantifique moelle du Roman, *dans lequel Tsubouchi Shôyô (1859-1934) insista sur la nécessité de dissocier la littérature d'un* idéal moral ou social (1885) — et avant l'apparition du premier roman de style moderne, Ukigumo (1885), dans lequel l'auteur, Futabatei Shimei (1863-1908), tenta d'analyser et de suivre, dans son processus psychologique, un héros pris dans sa vie quotidienne, afin, non d'incarner un idéal quelconque, mais de décrire simplement ce processus et de lui donner une certaine forme littéraire (1887), abondèrent les ouvrages à tendance didactique à côté des œuvres de goût burlesque ou décadent des derniers auteurs survivants de l'époque d'Edo : critiques de Fukuzawa Yukichi (1834-1901), notamment Promotion des sciences (1872), Précis de civilisation (1875) ; reportages imaginaires sur l'Occident tels que Voyage en Occident (1870), de Kanagaki Robun (1829-1894), et d'autres écrits encore qui, sous forme soit raisonnée, soit plus ou moins romancée, avaient pour but d'expliquer et d'enseigner l'esprit et les choses de la nouvelle civilisation que le Japon allait adopter.

Fukuzawa, par tous ses livres, voulut inculquer à ses contemporains la notion d'indépendance de l'individu et le respect qu'on lui doit. Et, de fait, après la révolution de Meiji, la littérature, elle aussi, en vint vite à graviter autour du problème de l'émancipation du « moi » individuel. Cette émancipation est essentiellement conditionnée par l'évolution politique et économique d'une société. Et, au Japon, l'ancienne structure sociale et familiale ayant largement survécu à la réforme, l'émancipation de l'individu ne put se réaliser que de façon très limitée. Cela vient également du fait que la réforme opérée sur le plan national, au lieu d'être l'aboutissement d'un long mûrissement, fut brutalement imposée à la société japonaise à l'arrivée des Occidentaux au stade ultime de leur expansion coloniale. L'allure claudicante de la modernisation entraîna l'insuffisance de l'émancipation des individus, et on imaginera aisément que l'étude du « moi » ainsi placé dans la structure arriérée de la société ait pu constituer le sujet favori de la nouvelle littérature. Cette confusion assez grossière, mais inévitable, de deux plans hétérogènes, politique et littéraire, laissera longtemps son empreinte, fâcheuse ou non, sur l'évolution ultérieure de la littérature japonaise.

La période d'édification et de « lumière » dura à peine vingt ans pour laisser la place à des tendances plus « littéraires ». Après la guerre sino-japonaise (1894-1895), vint l'époque des « romantiques », parmi lesquels on peut compter quelques écrivains de talent tels que Hirotsu Ryûrô (1861-1928), Kosugi Tengai (1866-1953), etc., mais celui qui surpassa les autres par son imagination riche et fantaisiste fut Izumi Kyôka (1873-1939), dont Akutagawa était un fervent lecteur lorsque celui-ci était encore au lycée.

L'issue heureuse de la guerre russo-japonaise (1904-1905) rangea d'un coup le Japon parmi les grandes puissances, du moins c'est ce que crurent le peuple japonais et ses gouvernants. L'État fut renforcé, mais entraîna fatalement dans sa structure nombre d'éléments arriérés et réactionnaires : l'esprit libéral et individualiste dont l'éveil avait été sensible dans la perspective nouvelle dégagée par la guerre fut donc systématiquement réprimé. Une atmosphère lourde et tendue régna sur le pays. Ne pouvant plus se complaire dans des rêves romantiques, la littérature voulut apprendre à regarder plus objectivement la réalité qui l'entourait et comprendre le destin de l'esprit individuel qui allait s'étouffant sous la forte pression de l'État. L'évasion par le rêve fut ainsi remplacée par l'observation objective de la situation dans laquelle se débattaient les individus en quête d'une impossible émancipation. Shimazaki Tôson (1873-1930), avec Hakai, *« Rupture d'un interdit »* *(1906), et Tayama Katai (1831-1930), avec* Futon, *« Le Lit »* *(1907), marquèrent les premiers pas dans cette direction. Malgré certaines différences de nuances, les écrivains naturalistes japonais eurent ce trait commun qu'observant et décrivant minutieusement le milieu irrespirable dans lequel ils vivaient, ils en vinrent à être fascinés par ce précisément contre quoi ils luttaient. Dans les dernières années de sa vie, Shimazaki Tôson se rapprocha du patriotisme nationaliste de ses ancêtres ; quant à Tayama Katai, il se laissa glisser dans une sorte de quiétude bouddhique. Néanmoins, le naturalisme japonais, parce qu'il a exigé de chaque auteur d'observer et de décrire minutieusement le milieu dans lequel il vivait, permit que s'accomplisse dans la littérature japonaise la séparation décisive entre poésie et prose, en fournissant à cette dernière comme véritable matière la réalité elle-même sur laquelle elle devait s'appliquer. En d'autres termes, le mérite principal des romanciers naturalistes japonais est d'avoir donné naissance à un nouveau langage, à une* véritable *prose japonaise susceptible de refléter tous les détails et toutes les nuances de la réalité mouvante, ce à quoi ne pouvait réussir l'ancien langage japonais essentiellement issu de la poésie, par suite imprégné de subjectivité et qui se développait non pas selon l'ordre du fait mais dans un certain rythme émotif calqué sur la pulsation de l'activité mentale de celui qui écrivait. L'ancien langage des Japonais avait toujours été marqué par plus ou moins de détachement de la réalité, par un certain décalage vis-à-vis d'elle, en ce sens que, porté sur un rythme subjectif, articulé sur le mouvement intérieur, il avait plutôt tendance à se dévider automatiquement, prolongeant ainsi les premières émotions dont la succession discontinue avait engendré deux formes littéraires spécifiquement japonaises :* uta, *poèmes de forme courte, et* monogatari, *recueils de contes. Ces deux genres, l'un poétique et l'autre prosaïque, dont l'inspiration fondamentale fut toujours, pour l'un comme pour l'autre, de caractère essentiellement émotif, ont survécu obstinément tout au long des mille cinq cents ans de l'histoire de la littérature japonaise. L'introduction de la prose chinoise donna naissance, il est vrai, à l'époque de Kamakura, à ce fameux style hybride* Wa.kan konkôbun *(phrase mélangée sino-japonaise) dans lequel tous les prosateurs ultérieurs consignèrent en principe leurs écrits, et dont les traces restent sensibles jusque dans le japonais moderne. Mais la prose classique chinoise, en dépit de son ossature robuste, ou plutôt à sa faveur (fréquence outrée de phrases antithétiques, allure hiératique de la pensée, par exemple), s'adaptait mal, pour la décrire fidèlement, à la sinuosité d'une réalité mouvante, ce à quoi pouvait mieux réussir, en quelque sorte, la prose classique japonaise issue de l'inspiration poétique et poussée jusqu'à la perfection à l'époque de Heian, surtout sous l'influence décisive du* Genji-monogatari, *« Dit de Genji » (début du XIe siècle). La souplesse phraséologique de cette prose nuancée et ondulante était, cependant, de caractère plus psychologique que réaliste et c'est finalement l'élément poétique qui l'emportait. Mais revenons au style « hybride ». Il nous faut surtout retenir à ce propos que les formules chinoises sur lesquelles il est calqué étaient utilisées sous forme de traduction en japonais classique, ajoutant ainsi des éléments ornementaux et affectifs à la description déjà subjectivement articulée ; aussi ne pouvait-elle que renforcer le caractère essentiellement poétique de la prose japonaise. Les premiers chefs-d'œuvre écrits dans ce style :* Heike-monogatari, *la « Geste des Taïra » (début du XIIIe siècle),* Gempei-seisuiki, *« Chronique de la grandeur et de la décadence des* Minamoto *et des* Taïra *» (même époque), en témoignent largement. Émotivité et affectivité, voilà désormais, et définitivement, les deux traits qui caractériseront la construction de la phrase japonaise. Déjà, la langue elle-même porte cette marque. La complexité de l'emploi des particules enclitiques et la prolifération des suffixes fonctionnels qui encombrent la grammaire japonaise montrent clairement comment cette langue est constituée.*

Revenons à notre sujet. Les romanciers naturalistes japonais donc, harcelés par leur besoin d'observer la réalité objective et inspirés par les auteurs occidentaux dont ils ne cachaient pas avoir reçu une profonde influence, ont accompli cette tâche décisive de dépoétiser leur langage. Certes, le japonais, malgré leurs efforts et le succès obtenu dans une certaine mesure, reste et restera dans le fond ce qu'il est, à savoir une langue essentiellement émotive et affective. Mais, ils eurent le mérite d'ouvrir une fenêtre et de trouver à cette langue une nouvelle utilisation, peut-être un peu forcée, mieux adaptée cependant à la description de la réalité. Et cela justement en vertu des éléments particulièrement subjectifs de cette langue, c'est-à-dire enclitiques et suffixes fonctionnels, qui ont rendu possible, grâce à leur pure subjectivité, subjectivité au degré zéro, ce déplacement de la priorité, dans la construction d'une phrase, de l'élément hiératique et rythmique vers l'élément logique et sémantique.

Le contact avec la nature et la réalité sociale redonna ainsi une vie nouvelle à cette langue sclérosée par une trop longue fermentation en vase clos. Le langage forgé par les naturalistes, tout en restant, dans le fond, de caractère émotif (caractère peut-être éternel de la langue japonaise), en collant cependant volontairement à la rugosité de la réalité qu'il a pour rôle de refléter objectivement, put au moins se libérer de l'envoûtement du subjectif sous l'emprise duquel il s'était trouvé pendant plus de mille ans. On parle beaucoup, à ce propos, de l'influence exercée par les naturalistes français sur les auteurs japonais. Mais c'est dire trop, ou trop peu. Dire trop, car ce désensorcellement du langage avait été le problème essentiel de la langue japonaise, problème que personne n'avait réussi à résoudre, problème étranger donc au naturalisme français. Trop peu, car on ne peut douter que ces Japonais, de par leur besoin, furent irrésistiblement attirés par le naturalisme français ; et, ce qu'ils accomplirent, ce ne fut pas seulement la création au Japon d'une école naturaliste à la française, mais une véritable révolution du langage et de la manière d'observer (deux choses qui sont essentiellement inséparables). M. Yoshida Seiichi, dans son Histoire de la littérature japonaise *pendant les ères de* Meiji *et de* Taishô *(éd. Shûbunkan, Tôkyô, 8*e *éd., 1954), écrit : « Cette attitude des naturalistes (japonais), amorcée dans le domaine de la prose, s'élargit rapidement à la poésie et au théâtre. Et, de ce côté-là également, les restrictions imposées en regard de formules et de sujets furent levées pour donner naissance à une poésie de langue parlée et au vers libre... Même dans le* Haïku, *les formules figées et les sujets portant obligatoirement sur les saisons devinrent suspects et une nouvelle versification allait naître. Dans le domaine de la scène, pour la première fois avec les naturalistes, est né le théâtre moderne libéré des formules du* Kabuki. *A travers ces différents genres, furent introduits le respect d'une attitude objective vis-à-vis de la réalité, la description à partir de l'extérieur à tendance impressionniste et sensualiste. La méthode d'introspection fut généralement écartée. On s'attacha à observer et à décrire franchement ce qui est banal,* *terre à terre et charnel. Mais, avant tout, le naturalisme japonais prit conscience de l'esprit de la prose moderne et de l'objectivité de la réalité. Il était donc naturel qu'une révolution radicale s'opérât par rapport à la prose. C'est grâce à ce mouvement que les phrases écrites, libérées désormais des formules et des rythmes traditionnels, en vinrent à se confondre avec la langue parlée, ce qui permit aux idées et aux sentiments d'un auteur de se refléter tels quels sur les phrases dans un style qui lui était propre. En général, la rigidité s'assouplit et le cheminement complexe d'un sujet devint susceptible de s'exprimer... » (p. 167-168).*

Le naturalisme japonais cependant, malgré sa première motivation sociale et humaine, malgré son mérite d'avoir créé une véritable prose, tomba rapidement en déliquescence. Je l'ai déjà signalé dans le cas de Shimazaki Tôson et celui de Tayama Katai. Peut-être seul Tokuda Shûsei (1871-1943) resta-t-il fidèle au principe de l'École. A suivre de si près la vie réelle, leur propre vie et celle du commun des Japonais contemporains, cette vie entravée par la routine et des usages traditionnels, les naturalistes japonais vinrent à en redécouvrir le charme; cette vie, creuse et désespérante en regard des véritables valeurs humaines en quête desquelles ils étaient partis, leur « convenait » finalement, et pour cause... La viscosité opaque de leur société vint à bout de leur effort initial. De cette École désarçonnée partirent à tâtons diverses tendances littéraires; tandis que quelques-uns s'obstinaient malgré tout dans la voie normale du naturalisme, tel Tokuda Shûsei, les autres tournèrent leur regard vers leur « moi », le replaçant dans une perspective moins triste, avec un certain optimisme même, et, leur situation sociale aidant, crurent voir dans l'enrichissement culturel de leur « moi » une raison d'espérer. Ainsi apparut la tendance idéaliste d'une nouvelle école appelée « Groupe de Shirakaba » (nom emprunté au titre de leur revue mensuelle, Shirakaba, *« Le Bouleau », premier numéro, avril 1910), à laquelle appartinrent Mushakôji Saneatsu (né en 1885), Shiga Naoya (né en 1883), Arishima Takeo (1878-1923), etc. D'autres encore, tout en tournant le dos aux misères et aux laideurs décourageantes soulignées par les naturalistes et qu'ils n'étaient pas les derniers à reconnaître, refusèrent de s'élancer vers un quelconque idéal qui leur paraissait naïf ou subjectif, plongeant délibérément dans la description des jouissances sensuelles et éphémères que la réalité pouvait encore leur fournir. Excitation morbide et délectation morose des sens devinrent l'objet de leur préoccupation de plus en plus grande : ils allèrent de l'excitation à la surexcitation, d'une délectation complaisante à des jouissances effrénées et maladives.*

Continuant le naturalisme dans sa froide observation de la réalité, ces auteurs « décadents » en leur création littéraire cherchèrent abri au sein de paradis artificiels où leur « moi » se vautrait dans un paroxysme de volupté. Mais, on ne saurait oublier que c'est parmi ces « décadents » qu'on compte quelques-uns des meilleurs auteurs de l'époque contemporaine, par le raffinement de leur sensualité, par la richesse de leur évocation d'un passé révolu, enfin, et surtout, par la perfection de leur style. Deux grands noms resteront : Nagai Kafû (1879-1959) et Tanizaki Junichirô (né en 1885).

Ainsi, au début de l'ère de Taishô, coexistaient trois tendances : naturalisme obstiné, idéalisme et littérature décadente. C'est à ce moment précis qu'Akutagawa se lança dans la littérature. La prose suffisamment assouplie des naturalistes, le « moi » pieusement cultivé par les « idéalistes » et le goût raffiné des « décadents » constitueront la charpente de son œuvre littéraire. A l'instar des naturalistes, il était convaincu de la laideur, morale et physique, de la réalité, mais il ne partagea pas leur résignation; il eut bien, comme les idéalistes, la conscience aiguë du « moi », mais il ne crut pas à cette prestidigitation grâce à laquelle ils pensaient pouvoir faire surgir de la sombre réalité un certain « moi » dont la vision s'orientait, pleine d'espoir, vers l'avenir ; il fut loin d'être insensible au plaisir des sens, mais il ne voulut pas se laisser aller, à la manière des « décadents », jusqu'aux voluptés défendues dans le labyrinthe desquelles ces derniers s'étaient égarés volontiers. Un certain goût du recul, un certain sens de la mesure marquent fortement l'œuvre d'Akutagawa.

Cette attitude de notre auteur est très significative. Il prit ainsi une position plus ou moins à l'écart de chacune des tendances, « naturaliste », « idéaliste » et « décadente », qui, malgré leurs divergences, avaient en commun une conception particulière : celle de la fusion, ou plutôt d'une certaine confusion de la vie et de la littérature ou de l'art en général, une des marques spécifiques de la culture japonaise. Et le premier pas de la vie littéraire d'Akutagawa fut de rompre ce lien plusieurs fois séculaire, de dissocier les deux domaines. J'ai déjà dit qu'il devait aux naturalistes une prose entièrement « dépoétisée », cette élocution libérée du joug du passé. Le fait qu'il mania avec une grande dextérité diverses sortes d'écritures, classiques et modernes, prouve que ses phrases, tout à fait désensorcelées, c'est-à-dire « dépoétisées », pouvaient s'adapter à différentes manières d'écrire. On pourrait dire, en quelque sorte, que les naturalistes japonais firent table rase de diverses qualités poétiques de la prose et qu'Akutagawa, continuateur de ce travail, l'acheva en reproduisant librement, presque expérimen-

talement, sous le sceau de son propre style, toutes formes d'écriture du passé. Le premier pas littéraire d'Akutagawa, ai-je dit, fut de rompre le lien solide établi entre la vie et l'activité littéraire depuis des siècles. En cela, il suivit, pourrait-on dire, l'exemple des deux maîtres de l'époque : Mori Ogai (1862-1922) et Natsume Sôseki (1867-1916). Ces deux grands auteurs (on pourrait ajouter un troisième nom, celui de Kôda Rohan (1867-1947), qui prolongea vigoureusement l'esprit classique dans les temps modernes), sans appartenir à aucune école littéraire existante, pesèrent de leur seule qualité sur la majeure partie de la période qui va de l'ère de Meiji à celle de Taishô. A la différence de ceux pour qui la vie et la littérature se confondaient, ces deux écrivains, qu'aucun lien ni social ni littéraire ne rapprochait, avaient, dès avant de se mettre à écrire, mené une existence honorable qu'ils ne délaissèrent pas pour se donner à leur activité créatrice. Mori Ogai, incarnation de la discipline hiérarchique du régime d'alors, fonctionnaire exemplaire du ministère de la Guerre comme médecin militaire, n'abandonna jamais sa profession. Natsume Sôseki, maître probe et intègre, professeur de langue et de littérature anglaises, d'abord dans des lycées, puis à la Faculté des Lettres de Tôkyô, conserva la notion stricte d'une vie professionnelle à l'écart de son activité littéraire. Ces deux auteurs donc, non seulement ne se crurent pas obligés de prendre leur vie privée pour matière de leur œuvre ainsi que le faisaient d'autres romanciers, mais eurent aussi trop de pudeur pour l'étaler, même sous forme littéraire, aux yeux des lecteurs. Pour eux, écrire était un « art », un « métier », non pas une forme de vie. Par ailleurs, ils avaient une vaste connaissance des lettres européennes. Le contact direct qu'ils prirent avec l'Occident leur fournit la première occasion de s'essayer à la création littéraire. Ils écrivirent leur premier roman dès leur retour au Japon. Et le roman, ou la création littéraire, fut pour eux autre chose qu'une quête du sens de la vie. Ce fut avant tout un art. De ce point de vue-là, il est significatif que, dès le début de leur activité littéraire, ils avaient déjà une notion strictement définie de l'art d'écrire. La série de traités sur l'esthétique de Mori Ogai et le célèbre *Traité de littérature* de Natsume Sôseki n'avaient aucun trait commun avec les manifestes ou les professions de foi littéraires prodiguées par les gens de lettres pour lesquels écrire une œuvre est, avant d'être un métier, le moyen de recherche du sens de la vie. Plus que des recueils de vœux ardents formulés par des auteurs à la recherche de la vérité sur la vie, ces ouvrages sont les manuels théoriques et pratiques du constructeur. En somme, Mori Ogai et Natsume Sôseki maintinrent une attitude intellectuelle et volontaire vis-à-vis de la littérature.

Dès leurs débuts, ils furent « observateurs » et écrivains. L'œuvre n'était pas, pour eux, ce qui est à vivre, mais à édifier, à créer. De même que ces artistes de disciplines plastiques, peintres ou sculpteurs, qui réalisent leurs œuvres en dehors de leur vie « brute », œuvres qui ne sont pas susceptibles d'être confondues avec elle, ces deux écrivains, subissant l'influence très forte de l'Occident, « créèrent » leur œuvre, tandis que pour la plupart des romantiques, naturalistes, idéalistes, décadents ou autres, à l'exception peut-être de Nagai Kafu et de Tanizaki Junichirô, cette distinction entre vie et création n'était pas nettement établie. Cela tient d'ailleurs au caractère fondamental de la littérature japonaise traditionnelle. Néanmoins, en ce qui concerne cette fusion entre l'art et la vie qui caractérise l'activité créatrice des Japonais, je n'entrerai pas dans les détails du problème souvent extrêmement complexe et me bornerai à signaler ici ce fait et à l'expliquer très sommairement. Je n'ignore pas qu'il ne couvre pas l'ensemble des lettres japonaises. Mais on ne peut nier pour autant, et toutes proportions gardées, qu'existe une fusion, ou du moins une certaine continuité de la vie et de l'art, sur laquelle reposent un grand nombre de genres différents, en ce sens que la littérature se réalise, dans beaucoup de cas, comme une sorte d'esthétisation directe *de la vie de l'auteur. L'importance de la place qu'occupent dans l'ensemble de la littérature japonaise les genres « intimes » tels que* nik.ki *(journal),* zui.hitsu *(notes), récits de voyages, est éloquente sur ce point. Et cette constatation acquiert une certaine précision lorsqu'on signale que cette « intimité » qui imprègne les œuvres se concrétise dans les poèmes dont elles sont coupées. Depuis le début de* Heian *où furent écrits le* Ise-monogatari *(« Contes d'Ise »), contes d'amour du X*e *siècle, et le* Tosa nik.ki *(« Journal de Tosa »), récit de voyage de la même époque, en passant par l'énorme quantité de contes, journaux, brouillons des époques de* Heian*, de Kamakura ou de Muromachi, jusqu'à celle de Tokugawa ou d'Edo — et l'on peut noter ici que les récits de voyage du grand poète Bashô (1644-1694) sont présentés sous une forme absolument identique* (Oku no hosomichi, *« Le Sentier du Nord », publié en 1702, notamment) —, les poèmes,* Tanka, Haïku, *ou parfois* Kan.shi *(poèmes chinois de style classique), constituent dans toutes ces œuvres autant de clés de voûte vers lesquelles confluent les émotions personnelles de l'auteur ; inversement, les sensations qui en émanent refluent par le canal de ces poèmes sur la sensibilité de celui qui lit. Ainsi s'établit une correspondance intime entre auteur et lecteur. Et cette structure peut être décelée même chez un écrivain de tendance occidentale comme Natsume Sôseki. Chaque paragraphe de son journal intime est résumé dans un* Haïku *ou un* Kan.shi *qui le clôt. Je tiens à signaler ici comme le plus représentatif du genre le* Genji-monogatari, *dans lequel, en une alternance ineffable de vers et de prose, les poèmes remplissent toujours la fonction de lier l'œuvre, d'une part, et l'auteur et le lecteur, d'autre part, en faisant cristalliser en leur élocution elliptique cette émotion qui ne cesse de couler au cours de la* composition *et de la* lecture. *Ce n'est pas tant le genre « journal », ou autre, en sa définition abstraite, qui est en question, que l'attitude ou la position de l'auteur et du lecteur par rapport à telle ou telle forme de la littérature. Par exemple, le « Journal » de Gide, celui de Bernanos ou même le monologue d'un Jean-Jacques Rousseau sont très éloignés de ce genre de littérature, malgré l'analogie qu'on serait tenté d'établir eu égard respectivement au fond et à la forme.*

Il s'agit là en somme de la définition qu'on donne de la littérature. Et Akutagawa, poursuivant le chemin tracé par Mori Ogai et Natsume Sôseki, voulut bâtir son monde littéraire dans la perfection artistique. Sur ce point délicat qui touche de près l'essentiel du caractère d'un auteur, qu'on me permette de citer quelques passages du romancier Nakamura Shinichirô : « Akutagawa Ryûnosuke, avec Tanizaki Junichirô et Sato Haruo, était un de ces auteurs qui, dans leur création, mirent leur passion à redécouvrir la technique particulière du « conte » (monogatari), *technique qui s'était perdue dans les flots du réalisme du roman moderne. Si, à notre époque, le terme de romancier désigne exclusivement celui qui vise à la* re-présentation *des scènes quotidiennes de la société, on évitera bien des confusions en dénommant Akutagawa conteur, poète en prose ou autre, plutôt que romancier. Il choisit comme cadres de ses contes des époques plus ou moins anciennes, des lieux plus ou moins éloignés, enfin des mondes irréels, purement imaginaires, parce qu'il crut, en procédant ainsi, pouvoir exprimer ses sujets avec plus de force, plus d'efficacité. On ne peut donc lui reprocher comme un défaut le fait qu'il alla toujours chercher ses sujets en dehors du Japon de nos jours. Imaginer que la description de problèmes actuels, cueillis directement dans la société d'aujourd'hui, pourrait susciter une plus grande émotion que la refonte littéraire d'une antique légende de l'Inde n'est qu'une fausse conception du commun des gens, conception qui consiste à confondre un effet artistique avec le choc psychologique qu'on éprouve à rencontrer un événement quotidien. Les nouvelles, et notamment les « contes », genre littéraire de forme brève dans lequel Akutagawa se montra un tel maître, naissent d'une activité mentale analogue plutôt à celle qui engendre un poème lyrique ou une maxime qu'à celle qui conçoit un roman. Par la vertu de son verbe, Akutagawa évoqua des microcosmes différents de notre vie quotidienne. La différence entre ces mondes imaginaires et notre vie réelle est comparable à celle qui s'établit, par exemple, entre le geste ordinaire et celui qu'accomplit un danseur de ballet. Le ballet est un art, le geste quotidien ne l'est pas. Comme, de même, la* re-présentation *des scènes quotidiennes n'est pas d'elle-même l'art, on imagine bien l'inquiétude et les scrupules qui ont assailli l'auteur lorsqu'il s'est agi d'écrire ces œuvres de caractère naturaliste comme* O-Ritsu et ses enfants *ou* Un morceau de terre. *Mais par le fait qu'il inventa, là aussi, un monde nouveau, ces œuvres ne présentent aucune différence avec un récit de caractère fantaisiste tel que* Le Tabac et le Diable. *Ce qui importait pour lui, c'était la création d'un monde d'ordre différent par rapport à notre expérience « brute », d'un monde où nous éprouvons des émotions pures et intenses que notre vie réelle n'est pas capable de fournir » (Nakamura Shinichirô : « Charme de l'œuvre d'Akutagawa », dans* Études sur Akutagawa Ryûnosuke, *rédigées par Fukuda K., p. 170-172, éd. Shinchôsha, Tôkyô, 1957). Ainsi Akutagawa, d'une part, hérita cette prose de langue moderne, élaborée par les naturalistes qui réussirent à dissocier l'élément objectif et logique du langage de son allure hiératique et affective, c'est-à-dire cette « dépoétisation » du langage et, d'autre part, poussa jusqu'au bout cette séparation entre l'art et la vie amorcée par Mori Ogai et Natsume Sôseki sous l'influence de la littérature occidentale.*

Il faudrait également tenir compte de la tendance esthétique de caractère traditionnel qui constitue le fond même de la formation de notre auteur. Mais ce problème déborde largement la littérature proprement dite, car il s'agit là de toute une attitude de l'homme au Japon vis-à-vis du monde, de l'homme et de la société. Sur ce point, une partie non négligeable de l'œuvre d'Akutagawa présente, sous son apparence parfois opposée, une affinité profonde avec celle d'un géant de la littérature contemporaine qui incarne, lui, franchement et profondément, cette tendance nationale : Kôda Rohan (1867-1947).

Image de la littérature chez Akutagawa.

Dès la première lecture, on remarquera deux traits caractéristiques d'Akutagawa : le souci de la forme et, pour le fond, la recherche de l'émotion vive et intense. Et chez notre auteur, ces deux préoccupations ne faisaient qu'une. Déjà, dans ses tout premiers écrits, la création littéraire s'impose par la perfection de la forme. Aucune trace de relâchement ni de tâtonnement ne s'y fait sentir. Ses œuvres, le plus souvent sous forme de contes, genre préféré d'Akutagawa, sont autant de pièces achevées. Chaque ouvrage est une entité bien structurée, dont la forme s'adapte parfaitement au fond; il a sa cohérence interne, sa « personnalité » pour ainsi dire. La variété prodigieuse de la facture correspond à celle du sujet. On ne peut pour autant parler de la variété du « style » de notre auteur. Son style reste unique, se confondant avec l'allure de son esprit, mais se manifeste à travers une surprenante multiplicité d'écritures. Chacune des nouvelles présente sa propre « écriture » comme chacun des personnages a sa propre physionomie. Akutagawa prit la majeure partie de ses sujets tout au long de l'histoire du Japon depuis l'âge mythique raconté dans le Kojiki *(712) jusqu'à l'âge moderne. Il serait faux cependant de croire qu'il mobilisa ainsi toutes les ressources stylistiques du classicisme japonais afin de les appliquer en fonction des sujets choisis. Il faut bien sûr mettre à part quelques nouvelles comme* Rapport d'Ogata Ryôsai, Martyr, *dans lesquelles Akutagawa pastiche les écritures des époques évoquées. (Il n'empêche que, jusque dans ces écritures imitées, le « style » d'Akutagawa apparaît, et souvent mieux que jamais, l'archaïsme d'écriture restant en surface, comme porté sur le corps de l'œuvre.) Ainsi que nous l'avons déjà vu, Akutagawa s'installe solidement dans la prose élaborée par les naturalistes, dans cette prose complètement désensorcelée du rythme poétique traditionnel. C'est donc de toute manière à l'intérieur de cette prose devenue vraiment prose qu'éclatent la riche variété et la grande liberté de son « écriture ». Il suffit de lire, à titre d'exemple, quelques-unes de ses nouvelles :* Les Vieux Jours du vénérable Susanoo, Le Nez, Rashômon, Figures infernales, L'Illumination créatrice, *etc. Akutagawa réalise ses variations en dotant chaque narration d'une tonalité différente, en changeant la personne du sujet parlant et, à ce propos, on n'aura garde d'oublier que le développement démesuré de ces éléments « subjectifs » ou « affectifs » de la langue japonaise tels que les particules enclitiques, les suffixes formatifs et fonctionnels favorise admirablement la diversité prestigieuse de son œuvre. L'intérêt principal de* Dans les fourrés, *par exemple, vient aussi bien de la pertinence de sa facture que de la variété de son écriture. Ce qui est important, c'est qu'Akutagawa réussit à maîtriser les éléments de la nouvelle prose japonaise, laquelle, entre les mains expertes de l'auteur, fit preuve de sa souplesse et de sa surprenante malléabilité, à tel point qu'elle en vint à dégager, tout en restant en son essence ce qu'elle est, les saveurs et les rythmes mêmes propres aux différents styles d'époques révolues. Ne trouve-t-on pas, en effet, dans* Les Vieux Jours du vénérable Susanoo, *ce rythme ondulant de vie lente et rustique, propre au* Kojiki? *Dans* Figures infernales, *ces sensations sinueuses à longues périodes en* stretto *chères aux romans de la Cour? Dans* Gruau d'ignames, *cette savoureuse concision des contes de la basse époque de Heian? Dans* L'Illumination créatrice, *cette vivacité pittoresque et pleine d'humour des gens de lettres sous le dernier shogunat? Si l'on prend un exemple parmi les légendes hagiographiques chrétiennes dont l'intrigue se déroule au XVI*e *et au XVII*e *siècle pendant la grande persécution des croyants de la nouvelle religion, on sera surpris de voir qu'*Ogin, *écrit en japonais moderne, nous communique une sensation presque identique à celle que provoque* Martyr, *composé, lui, en « écriture » de l'époque. Et si l'on en vient aux nouvelles à sujets modernes, l' « écriture » se confond totalement avec le style et déploie, à l'admiration du lecteur, toutes les qualités de bonne rédaction : précision de la description, sûreté de l'appréhension, justesse de la situation, netteté, tantôt adoucie d'humour, tantôt relevée d'ironie, du jugement et de la définition. C'est ainsi que la prose japonaise devenue vraiment prose grâce à l'effort des naturalistes fut, dans les mains d'Akutagawa qui s'en assurait la maîtrise, un véritable mécanisme verbal bien ajusté. Utilisée par cet écrivain dont l'esprit était toujours alerte, elle acquit une liberté d'expression rarement atteinte et put cumuler les effets multiples que le japonais du passé n'avait pu rendre que tout au long de son histoire. En un sens, on pourrait dire que la prose, libérée des formules rigides et rythmiques qui la ligotaient, fut animée, sous la plume du génial écrivain, d'une sorte de mouvement d' « involution » qui permet de pénétrer consciemment jusqu'à la racine commune des multiples expressions de cette langue. Ne rien laisser à l'état d'inconscience dans une composition littéraire était le principe même de notre auteur. Citons à ce sujet un passage du critique Usui Yoshimi : « Les nouvelles d'Akutagawa, dont la structure est lucidement réfléchie et minutieusement calculée, sont écrites dans un style original, élaboré en vue d'une efficacité déterminée. On pourrait dire de même de chacune des nouvelles de sa première période. Cette méthode de composition, qui consiste à tout calculer par une opération intellectuelle sans rien laisser au hasard, se retrouve dans ses œuvres du début comme à la fin. Nous ignorons si la « conscience » couvre tout le champ de l'activité créatrice. Il se trouve même que dans certaines formes littéraires de nature spéciale comme le* Haïku, *ou dans certains procédés propres à la peinture ou à la musique, la cristallisation se réalise souvent à l'écart de toute tentative « artificielle ». Mais il s'agit là, sans aucun doute, d'un état d'inconscience qui ne se produit qu'à l'extrême limite de l'activité en éveil. Et le « conte », entre toutes les formes littéraires,* *exige la technique la plus consciente. Composer une nouvelle réclame une opération strictement intellectuelle puisque ce genre a pour but de narrer l'histoire dans un minimum de mots. Ainsi que nous l'avons déjà dit, dans l'œuvre d'Akutagawa le choix des scènes et des personnages abolit toute restriction de temps et de lieu : s'étendant de l'époque de* Heian *à celle d'*Edo *et au début du* Meiji, *avec* Oôishi *Kuranosuke, Takizawa Bakin, Matsuo Bashô, Nezumikozô Jirokichi, le prince Susanoo, Tourgueniev, ces voleurs, assassins, princesses, généraux... Pour ce qui est de l'écriture, notre auteur recourt à toute la gamme : description objective, monologue, forme épistolaire, conversation, dialogue. Il accomplit un tour de force stylistique mobilisant, selon les cas et les circonstances, toutes les tonalités de langage, occidentalisante, sinisante, « hagiographisante », archaïsante, la toile de fond de son style demeurant l'indiscutable ossature de l'ensemble. La présentation est extrêmement diverse dans sa forme : conte, poème en prose, ébauche littéraire... On n'a jamais vu, pourrait-on dire, de récit aussi libre en son opération intellectuelle, aussi varié en sa réalisation. Il ne s'agit pas là des seules œuvres du début. Il en est de même pour les dernières :* Le Nécrologe, Villa Genkaku, Mirage, Kappa, Engrenage, Dialogue dans l'obscurité, Vie d'un idiot, L'Homme de l'Ouest *et même* Lettre à un vieil ami. *Il n'a jamais repris la même forme de présentation » (« Recueil des œuvres d'Akutagawa Ryûnosuke », note, p. 448-449, dans* Gendai Nihon Bungaku Zenshû, *t. XXVI).*

Que les lecteurs veuillent bien nous permettre de le répéter, cette liberté toute consciente dont fit preuve Akutagawa dans sa création littéraire, c'est l'élaboration par ses prédécesseurs naturalistes d'une véritable prose moderne qui la rendit possible. En ce sens, son œuvre est un aboutissement littéraire de la rénovation de Meiji.

Dans un de ses derniers écrits, Vie d'un idiot, *Akutagawa dit : « Tout mouillé, il marcha sur l'asphalte. La pluie était assez drue. Dans la poussière liquide, il sentit l'odeur de caoutchouc de son imperméable. D'un fil électrique tendu au-dessus de ses yeux jaillissait une étincelle violette. Il en fut curieusement ému. Une poche de sa veste contenait les manuscrits destinés à la revue de son cercle littéraire. Continuant sa marche, il tourna encore une fois son regard vers le fil électrique, déjà derrière lui. Du fil jaillissait toujours l'étincelle éblouissante. Dans la vie, il n'espérait rien de spécial, mais cette étincelle violette, cette étincelle palpitante, le désir lui vint de la capter, au prix même de son existence » (*Vie d'un idiot, *éd. Chikuma, p. 309).*

Ce quelque chose de violent, d'étincelant et de palpitant, c'est justement ce qu'Akutagawa poursuivit dans ses œuvres. Il avait hérité de ses devanciers une prose souple et homogène, mais la platitude et la banalité de ce qu'ils décrivaient ne le satisfaisaient guère. Ses préférences pour Izumi Kyôka ou Tokutomi Roka, auteurs de tendance romantique, en sont la preuve. Il cherchait l'émotion puissante que provoque l'action humaine. Certes, dans ses œuvres, les descriptions originales de la nature ne manquent pas, mais la beauté même de la nature est toujours imprégnée des sentiments de ses héros. Il écrivit lui-même, dans Lettre à un vieil ami, *qu'il rédigea immédiatement avant sa mort : « ... Seulement, dans cet état extrême où je suis, la nature me semble plus émouvante que jamais. Peut-être riras-tu de la contradiction dans laquelle je me trouve, moi qui, tout en aimant la beauté de la nature, décide de me supprimer. Mais la nature est belle parce qu'elle se reflète dans mon ultime regard... » (éd. Chikuma, p. 316). C'est donc plutôt l'humain qui constitue sa principale préoccupation littéraire. Mais ce qu'on peut noter chez notre auteur, c'est l'absence presque totale d'une base morale considérée sur le plan social et sous le rapport individuel. On sait bien que comme romancier, Akutagawa hérita, de ses deux maîtres Mori Ogai et Natsume Sôseki, cette préoccupation humaine et morale. Mais, chez Ogai et Sôseki, la morale traditionnelle enracinée dans le sentiment national et familial et renforcée par le confucianisme, le culte du souverain ou la piété filiale, cette morale qu'on qualifie souvent de « féodale », survivait sous une forme ou une autre ; Akutagawa, de son côté, y resta totalement étranger. On pourra s'en convaincre en comparant les réactions toutes différentes provoquées par le suicide chevaleresque du général Nogi (1849-1912) chez les deux premiers et chez notre auteur respectivement. L'ancienne morale était morte pour lui sans que rien soit venu la remplacer. Ainsi, Akutagawa, tout en continuant l'attitude de préoccupation humaine de ses maîtres Ogai et Sôseki en changea le caractère qui, de moraliste, devint psychologique. Les nouvelles et les contes de sa première période illustrent cette transposition de l'optique. L'intérêt d'ordre psychologique épuise pour ainsi dire la signification de l'intrigue dans ces œuvres brèves dont la forme atteint la perfection. Et la facture très variée en est préparée de telle façon que la marche psychologique des héros progresse vers une sorte de paroxysme dramatique dont l'intensité se traduit, grâce à une phraséologie habilement agencée, non par une crise morale mais par un bouleversement des sens qui provoque chez les lecteurs une émotion hautement esthétique. L'attitude morale de ses maîtres se transforme ainsi, en passant par une sorte de psychologisme intellectuel, en un sensualisme raffiné. La sensibilité morale et la crise de conscience font place à la nervosité psychique et à l'extase d'ordre sensuel.* Figures infernales *et* L'Illumination créatrice *en sont des exemples. Ce qui signifie que, chez notre auteur, le sérieux fut, à force de fines analyses psychologiques, « relativisé » et, tout acte spirituel devenant ainsi en quelque sorte équivalent, perdit dans son intensité émotionnellement quantitative sa spécificité qualitative. Dans cette perspective propre à la création, Akutagawa rechercha à travers toute l'histoire et toute la littérature ancienne et moderne, orientale et occidentale, les sujets susceptibles d'être traités de manière à produire une sensation esthétique de ce genre. Et sa prose souple et homogène s'adaptait merveilleusement à cette tentative. En un sens, ce que les naturalistes étaient pour la forme, Akutagawa l'était pour le fond, et c'est la prose de ceux-là que celui-ci adopta ; c'est la raison pour laquelle nous avons dit plus haut que le fond de l'œuvre d'Akutagawa correspond à la forme qu'elle revêtit.*

Ainsi, après le succès foudroyant du Nez, *le jeune écrivain donna coup sur coup les contes et nouvelles qui firent son renom, et par la perfection et par la variété de la forme, il laissa loin derrière lui les auteurs de sa génération et plongea les lecteurs dans une stupéfaction effarée. Mais cette prestidigitation littéraire cachait un problème qui est, lui, profond et essentiel. Et que l'on sentait. Et qui explique sa popularité de près d'un demi-siècle. Quel est donc ce « secret » qui se fait sentir dans ses œuvres ? Pour la commodité de l'exposé, nous voudrions distinguer deux plans dans lesquels ce quelque chose se manifeste : sensualisme japonais et sensibilité morale de l'auteur, c'est-à-dire plan traditionnel et plan individuel. Il est presque de tradition japonaise de saisir une valeur morale sous l'aspect « esthétique ». La coutume si répandue chez les Japonais de composer un* Tanka, *un* Haïku *ou un* Kan.shi *(poème chinois de style classique) en toute occasion de leur vie en est une preuve. Le guerrier d'autrefois, lorsqu'il allait partir pour une bataille sans espoir ou qu'il s'apprêtait à se donner la mort, composait un poème. Il est notoire que les cultes religieux des Japonais présentent une grande affinité avec l'art. Cela ne signifie-t-il pas que les Japonais ne sont, dans beaucoup de cas, capables de saisir le sens moral ou religieux que sous son rapport « esthétique » ou sensuel ? Et cela ne pourrait-il souligner la perfection de l'élément sensuel propre à une morale ou à une religion, ce qui conduit à une religion de la beauté ? Cette exaltation du facteur esthétique de valeurs spirituelles, qui insiste sur le côté sensuel des choses, n'introduit-elle pas, elle aussi, un certain relativisme par rapport à ces mêmes valeurs ? Pour parvenir de ce relativisme à un scepticisme, il ne reste* plus qu'un pas à franchir. Et ce dernier, étranger au scepticisme philosophique ou religieux des Occidentaux, n'est qu'une sorte d'indifférence vis-à-vis des valeurs intrinsèques des disciplines spirituelles en tant que « pensées », indifférence qui serait la résultante d'une attitude foncièrement sensuelle. Cette tendance générale de la mentalité japonaise constitue pour l'œuvre d'Akutagawa, et surtout pour celle de sa première période, un terrain particulièrement favorable. La permanence du charme de son œuvre devient ainsi explicable. L'attirance « mystérieuse » que ces contes ne cessent d'exercer sur les jeunes lecteurs a donc une raison très profonde. On parle souvent de l'influence sur la création littéraire d'Akutagawa de Prosper Mérimée ou d'Anatole France, ce qui n'explique d'ailleurs nullement ce charme durable, d'autant que ces derniers ne sont plus guère recherchés par les lecteurs japonais d'aujourd'hui.

Si tel est le caractère essentiel de l'œuvre d'Akutagawa, on imaginera aisément l'acharnement presque surhumain qu'il mit à en parfaire la forme « esthétique ». Et pour ce qui est du fond, il parcourut des documents de toutes sortes afin d'y trouver les sujets qui lui permettraient de rendre ce culte à la beauté. Or, on ne saurait oublier que la beauté, chez Akutagawa, n'est nullement de caractère plastique ou même stylistique. Elle comporte, en ce qu'il y a de formel et d'esthétique, toute une gamme de valeurs spirituelles qu'elle incarne et qui en émanent. Peut-être touchons-nous là le point délicat de l'art et de la pensée chez les Japonais. Nous nous en tiendrons là, cependant, puisque développer ce thème dépasserait largement le cadre de cette introduction. Et toutes ces considérations d'ordre général sont d'ailleurs bien loin d'épuiser le sens de notre auteur. Nous nous tournerons donc vers l'aspect personnel de l'œuvre d'Akutagawa.

« Engrenage » (Haguruma, *1927*), *un des derniers écrits de notre auteur, comporte le passage suivant* : « *...Lorsqu'il* [*un visiteur importun*] *fut enfin parti, tout en restant étendu sur le lit, je me mis à lire* « Route dans les ténèbres » (Anya kôro). *Toutes les phases de la lutte intérieure du héros m'emplirent d'un sentiment poignant. Je sentis combien, à côté de ce personnage, j'avais été idiot. Les larmes jaillirent de mes yeux...* » *(éd. Chikuma, p. 293). Et un peu plus loin :* « Route dans les ténèbres » *commença à se transformer, pour moi qui me débattais de la sorte, en un livre redoutable...* » (Ibid., *p. 297).*

Ne peut-on déceler, dans ces deux passages, le sentiment d'amertume de l'homme qui allait se suicider ? L'auteur de Route dans les ténèbres *(1921 et 1937), Shiga Naoya (né en 1883), fait contraste en tout point avec Akutagawa, et par son tempérament et par son attitude d'écrivain. Si Akutagawa brillait en sa versatilité aux mille métamorphoses, Shiga Naoya restait un exemple de probité et de constance. Akutagawa, dans ses contes, se soustrait délibérément à la vue des lecteurs, mettant au-dessus de tout la perfection de la forme et l'intensité de l'émotion qui s'en dégage; Shiga Naoya, dans ses nouvelles et dans le seul roman qu'il écrivit, veut cultiver et approfondir son « moi » sur le plan des sensations et de l'humeur. L'amertume que notre auteur éprouva devant le chef-d'œuvre de son contemporain atteste donc qu'il était profondément insatisfait de sa propre création. Comme celle de Shiga Naoya, son œuvre se mouvait exclusivement sur le plan des sensations. Mais, tandis que celles que décrit Shiga Naoya ont un centre de gravité qui est le « moi » de l'écrivain, celles qui font la trame des écrits d'Akutagawa en sont privées. Les multiples cristallisations de ses œuvres n'étaient qu'étalage d'objets divers à contempler; elles étaient, certes, un « spectacle » souvent prestigieux, mais pas plus. Un véritable centre dynamique qui aurait pu les animer de l'intérieur leur faisait défaut. Leur caractère factice le dégoûtait de plus en plus. Il s'essaya à une série de nouvelles (1925) dont le héros, Yasukichi, était lui-même, et à une composition autobiographique et naturaliste, sa prose, proscrivant les artifices souvent acrobatiques, semble couler tout spontanément d'elle-même. Une certaine constance et une aisance naturelle commencent à apparaître. Ce qui, cependant, ne modifia en rien son attitude fondamentale vis-à-vis de la littérature, à savoir celle qui consistait à rechercher la perfection.*

Mais cette nouvelle orientation ne le conduira nulle part. L'année qui suivit La Vie de Daidôji Shinsuke, *ce fut celle de sa mort (1927). Cette année, la dernière de son activité littéraire, fut peut-être la plus féconde de toute sa vie. Sa santé était déjà minée depuis 1922. Pendant deux ans (1925 et 1926), il avait fort peu écrit. De plus, le pressentiment de la folie héréditaire qui le menaçait vint à bout de sa résistance physique. 1927, ce fut donc le dernier soubresaut de son agonie. Les éléments ultimes de sa personnalité littéraire éclatent alors.* Villa Genkaku *constitue sans aucun doute le meilleur de sa prose teintée d'une mélancolie noire. Son amertume à l'égard de lui-même et de la société se dégage de l'humour sombre de* Kappa. *Et ces derniers récits, tous posthumes, nous révèlent ce qui était à la base de l'esthétique et de l'œuvre d'Akutagawa : frémissement morbide de ses nerfs acérés :* Engrenage, Lettre à un vieil ami, Vie d'un idiot, L'Homme de l'Ouest, *etc. La rédaction de ces observations délirantes de soi par soi ne trahit cependant aucun trouble ni relâchement sur le plan de la composition. Jusqu'à la fin de sa vie, Akutagawa resta écrivain avant tout.*

Voilà ce qu'est à peu près l'œuvre d'Akutagawa en sa forme et en son fond. Tel un artisan qui s'absorbe dans son métier, il s'épuisa à travailler ce qu'il désirait présenter comme ouvrage bien perfectionné. On peut dire qu'il y réussit. Mais, à travers ces artifices éblouissants, lentement se manifestait son propre « moi », entraînant à sa suite tous les problèmes que la transformation profonde du Japon lui imposa. Le sensualisme littéraire, avec toutes ses implications morales et humaines, ne lui suffit plus. Ainsi son propre « moi » vint à émerger, d'abord timidement puis de plus en plus expressément, à la surface de son œuvre. Le malheur de notre auteur, c'est que ce dévoilement progressif d'un monde intérieur qu'il portait en lui coïncidait avec la lente montée de la folie, de cette folie qu'il redoutait tant et dont les symptômes inquiétants s'étaient déjà fait sentir dans ses écrits antérieurs. Cependant les obsessions et les hallucinations qui, aux derniers jours de sa vie, ne cessèrent de l'assaillir lui servirent d'un extraordinaire éclairage sous lequel vint à se révéler son véritable drame intérieur. Engrenage en est la preuve éclatante.

La mort d'Akutagawa.

C'est en toute conscience, et en quelque sorte lucidement, qu'Akutagawa se donna la mort, le 24 juillet 1927 à l'aube. (Il absorba une grande quantité de cyanure.) L'événement eut un tel retentissement que les journaux, qui à l'époque n'accordaient que peu d'importance aux nouvelles littéraires, lui consacrèrent des colonnes entières rédigées par de nombreuses personnalités. Akutagawa lui-même laissa l'explication de son acte ultime en ces termes : « Une vague inquiétude. » Sur cette expression se greffèrent mille remarques et interprétations. Tout le monde s'accorda néanmoins à voir dans cette mort la fin d'une époque. La crainte de la folie dont la survenue lui paraissait imminente fut sans aucun doute la cause la plus directe de cette mort qu'il se donna volontairement. Mais, ce qui est important, c'est que la folie d'Akutagawa parut se confondre avec celle dont souffrait l'époque. La narration démentielle du héros de Kappa (1927) ne nous persuade-t-elle pas qu'aux yeux de l'auteur, la folie, débordant le cadre individuel, submergeait la société japonaise tout entière ? Et l'on ne saurait oublier que, l'an 1927, la panique s'empara de l'économie japonaise, ce qui amena l'avènement du cabinet du général Tanaka, première étape du recul de la démocratie et de la montée d'une dictature aboutissant à la catastrophe nationale de 1945. « Une vague inquiétude » était donc le lot de tous les intellectuels de cette époque qui allait, peu à peu et inéluctablement, sombrer dans la folie collective.

I

Figures infernales[1]

I

Ni dans le passé, ni même dans les temps à venir, on ne pourrait imaginer un homme semblable au Seigneur de Horikawa. J'ai entendu dire que, juste avant sa naissance, le *Roi de Science magique Dai Itoku*[2] était apparu en personne au chevet de sa mère. De toute façon, dès le premier jour de sa vie, il donna l'impression de n'être pas comme les autres. Il n'y avait rien, dans tout ce qu'il faisait, qui ne défiât l'imagination. Représentez-vous, par exemple, la Résidence de Horikawa, ses proportions gigantesques et sa disposition incomparable! Comment la qualifier? Grandiose? Superbe? Il y avait en elle quelque chose qui transcendait toutes nos banalités. Dès lors, des gens discoureurs mettaient en parallèle les actes et faits de notre Seigneur avec ceux du *Premier Empereur* de *Ts'in*[3] ou de l'*Empereur Yang*[4]. Mais ces gens-là n'étaient-ils pas comme ces aveugles du proverbe qui, palpant un éléphant chacun à sa manière, portaient sur lui des jugements contradictoires? Car, contrairement à ce qu'il en est pour ces empereurs, on ne pouvait dire que notre Seigneur eût recherché la gloire et le luxe pour lui-même, car il témoignait une immense magnanimité envers le peuple avec lequel il voulait partager la joie de vivre.

Et ce qui le prouve, c'est que, grâce à sa vertu, il avait pu traverser sans dommage le Grand Palais de Nijô infesté de génies malfaisants. C'est également pour cette raison, je vous l'affirme, que s'est dissipée, à la seule admonestation du Seigneur, l'ombre même du Ministre de gauche Tooru qui, à ce que l'on dit, avait fait son habituelle apparition nocturne dans le Palais de Kawara à Higashi-Sanjô, célèbre pour son tableau du paysage de Shiogama, dans la province de Michinoku. Il est donc bien naturel, si éclatant fut son prestige, que tous les habitants de la capitale, vieux et jeunes, hommes et femmes, aient vénéré le Seigneur comme une réincarnation du Bouddha.

Je ne me souviens plus en quelle année, alors qu'il revenait du banquet des « Fleurs de Prunier » organisé à la Cour, un bœuf de son char, dételé par mégarde, blessa un vieillard qui passait par hasard. Même en cette circonstance, celui-ci, joignant les mains en signe de prière, s'était félicité, à ce qu'il disait, de son bonheur d'avoir été touché par le sabot du bœuf du Seigneur.

Ainsi, sa vie abonde en anecdotes qui mériteraient d'être transmises à la postérité. Comme présent à l'occasion d'un banquet impérial, l'Empereur lui avait fait don de trente chevaux, tous blancs... Il avait placé ses pages qu'il choyait, sous le pont de Nagara, en poteaux de soutien... Il avait fait opérer l'ulcère de sa cuisse par un moine chinois qui passait pour avoir importé un art thérapeutique magique... L'énumération en serait inépuisable. Mais de ces nombreux épisodes, nul n'est plus terrifiant que l'histoire du *Paravent des Figures infernales* conservé aujourd'hui encore dans sa maison au titre de trésor de famille. Lors de ce dernier événement, le Seigneur lui-même, en dépit de sa fermeté habituelle, paraissait avoir été pris de court. A plus forte raison, nous autres, à ses côtés, étions, il va sans dire, plus morts que vifs. Moi, entre tous, qui le servais depuis vingt ans, je n'avais jamais vu spectacle plus horrible.

Mais, pour faire ce récit, il me faut dire d'abord qui était Yoshihidé, peintre du Paravent en question.

II

Yoshihidé! Peut-être même de nos jours, ce nom rappelle-t-il quelque chose à certains. C'était un peintre bien connu avec lequel, disait-on, nul contemporain n'aurait pu rivaliser pour la maîtrise des couleurs et du dessin. Lors de l'événement que je vais raconter, peut-être avait-il déjà dépassé la cinquantaine. Il avait l'aspect d'un vieillard, petit, maigre, n'ayant que la peau sur les os, et l'air méchant. Quand il se rendait à la résidence du Seigneur, il était toujours habillé d'un vêtement de chasse orange foncé, et coiffé d'un *eboshi* [5] souple. Sa personne donnait une impression de vulgarité extrême. On ne savait pourquoi, ce vieillard ne paraissait pas son âge. De plus, la couleur tout rouge de ses lèvres faisait soupçonner chez lui quelque chose de bestial, de répugnant. Certains en attribuaient la cause au pinceau qu'il ne cessait de sucer. Mais je ne sais qu'en penser. Des gens plus malveillants encore le surnommaient Saruhidé (Hidé-singe), disant que ses gestes rappelaient ceux des singes.

A propos de ce sobriquet, voici l'histoire qu'on racontait. Vers cette époque, la fille unique de Yoshihidé, âgée de quinze ans, était en service dans la maison du Seigneur en qualité de demoiselle d'honneur. Peu semblable à son père, elle était charmante. Peut-être parce qu'elle avait perdu sa mère à un âge encore tendre, elle avait une âme sensible; elle était d'une intelligence supérieure à son âge et comme, malgré sa jeunesse, elle comprenait bien ce qu'on attendait d'elle, la Dame et les autres dames d'honneur la favorisaient et ne tardèrent pas à l'aimer.

Or, quelqu'un de la province de Tamba avait un jour offert au Seigneur un singe bien dressé auquel le jeune prince, encore enfant et espiègle, avait donné le nom de Yoshihidé. A la vue de ce singe d'aspect déjà assez comique et ainsi nommé, nul dans la maison ne pouvait s'empêcher de sourire. On ne se contentait pas de rire; à toute occasion, on s'amusait à le poursuivre, disant :

« Le voilà sur le pin du jardin! » ou bien : « Il a encore souillé les nattes de la chambre de service », et, l'appelant chaque fois « Yoshihidé! Yoshihidé! » on le persécutait.

Un jour, la fille de Yoshihidé dont je viens de parler passait dans le long couloir; elle portait à la main un rameau de prunier d'hiver auquel une lettre était attachée. Elle aperçut le petit singe Yoshihidé qui, blessé à la patte, n'avait plus la force de grimper en hâte le pilier comme il le faisait d'ordinaire, et qui, boitillant, s'élança vers elle depuis la porte du fond. Derrière lui, le jeune prince, brandissant une branche, le poursuivait en criant : « Voleur de cédrats! Attends un peu! Attends! » La fille de Yoshihidé, à ce spectacle, hésita, un instant à peine; le singe s'accrochait au pan de sa jupe et l'implorait avec des cris plaintifs. Elle ne put s'empêcher d'être prise de compassion. De sa main restée libre, l'autre tenant toujours le rameau de prunier, elle ouvrit légèrement sa manche vaporeusement violette, prit doucement le singe sur son bras et s'inclina respectueusement devant le jeune prince auquel elle dit d'une voix calme : « Veuillez me permettre d'intercéder en faveur de ce singe. Ce n'est qu'une bête! Veuillez lui pardonner! »

Mais le jeune prince, freinant difficilement sa course rapide, ébaucha une grimace, et frappa deux ou trois fois le plancher de ses pieds.

— Pourquoi le protèges-tu? Ce singe a volé des cédrats! répondit-il.

— Mais ce n'est qu'une bête!... s'exclama-t-elle de nouveau.

La jeune fille renouvela sa supplication et, esquissant tristement un sourire, osa dire :

— Ce singe s'appelle Yoshihidé. Dès lors, je ne puis m'empêcher de demander sa grâce, car j'ai l'impression que c'est mon père lui-même qui est fustigé.

Le jeune prince, malgré son irritation, ne pouvait insister davantage.

— Bon! S'il s'agit de ton père, je suis obligé de céder.

Sur ces paroles prononcées comme malgré lui, jetant la branche qu'il avait à la main, il se retira vers la porte par laquelle il était entré.

III

Après cet incident, la fille de Yoshihidé et ce petit singe devinrent bons amis. Elle accrocha au cou de l'animal un petit grelot d'or suspendu à un très beau ruban que la jeune princesse lui avait donné. Le singe, de son côté, quittait rarement la jeune fille. Lorsqu'il arrivait que, légèrement enrhumée, elle gardât le lit, son petit compagnon, le visage attristé, semblait-il, assis à demeure au chevet de la malade, s'occupait à ronger ses ongles.

Mais les choses prenaient d'ores et déjà une tournure curieuse : personne ne persécutait plus le petit singe. Au contraire, tout le monde se mit à le choyer. Enfin, le jeune prince lui-même alla jusqu'à lui jeter des fruits de plaqueminier ou des châtaignes. Ce n'est pas tout. Un coup de pied donné au singe par un officier mit le jeune prince en fureur, à ce qu'on raconte. Peu après, le Seigneur ordonna expressément à la jeune fille de se présenter devant lui avec son protégé. Et cela, parce qu'il avait entendu parler de la colère du jeune prince. Le Seigneur aurait, bien entendu, pris connaissance de la raison pour laquelle la jeune fille choyait le singe.

— Ta piété envers ton père me touche! Je l'apprécie! lui dit le Seigneur.

Selon sa volonté particulière, une robe de couleur pourpre fut donnée à la jeune fille en récompense. Comme pour surenchérir, le petit singe, à l'amusement général, imitant les gestes humains, reçut respectueusement le présent dans ses deux mains; ce qui, dit-on, porta la bonne humeur du Seigneur à son comble. Ainsi, vous pouvez voir que la faveur dont le Seigneur entourait la fille de Yoshihidé était uniquement due à son admiration pour la bonne conduite de cette dernière, et non, comme le prétendaient les rumeurs, à son goût pour les belles femmes. Il faut tout de même reconnaître qu'il y avait eu quelque raison plausible pour faire naître ces rumeurs. Mais je vous en parlerai en son lieu et plus à loisir. Qu'il suffise ici de vous dire que le Seigneur n'était pas de cette espèce de gens qui s'amusent à s'amouracher d'une fille de basse condition comme celle d'un simple peintre, si belle fût-elle.

La fille de Yoshihidé s'était retirée de l'audience, comblée d'honneurs. En femme intelligente, elle s'était conduite de telle manière qu'elle pût conjurer toute jalousie de la part des dames d'honneur les plus mesquines. Ces dernières saisissaient toutes les occasions de choyer la jeune fille et le singe. On le voyait bien à ce que la jeune fille ne se trouvait jamais éloignée de la jeune princesse : dans le cortège de chars sortant pour une promenade, elle était toujours de la suite.

Mais délaissons la fille pour le moment et parlons de son père. Il est vrai, comme je vous l'ai dit, que le singe était bientôt parvenu à obtenir la faveur de tous, mais Yoshihidé lui-même, qui lui avait donné son nom, restait un objet d'abomination générale; on continuait à l'appeler en cachette « Saruhidé ».

Et cela, pas seulement dans la demeure du Seigneur. Le grand prêtre de Yokawa, par exemple, au seul nom de Yoshihidé, pâlissait, comme s'il eût rencontré un démon, tant il le détestait. (On racontait en effet que cette attitude était due aux caricatures par lesquelles Yoshihidé avait stigmatisé la conduite peu glorieuse du grand prêtre. Mais doit-on prendre au sérieux ces rumeurs propagées par des gens du peuple?) De toute façon, la mauvaise réputation de Yoshihidé demeurait. Il se trouvait certes des gens qui ne disaient pas de même, mais ce n'étaient que deux ou trois de ses confrères en peinture ou de ceux qui, en l'ignorance de l'homme, ne connaissaient que les œuvres. La réalité est que, outre son aspect vulgaire, ses vices invétérés dégoûtaient tout le monde. On ne récolte que ce que l'on a semé. C'est tout ce que j'en puis dire.

IV

Il était avare, rapace, impudent, paresseux, insatiable et, par-dessus tout, insolent et orgueilleux. Toujours

« moi, le premier peintre de ce temps » affiché au bout de son nez! On aurait pu tolérer ces penchants s'il les avait limités à son métier. Mais son aversion de toute contrainte était telle qu'il bafouait tout ce qu'on peut tenir pour us et coutumes de la société. Selon un disciple de longue date de Yoshihidé, un jour, dans la résidence d'une haute personnalité, il était arrivé que la nécromancienne célèbre de *Higaki*, visitée par les esprits, avait prononcé une sentence horrible. Pendant ce temps, cet homme, à ce que l'on m'a rapporté, insouciant de ce qu'elle disait, dessinait minutieusement, avec un pinceau et de l'encre qui se trouvaient à portée de sa main, le visage terrifiant de la sorcière. Peut-être la malédiction des mânes n'avait-elle pas plus de poids à ses yeux qu'un jeu d'enfant! Suivant de telles dispositions, il se livrait à toutes sortes d'audaces sacrilèges : pour représenter *Kichijôten* [6], il dessina le portrait d'une abjecte prostituée! Quand il voulut peindre le *Roi de Science magique Fudô* [7], ne prit-il pas pour modèle un vil policier? Aux reproches qu'on lui faisait, il s'esclaffait :

— Comme c'est étrange! Pensez-vous que les divinités dessinées par Yoshihidé vont le frapper de leurs foudres?

Ses disciples eux-mêmes en restaient abasourdis. Un grand nombre d'entre eux, craignant, à mon idée, une malédiction possible, se hâtèrent de prendre congé de lui. En un mot, sa démesure était sans limites : il croyait qu'il n'y avait pas plus grand homme que lui sous le ciel à l'époque.

Il est donc inutile de dire combien il prenait de haut le cercle des peintres. Ses peintures étaient d'ailleurs si excentriques, tant par leur dessin que par leurs couleurs, que ses collègues qui ne s'accordaient pas avec lui, le tenaient pour un escroc. A les croire, il avait toujours circulé au sujet des peintures des grands maîtres anciens tels que Kawanari, Kanaoka ou autres, quelque légende gracieuse : on disait que les fleurs de prunier d'une porte de bois exhalaient de doux parfums au clair de lune, ou même que l'on entendait les courtisans peints sur tel paravent jouer de la flûte...; les peintures de Yoshihidé, en revanche, ne soulevaient que des rumeurs lugubres et étranges. Je prendrai l'une de ses peintures comme exemple : celle du *Cycle des Naissances et des Morts*, suspendue sous le portail du temple Ryûgaiji. On contait que lorsqu'on passait sous le portail, la nuit, très tard, on entendait les soupirs et les sanglots des habitants du Ciel. Certains prétendaient même avoir flairé les puanteurs qui se dégageaient des cadavres en décomposition. Et encore, à propos des portraits des dames d'honneur qu'il avait peints sur l'ordre du Seigneur, ne disait-on pas que toutes les dames qui avaient servi de modèle étaient mortes avant que trois ans se fussent écoulés, frappées d'une maladie étrange et comme vidées de leur âme ? Les mauvaises langues tenaient toutes ces rumeurs pour autant de témoignages irrécusables de la perversité des œuvres de Yoshihidé.

Mais c'était un homme qui, tel que nous le connaissions déjà, aimait à provoquer des esclandres ; aussi tirait-il plutôt orgueil de toutes ces critiques. Un jour, le Seigneur le plaisanta :

— On dirait que tu n'aimes que trop ce qui est laid.

Il répondit insolemment, avec un sourire sinistre de ses lèvres si rouges malgré son âge :

— Votre Seigneurie a raison. Décidément, la beauté de la laideur échappe aux peintres qui ne savent que barbouiller.

Si l'on va même jusqu'à admettre qu'il était le plus grand des peintres, quelle audace n'avait-il pas cependant de juger avec tant de hauteur en face du Seigneur ! Le disciple mentionné plus haut, critiquant son outrecuidance, le surnomma en secret *Chira Eiju*. Je le comprends. *Chira Eiju* est, vous savez bien, le nom d'un monstre ailé à long nez, venu autrefois de Chine...

Toutefois, même à lui, même à ce Yoshihidé impudent au-delà de toute expression, il restait un sentiment humain, le seul qui vibrât encore en lui.

Car Yoshihidé choyait à la folie sa fille unique, la petite demoiselle d'honneur. Ainsi que je vous l'ai dit, c'était une fille très sensible, toute dévouée à son père. Lui, de son côté, ne lui témoignait pas une moindre sollicitude. Quand il s'agissait des vêtements ou des coiffures de sa fille, on raconte que cet homme, rebelle à toute quête de la part des temples, faisait les plus grands sacrifices. Mais je me demande si ce n'est pas là un mensonge.

Cependant, s'il la chérissait, il s'en tenait là. L'idée, par exemple, de lui trouver un bon époux était bien éloignée de ses pensées. Pis encore! S'il s'était trouvé quelqu'un qui se fût risqué à lui faire la cour, il n'eût pas hésité à le faire attaquer de nuit, soudoyant à cette fin les vauriens du quartier. Les choses en étaient là quand, sur la demande expresse du Seigneur, la jeune fille entra à son service comme demoiselle d'honneur. Le père en fut très mécontent. Il garda visage renfrogné pendant quelque temps, devant le Seigneur même. La seule vue de son visage aurait donné naissance aux bruits selon lesquels le Seigneur, entiché de la beauté de la fille, se l'était attachée malgré l'opposition du père.

Si ces rumeurs étaient fausses, il n'en reste pas moins vrai que Yoshihidé, par tendresse envers son enfant, avait toujours souhaité qu'on la renvoyât chez lui. A une certaine époque, sur l'ordre du Seigneur, il peignit le Bouddha enfant. Il prit pour modèle un page favori du Seigneur. Il s'en tira avec bonheur. Le Seigneur lui en exprima sa grande satisfaction :

— Je te donnerai, comme récompense, tout ce que tu voudras. Ne te gêne pas pour le dire!

Que pensez-vous qu'il sollicita alors, respectueusement prosterné?

Il eut l'audace de déclarer :

— Accordez-moi la grâce, Seigneur, de me rendre ma fille!

On eût pu le tolérer chez un autre seigneur. Mais la jeune fille était au service du Seigneur de Horikawa. Là, si grand l'amour paternel du peintre fût-il, il ne pouvait excuser son indiscrète supplique. A cette réponse, le Seigneur parut mécontent et resta un moment sans parler, dévisageant Yoshihidé. Enfin, il dit froidement :

— Cela, je ne puis l'accorder.

Et, coupant court, il se retira.

Des incidents analogues se renouvelèrent quatre ou cinq fois, me semble-t-il. Le regard du Seigneur fixé sur Yoshihidé paraissait devenir chaque fois plus glacial, je m'en souviens aujourd'hui. De son côté, la jeune fille s'inquiétait-elle du sort de son père? Quand, par exemple, elle se retirait dans sa chambre, on la voyait souvent sangloter en silence, mordillant la manche de sa robe de dessous. Ce qui ne pouvait qu'alimenter les bruits selon lesquels le Seigneur s'était épris de la fille de Yoshihidé. Certains même laissaient entendre que le *Paravent des Figures infernales* tirait son origine de la résistance de la jeune fille aux assiduités du Seigneur. Mais là ne doit pas être la vérité.

Selon ce que nous pensons, le Seigneur avait cru bon de retenir auprès de lui la jeune fille, uniquement par pitié pour elle, parce qu'il avait l'idée généreuse de la laisser vivre à l'aise dans sa résidence au lieu de la renvoyer chez son excentrique de père. Il n'en est cependant pas moins vrai qu'il aimait cette jeune fille au naturel doux et tendre. On ne doit assurément pas lui en attribuer pour autant un certain désir frivole. Il serait mieux de trancher la question en disant qu'il s'agissait là de suppositions sans fondement.

Mais laissons cet épisode. Quoi qu'il en fût, la faveur du Seigneur envers Yoshihidé avait, par cette affaire, sensiblement diminué, lorsque, on ne sait pour quel motif, le Seigneur le convoqua en hâte et lui passa commande du Paravent.

A ces mots de *Paravent des Figures infernales*, il me semble que l'aspect terrifiant de cette peinture s'impose immédiatement. Des scènes de l'Enfer, il en est d'autres. Mais les toiles de Yoshihidé différaient par leur composition de celles de ses collègues. Les *Dix Rois* et leur suite étaient relégués, rapetissés, dans un coin du Paravent, et dans tout l'espace libre tourbillonnaient des flammes puissantes au point de roussir le Mont des Glaives et les Arbres hérissés de sabres. De sorte que, hormis les robes jaunes et bleues à la chinoise des suppôts de l'Enfer çà et là dispersés, les langues de feu impétueuses remplissaient tout l'espace dans lequel dansaient avec furie, en forme de swastika, des fumées noires tracées en éclaboussures d'encre et des étincelles de feu projetées en poudre dorée.

Cela seul, par sa puissance évocatrice, aurait suffi à frapper les yeux. Enfin, il n'y avait pas un damné à se contorsionner dans cette géhenne qui eût rien de commun avec ceux des habituelles Figures infernales. La raison en est qu'en ces multitudes de damnés, Yoshihidé avait représenté des hommes de toutes conditions depuis les courtisans jusqu'aux mendiants, jusqu'aux réprouvés : grands officiers de la Cour dans leurs impeccables robes de cérémonie, séduisantes dames d'honneur dans leurs robes à cinq plis, récitants avec leurs chapelets au cou, jeunes guerriers à hautes chaussures en bois, fillettes minces dans leur longue robe, devins portant la bandelette sacrée à la main..., il n'est pas possible de les énumérer tous.

Tous ces personnages, dans les tourbillons de flammes et de fumées, en proie aux tortures infligées par les geôliers infernaux à tête de bœuf et de cheval, fuyaient en tous sens, telles des feuilles mortes dispersées par une bourrasque. Ces femmes plus recroquevillées que des araignées, dont les cheveux s'enroulaient autour des dents d'une fourche, figuraient-elles des sorcières ? Cet homme, la tête en bas comme une chauve-souris au repos, la poitrine perforée par une lance, n'était-il pas quelque jeune gouverneur de province ? Et ces innombrables damnés, flagellés de fouets de fer, écrasés sous un rocher que mille hommes auraient peine à mouvoir, déchirés par de monstrueux oiseaux, mordus par les mâchoires d'un dragon venimeux... Autant de tortures que de réprouvés.

Mais ce qui surpassait en horreur toutes ces atrocités, c'était, accrochant le sommet d'un arbre en forme de défense de bête féroce (aux branches de cet arbre tout garni de sabres, on voyait de nombreux trépassés transpercés de part en part), un char qui tombait en plein ciel. Soulevé au vent infernal, le store du char laissait voir à l'intérieur une dame de cour vêtue d'un habit si magnifique qu'on l'eût prise pour une impératrice ou une concubine impériale, et dont la longue chevelure noire flottait au gré des flammes, et qui se tordait, la tête renversée. Son visage tourmenté, le char embrasé, tout peignait le suprême degré de la souffrance dans les flammes de la damnation. On peut dire que toutes les horreurs répandues sur le vaste Paravent servaient de fond à ce seul personnage. La puissance d'inspiration qui animait cette peinture était telle qu'à la voir on croyait entendre les hurlements même de l'Enfer.

Ah! c'est que pour y réussir, pour peindre une telle œuvre, il avait fallu que se produisît le terrible événement que voici. Et que s'il n'avait vécu cet événement, Yoshihidé, tout grand peintre qu'il fût, n'aurait pu représenter avec un tel réalisme les tortures de l'Enfer. Mais l'achèvement du Paravent fut payé d'une issue atroce qui entraîna la mort de son auteur. On peut dire que cet Enfer réalisé par le plus grand peintre de l'époque, Yoshihidé, était l'enfer dans lequel il se précipitait lui-même.

Dans la hâte que j'ai mise à vous décrire ce curieux Paravent, peut-être n'ai-je pas respecté l'ordre de la narration. Nous allons donc revenir à Yoshihidé, auquel le Seigneur a passé commande d'une peinture de l'Enfer.

V

A partir de ce moment, pendant cinq ou six mois, sans même se présenter à la Résidence du Seigneur, Yoshihidé s'absorba dans la composition du Paravent. Malgré son attachement à sa fille, dès qu'il fut à l'œuvre, il perdit, raconte-t-on, tout désir de voir ne serait-ce que son visage. N'est-ce point extraordinaire? Aux dires du disciple déjà mentionné, une fois plongé dans le travail, cet homme fut comme possédé par l'esprit d'un « renard ». Selon des rumeurs du temps, sa réussite en peinture était due à un serment qu'il avait fait devant le Grand Dieu du Bonheur. Certains affirmaient que si on l'épiait lorsqu'il peignait, on voyait de sinistres ombres de renards rôder autour de lui. Ainsi, le pinceau à la main, il oubliait tout, sauf l'achèvement de la toile à laquelle il se consacrait. Nuit et jour enfermé dans une chambre, c'est à peine s'il voyait la lumière du soleil. En particulier, lors de la composition du *Paravent des Figures infernales*, son acharnement parut exceptionnel.

Par là, je n'entends pas que, dans sa chambre aux stores baissés même de jour, cet homme, à la lueur d'une lampe à huile, composait sans relâche des couleurs selon ses recettes ou dessinait minutieusement les silhouettes de chacun de ses disciples à qui il faisait revêtir cottes, vêtements de chasse..., non! Car il n'avait jamais hésité à se livrer à de pareilles bizarreries au cours d'autres travaux que celui du Paravent. Ainsi, quand il s'était dédié à la peinture du *Cycle des Naissances et des Morts*, maintenant suspendue au portail du temple Ryûgaiji, assis imperturbable devant un cadavre abandonné dans la rue et dont tout homme normal aurait détourné les yeux, il en avait dessiné le visage et les membres à demi décomposés sans omettre un seul cheveu. On se demandera alors quel pouvait bien être cet acharnement exceptionnel que j'ai signalé. Je n'ai pas maintenant loisir d'entrer dans les détails. Mais voici à peu près comment les choses s'étaient passées.

Un certain jour, un de ses disciples (toujours celui dont j'ai parlé) broyait des couleurs. Le maître entre précipitamment et lui dit :

— Je veux faire un peu de sieste. Ces jours-ci, je souffre de cauchemars.

Comme il n'était pas rare de l'entendre parler ainsi, le disciple, sans délaisser son travail, répondit sans chaleur :

— Bien, Maître!

Yoshihidé, cependant, le visage attristé, ce qui lui était peu habituel, demanda, hésitant :

— Ne voudrais-tu pas veiller à mon chevet pendant que je dormirai?

Le disciple, bien qu'intrigué par cette préoccupation de son maître, répliqua seulement :

— Entendu!

Car il n'y avait rien de plus facile... Mais le maître, l'air toujours soucieux et hésitant encore, ajouta :

— Alors, accompagne-moi tout de suite au fond de la maison. Les autres peuvent venir, mais ne laisse entrer personne dans la chambre pendant que je dors.

Le fond de la maison constituait son atelier. Ce jour-là encore, dans la chambre, toutes portes coulissantes fermées comme pour la nuit, à la lueur de la lampe se dressait, largement ouvert en cercle, le Paravent en question sur lequel le dessin seul avait été tracé au fusain. Là,

Yoshihidé, appuyé sur son coude en guise d'oreiller, plongea dans le sommeil comme un homme épuisé. Une demi-heure à peine s'était écoulée, quand une voix lugubre au-delà de toute expression se fit entendre aux oreilles du disciple qui veillait.

VI

Au début, ce ne fut qu'un simple bruit. Bientôt une voix articula peu à peu des mots et, semblables au gargouillement d'un homme qui se noie, ce furent les paroles suivantes :

« Comment? Tu m'appelles? — Où? — Tu m'appelles où? — Dans l'abîme? Dans les flammes de l'Enfer? — Qui es-tu? Qui dit cela? Qui es-tu? — Ah! c'est... »

Le disciple arrêta machinalement sa main qui broyait les couleurs et, intimidé, épia de biais le visage de son maître. Ce visage devenu blafard, marqué de rides, se mouillait de grosses gouttes de sueur; la bouche aux lèvres desséchées et aux dents rares s'ouvrait toute grande comme pour haleter. Quelque chose s'y agitait rapidement, comme manœuvré par un fil. C'était la langue. Les paroles mal articulées venaient de toute évidence de cette langue...

« Tiens! C'est toi... — Oui, c'est toi! Je m'en doutais. Comment? Tu es venue me chercher? Alors, tu me dis de venir?... Dans l'abîme? Dans l'abîme où ma fille m'attend? »

A ce moment, le disciple avait ressenti un tel malaise, m'a-t-il dit, qu'il eut l'impression qu'une ombre étrange et vaporeuse s'allongeait, informe, sur la surface du Paravent. Il va sans dire que le disciple ne tarda pas à secouer son maître de toutes ses forces. Mais Yoshihidé, toujours soliloquant dans son demi-rêve, ne parvenait pas à s'éveiller. Alors, le disciple se décida à asperger le visage du maître avec l'eau destinée à laver les pinceaux.

« Je t'attends, viens dans ce char! — Dans ce char, viens jusqu'au fond de l'abîme! »

Ces phrases, l'eau qui tomba alors les transforma en un

bredouillement rauque et étranglé. Yoshihidé, ouvrant enfin les yeux, se dressa précipitamment, plus vite que s'il eût été piqué par une épingle. Mais, derrière ses paupières, paraissaient flotter encore les formes monstrueuses du rêve. L'œil hagard et la bouche bée, il fixa un instant son regard dans le vide. Bientôt, cependant, il parut se ressaisir.

— Suffit! Va-t'en! ordonna-t-il à son disciple d'un ton on ne peut plus sec.

Sachant qu'une protestation élevée en tel cas provoquait toujours l'exaspération du maître, le disciple s'enfuit en hâte de la chambre. Quand il vit au-dehors les rayons du soleil encore lumineux, il se sentit soulagé, raconta-t-il, comme si c'eût été lui-même qui se fût réveillé d'un cauchemar.

Mais cet exemple n'est rien. Un mois plus tard, ce fut au tour d'un autre disciple d'être appelé dans l'atelier. Yoshihidé suçait son pinceau à la lueur de la lampe à huile. Tout à coup, il se tourna vers le disciple et lui lança brusquement :

— Je te demande un service. Veux-tu te déshabiller?

Comme c'était un ordre que le disciple avait déjà exécuté à l'occasion, il se dévêtit immédiatement, se mettant entièrement nu. Le maître grimaça de façon bizarre :

— J'ai le désir de voir un homme enchaîné. Veux-tu te donner la peine de suivre mes ordres? dit-il froidement, sans avoir l'air désolé de peiner le disciple.

Ce dernier, de constitution robuste et qui paraissait fait pour porter le sabre plus que pour manier le pinceau, s'était néanmoins senti intimidé à cette demande. Chaque fois que, par la suite, il raconta cette histoire, il déclarait :

— J'ai cru que le maître, devenu fou, voulait me tuer.

Yoshihidé, pour sa part, parut irrité des hésitations de son disciple. Se saisissant d'une chaîne qu'il avait sortie d'on ne sait où, il sauta pour ainsi dire sur le dos du disciple dont il tordit les bras et ligota le corps à plusieurs reprises. Puis il tira brutalement le bout de la chaîne. Comment résister? Sous le choc, le corps enchaîné du disciple s'écroula de tout son long, faisant résonner fortement le plancher.

VII

Le disciple, en cette posture, pouvait être comparé à une grosse potiche renversée. Les bras et les jambes ayant été ployés, comme je vous l'ai dit, sans ménagement, la tête seule pouvait bouger. De plus, la chaîne empêchant la circulation du sang dans ce gros corps, la peau, partout, sur le visage..., sur le torse..., se mettait à rougir. Mais Yoshihidé semblait n'en avoir cure; il évoluait autour du corps et, sous divers angles, en prenait de nombreux croquis presque semblables. Inutile de dire à quel point, pendant tout ce temps, le disciple souffrait dans ses chaînes.

S'il ne s'était produit un fait inopiné, peut-être cette torture se serait-elle encore prolongée. Heureusement, ou plutôt malheureusement faudrait-il dire, après un certain laps de temps, de l'ombre d'un pot placé dans un coin de la chambre, une forme mince et longue se tortilla, s'étira comme une coulée d'huile noire. Tout d'abord, comme agglutinée, elle se déplaçait lentement, mais bientôt elle se mit à glisser avec plus de souplesse, chatoyant çà et là, jusqu'au bout du nez du disciple qui l'aperçut. Le souffle coupé, il s'écria :

— Un serpent! Un serpent!

A ce qu'il a raconté, il avait senti tout son sang se glacer d'un coup. On le comprend. En effet, le serpent avait failli toucher, du bout de sa langue froide, la chair de son cou mordu par la chaîne. Devant cet incroyable incident, Yoshihidé, malgré son sang-froid impudent, se serait affolé. Il jeta précipitamment son pinceau puis, s'étant penché en avant, tout aussitôt saisit prestement par la queue le serpent qu'il éleva en l'air, la tête en bas. Le serpent ainsi suspendu, relevant la tête, se tordit sur lui-même sans cependant atteindre la main qui le tenait.

— Par ta faute, j'ai raté un magnifique coup de pinceau! grommela Yoshihidé, hargneux et il lança sans façon le serpent dans le pot au coin de la chambre.

Et, bougonnant, il défit la chaîne qui ligotait le corps du disciple. Sans plus. Il n'eût même pas daigné accorder un mot de consolation à son disciple, la victime. Peut-être eût-il été plus dépité d'avoir manqué un coup de pinceau dans son œuvre que de voir son disciple mordu par le serpent. A ce que j'ai entendu dire par la suite, il avait aussi élevé ce serpent pour lui servir de modèle.

Par ce seul fait, vous pourrez imaginer l'acharnement dément et inquiétant de cet homme. En voici un dernier exemple. Un disciple de treize ou quatorze ans dut, lui aussi, à cause de ce Paravent, subir une épreuve terrible qui aurait pu lui coûter la vie. Il avait une peau blanche et une constitution plutôt féminine. Une nuit, appelé par le maître, il se présenta devant lui sans rien soupçonner.

Yoshihidé, à la lumière de la lampe, donnait à manger à un bizarre oiseau quelque chose qui, placé sur la paume de sa main, ressemblait à un morceau de viande. La taille de l'oiseau était à peu près celle d'un chat. Et, les plumes saillant des deux côtés de sa tête en forme d'oreilles, les grands yeux ronds et ambrés, tout son aspect faisait en quelque sorte penser à un félin.

VIII

Yoshihidé avait toujours détesté que les autres missent leur nez dans ses propres affaires. Le serpent dont j'ai parlé en était un exemple : Yoshihidé ne révélait jamais, pas même à ses disciples, ce qu'il gardait dans sa chambre. Il arrivait ainsi qu'on découvrît sur sa table des objets inattendus, une tête de mort, un bol d'argent ou une coupe à pied laquée et ciselée... suivant le sujet de la création du moment. Nul ne savait où il recelait ces modèles. C'est là précisément une des raisons pour lesquelles on attribuait son travail aux faveurs secrètes du Grand Dieu du Bonheur.

Ici, le disciple eut l'idée que cet oiseau monstrueux devait certainement servir, lui aussi, de modèle pour le Paravent, et prit une attitude respectueuse devant le maître :

— Je suis à vos ordres.

Yoshihidé, l'air de ne rien entendre et passant sa langue sur ses lèvres rouges, lui dit :

— Regarde cet oiseau. N'est-il pas bien apprivoisé? Hein?

Et il tendit le menton vers l'oiseau.

— Quel est le nom de cet oiseau? Je n'en ai jamais vu, demanda le jeune homme avec une curiosité mêlée de répugnance.

Tout en posant cette question, il regarda attentivement cet oiseau aux oreilles de plume, semblable à un chat. Yoshihidé, de son habituel ton moqueur, répliqua :

— Quoi? Tu n'en as jamais vu? Les hommes de la ville ne savent rien! Cet oiseau s'appelle chat-huant. Un chasseur de Kurama me l'a donné il y a deux ou trois jours. Mais je crois qu'il en est peu de si bien apprivoisés.

Sur ces mots, Yoshihidé, soulevant lentement sa main, caressa doucement à rebrousse-poil le plumage du dos de l'oiseau qui venait d'achever sa pâture. A ce geste, l'oiseau poussa un cri aigu et rapide, d'un coup d'aile s'envola de la table, et, serres écartées et tendues, se précipita sur la tête du disciple. Si, à cet instant, ce dernier n'avait rapidement caché son visage derrière sa manche instinctivement soulevée, il n'eût pas manqué de recevoir quelques éraflures. Jetant, lui aussi, un bref cri, il voulut chasser l'oiseau d'un mouvement de sa manche. Mais, d'en haut, l'oiseau, faisant claquer son bec, lui en donna un coup... Tantôt debout, tantôt accroupi, le disciple, oublieux de la présence du maître, ne pensait qu'à se protéger de l'oiseau et à le chasser. Cette seule pensée en tête, affolé, il fuyait de-ci de-là dans l'étroite chambre. L'oiseau bizarre, de son côté, le poursuivait dans tous ses mouvements, volant haut puis bas, entêté à attaquer l'œil, guettant un instant d'inattention. Le battement furieux des ailes renouvelé à chaque assaut créait une atmosphère étrange... qui rappelait, que dire? quelque chose comme l'odeur des feuilles mortes, les poussières liquides d'une cataracte ou les relents de fruits pourris et fermentés conservés en cachette par des singes sauvages, une atmosphère étrange en tout cas qui emplissait la chambre d'une apparence lugubre au-delà de toute expression. Et la lumière même de la lampe à huile luisait, aux yeux du disciple, comme un trouble clair de lune. La chambre du maître, telle qu'elle était, lui semblait s'être transformée en une vallée maudite enfouie dans de lointaines montagnes. Le disciple se sentit absolument abandonné, m'a-t-on dit.

Mais les assauts du chat-huant n'étaient pas la seule chose qui l'horrifiât. Ce qui, plus encore, le remplit d'épouvante, ce fut le maître Yoshihidé lui-même qui, en une contemplation impassible de ce remue-ménage, papier déroulé, léchant son pinceau, dessinait sans hâte ce spectacle infernal d'un monstre ailé torturant un garçon si doux qu'on l'eût pris pour une fille. A la vue du maître en cette attitude, le disciple fut en proie à une terreur indicible. Un moment, en effet, il avait cru périr victime de son maître. C'est ce qu'il m'a raconté lui-même.

IX

De fait, il n'est pas absolument inconcevable que le maître eût pu le laisser mourir. Que ce soir-là il fît appeler exprès ce disciple pouvait bien avoir pour motif son intention de peindre sa fuite désespérée devant le chat-huant excité. Le disciple, donc, dès qu'il se fut aperçu de l'attitude du maître, cacha instinctivement sa tête dans ses manches en poussant des cris inarticulés et, en cet état, il se blottit au bas de la porte de communication aménagée dans un coin de la chambre. Il eut l'impression qu'à ce moment-là le maître se levait et il perçut sa voix affolée. Brusquement, le battement des ailes du chat-huant devint plus furieux encore. Des bruits d'objets qui se renversaient, d'autres qui se brisaient, s'entendirent à de brefs intervalles. Le disciple, doublement éperdu, releva, sans trop savoir pourquoi, sa tête cachée dans ses bras. La chambre était dans l'obscurité. La voix du maître qui, plein d'irritation, appelait les apprentis, retentissait dans le noir.

Bientôt, l'un d'eux répondit au loin, accourait une lanterne à la main. Sous la pâle lumière tamisée par la suie, on vit la lampe à huile renversée et, dans la flaque d'huile répandue sur les nattes et le plancher, le chat-huant roulait en tous sens, se débattant péniblement d'une seule aile. De l'autre côté de la table, le buste soulevé, Yoshihidé, l'air consterné en dépit de ce que nous savons de lui, marmonnait des propos incompréhensibles. Mais, regardez! Autour du corps de l'oiseau, du cou à l'aile, s'enroulait fortement un serpent tout noir. On peut reconstituer ainsi l'événement. A l'instant où il s'était blotti dans le coin de la chambre, le disciple avait renversé le pot qui s'y trouvait; de ce pot sortit le serpent sur lequel le chat-huant se précipita témérairement... C'est ainsi que se serait produit ce vacarme. Les deux disciples, échangeant des clins d'œil, regardèrent pendant quelque temps, stupéfaits, cette scène étrange. Puis, s'inclinant sans mot dire devant le maître, ils se retirèrent furtivement. Nul ne sait ce qu'il advint du serpent et du chat-huant.

On pourrait citer un grand nombre d'exemples semblables. La commande du Paravent, j'oubliais de vous le dire, avait été passée au début de l'automne. Par la suite, pendant tout l'hiver, les disciples de Yoshihidé furent continuellement sur le qui-vive devant la conduite insolite de leur maître. A la fin de l'hiver, on eut l'impression que le peintre, par un inexplicable empêchement, ne pouvait poursuivre son travail. Il avait l'air plus sombre que jamais. Ses propos prenaient un ton sensiblement plus revêche. Et la peinture du Paravent, dont les dessins avaient été aux trois quarts tracés, paraissait ne plus avancer. Il sembla même que le maître n'hésiterait pas, pour une raison ou une autre, à effacer ce qu'il avait dessiné jusque-là.

Il était impossible, cependant, de dire ce qui le gênait dans l'accomplissement de son œuvre. Nul d'ailleurs ne cherchait à en connaître la cause. Mortifiés par les événements précédents, les disciples, comme enfermés dans une cage avec un loup ou un tigre, tâchaient à s'écarter, autant que possible, de l'entourage du maître.

X

De cette période-là, donc, il n'y a rien de particulier à raconter. Si je cherche bien cependant, je peux dire que ce vieillard si dur de nature s'attendrissait pour une raison inconnue; et quelquefois, on le surprenait pleurant tout seul à l'écart. Ainsi, un jour, un disciple qui passait par le jardin constata que le maître, tout pensif, debout dans le couloir, regardait le ciel annonçant le printemps; ses yeux étaient pleins de larmes à ce que relata celui-ci. Croyant l'avoir surpris dans ce qu'il ne devait pas voir, le disciple, sans mot dire, se retira furtivement. C'est ce qu'on ma raconté. Ne trouvez-vous pas étrange qu'un homme fier comme le maître, qui n'avait pas hésité à prendre pour modèle un cadavre abandonné sur un chemin pour peindre le *Cycle des Naissances et des Morts*, se mît à pleurer tel un enfant pour une pareille chose : être empêché de peindre à son gré le Paravent?

Tandis que Yoshihidé s'acharnait comme un dément sur son œuvre, sa fille, de son côté, on ne savait pourquoi, s'assombrissait de jour en jour jusqu'à ce qu'enfin ses efforts pour contenir ses larmes devinrent visibles à tous. C'était une jeune fille d'aspect naturellement mélancolique, au teint blanc et aux gestes discrets; aussi dans ce nouvel état, ses cils baissés et alourdis, ses yeux cernés de fatigue lui donnaient-ils l'air encore plus triste. Au début, certains attribuèrent cette mélancolie aux soucis que lui donnait son père ou à quelque préoccupation sentimentale. Mais, bientôt, le bruit courut selon lequel les instances amoureuses du Seigneur en étaient la cause. Puis, tout à coup, personne ne souffla plus mot d'elle, comme si chacun eût été frappé d'amnésie.

Juste à cette époque-là, une nuit, assez tard, je passais seul dans un couloir de la Résidence. Brusquement, je ne sais d'où, le singe Yoshihidé se précipita sur moi et tira fortement le pan de ma jupe. Je revois encore cette nuit tiède où semblait déjà flotter l'odeur des fleurs de prunier sous le clair de lune vaporeux. Je le regardais fixement dans cette lumière. Le singe, montrant ses dents blanches, plissant le bout de son nez, poussait des cris stridents comme un fou. Au début, plus ennuyé de ce qu'il tirait ma jupe qu'intrigué de son état anormal, je voulus lui donner un coup de pied et m'en aller. Mais je me rappelai le précédent de l'officier qui avait encouru la défaveur du jeune prince pour avoir morigéné ce singe. De plus, sa contenance ne paraissait pas habituelle. Je me décidai à me laisser conduire du côté où il m'attirait, cinq ou six *ken*[8] plus loin.

Après avoir tourné l'angle du couloir, j'arrivai à un endroit d'où on pouvait embrasser du regard les eaux de l'étang, vaguement blanches même dans l'obscurité, à travers les branches graciles des pins. A ce moment-là, un bruit sourd venu d'une chambre voisine où des gens semblaient se quereller, bruit à la fois agité et étrangement discret, vint surprendre mes oreilles. Tout alentour, le silence régnait, que seul troublait le clapotis des poissons qui sautaient dans la lumière indécise où le clair de lune se confondait avec la brume nocturne; nulle voix humaine. La sensation du bruit en était d'autant plus forte. Je m'arrêtai instinctivement, puis m'approchai de la porte de communication, à pas feutrés, souffle suspendu, pour prendre en flagrant délit l'intrus, si c'en était un.

XI

Le singe, agacé par ma lenteur, semblait-il, fit deux ou trois fois le tour de mes jambes et, avec un cri comme étranglé, sauta d'un bond sur mon épaule. Machinalement, je renversai le cou en arrière pour éviter ses ongles. Lui, accroché à la manche de ma cotte, s'efforçait de ne pas tomber de mon épaule. Accusant le choc, je vacillai et vins heurter violemment du dos la porte de communication. Je n'avais donc plus à hésiter un seul instant. J'ouvris brusquement la porte et voulus m'élancer vers le fond de la chambre que le clair de lune n'atteignait pas. Mais ce qui, à cet instant même, frappa mes yeux..., non, disons plutôt que je fus surpris par une femme qui bondissait hors de la chambre comme propulsée par un ressort. Elle me bouscula presque et se précipita au-dehors. Mais, tout à coup, elle s'arrêta et, s'agenouillant là, haletante, elle regarda mon visage comme une chose horrible, tremblante encore de tout son corps.

Il est superflu de dire que c'était la fille de Yoshihidé. Mais, ce soir-là, l'impression que j'eus d'elle fut d'une telle fraîcheur qu'il me sembla être en présence d'une autre femme. Ses yeux grands ouverts luisaient. Ses joues étaient empourprées. Sa jupe et sa robe négligemment défaites ajoutaient même à sa grâce séduisante, toute différente de sa puérilité habituelle. Était-ce vraiment la fille de Yoshihidé, si fragile, si réservée en tout?

Appuyé contre la porte de communication, je regardais dans le clair de lune la silhouette gracieuse de la jeune fille; et pointant le doigt, comme s'il s'agissait d'une chose qu'on eût pu indiquer ainsi, dans la direction du bruit de pas qui s'éloignait en hâte, je lui demandai calmement, du regard, qui cela pouvait être.

La jeune fille, alors, se mordant les lèvres, secoua seulement la tête, sans mot dire. Toute son attitude exprimait une humiliation navrante.

Je m'inclinai pour rapprocher ma bouche de son oreille, et lui demandai cette fois à voix basse : « Qui est-ce? » Mais, secouant toujours la tête, elle ne répondit pas; les larmes perlaient au bord de ses longs cils; elle se mordit plus fortement les lèvres.

Lent de nature, je ne puis me rendre compte que de ce qui est trop clair. Aussi, ne sachant comment l'interroger davantage, je restais figé là, comme écoutant battre son cœur dans sa poitrine. J'éprouvais en outre une certaine gêne qui m'interdisait de poursuivre mon interrogatoire indiscret.

Combien de temps fûmes-nous ainsi, je ne sais. Bientôt, je fermai la porte laissée ouverte jusque-là, me tournai vers la jeune fille qui semblait remise de son étourdissement, et lui dis avec la plus grande douceur :

— Rentrez à la chambre de service.

Oppressé moi aussi par une sorte d'inquiétude et me

demandant vaguement si je n'avais pas vu ce que je ne devais pas voir, un peu confus donc sans cependant bien savoir à l'égard de qui, je fis demi-tour. Mais à peine eus-je fait dix pas, que quelqu'un tira discrètement le pan de ma jupe. Qui pensez-vous que ce fût ?

A mes pieds, le singe Yoshihidé, assis, les deux mains posées sur le plancher comme un homme, s'inclina à plusieurs reprises en profondes révérences, faisant sonner son petit grelot.

XII

Quinze jours après cet événement, Yoshihidé se présenta subitement à la Résidence du Seigneur et sollicita une audience. Bien qu'il fût de basse condition, comme il recevait des faveurs exceptionnelles de la part du Seigneur, il pouvait recourir à ces requêtes extraordinaires. Le Seigneur qui n'accordait pas facilement audience à tout venant acquiesça sur-le-champ comme à l'habitude et le fit approcher de son siège. Le peintre, habillé de son éternel vêtement de chasse orange foncé et coiffé comme toujours d'un chapeau souple, l'air plus renfrogné que jamais, se prosterna respectueusement devant le Seigneur. Et, d'une voix rauque, il déclara :

— Sa Seigneurie m'a ordonné de faire le *Paravent des Figures infernales*. J'y ai travaillé nuit et jour, y mettant le meilleur de moi-même et maintenant vous pouvez le considérer comme achevé.

— Alors, félicitations ! J'en suis fort aise, répondit le Seigneur.

Mais il y avait une étrange absence de chaleur et comme un accent de déception dans sa voix.

— Je n'attends pas de félicitations le moins du monde, répliqua d'un air dépité Yoshihidé, qui baissa les yeux, immobile. C'est à peu près fini, continua-t-il, je vous l'ai déjà dit. Mais il reste une chose, et cette seule chose, je n'arrive pas encore à la bien dessiner.

— Quoi ? Il y a quelque chose que tu ne peux dessiner ?

— C'est cela, Mon Seigneur! En règle générale, je ne peux dessiner que ce que j'ai vu de mes yeux. J'ai beau réussir à dessiner ce que je n'ai pas vu, la conviction me fait défaut. N'est-ce pas la même chose que de ne pas dessiner du tout?

En l'entendant parler ainsi, un sourire moqueur s'ébaucha sur le visage du Seigneur.

— Alors, pour peindre le *Paravent des Figures infernales*, il faut avoir vu l'Enfer.

— C'est cela. Mais... L'année passée, quand il y eut un grand incendie, j'ai regardé de mes propres yeux les bonds des flammes, tels les tourbillons de feu de l'Enfer embrasé. C'est parce que j'ai assisté à cet incendie que j'ai pu dessiner les flammes du *Bouddha immobile au milieu des flammes*. Sa Seigneurie doit connaître cette peinture-là.

Sans paraître avoir entendu ce qu'avait dit Yoshihidé, le Seigneur posa encore cette question :

— Mais comment représentes-tu les damnés? Tu n'as pas vu les geôliers de l'Enfer?

— J'ai vu une fois un homme ligoté avec des chaînes de fer. Et j'ai minutieusement dessiné un homme torturé par un oiseau monstrueux. Aussi ne suis-je pas ignorant de toutes les atrocités dont souffrent les damnés en Enfer. Et pour les geôliers...

Là-dessus, Yoshihidé esquissa un sourire énigmatique un peu forcé et poursuivit :

— ... Pour les geôliers, ils ont fait maintes fois leur apparition dans mes rêveries. Presque tous les jours et presque toutes les nuits, pourrais-je dire, des formes infernales, soit à tête de bœuf ou de cheval, soit à trois faces et à six membres, frappant sans bruit dans leurs mains, ouvrant des bouches muettes, viennent me torturer... Ce que je brûle de dessiner, sans pourtant y réussir, n'est pas de ce genre.

A ces mots, le Seigneur ne parvint pas à cacher sa surprise. Pendant quelque temps, il dévisagea Yoshihidé d'un air agacé. Puis, fronçant durement les sourcils, il lança :

— Alors, qu'est-ce que tu n'arrives pas encore à dessiner?

XIII

— Mon projet est de dessiner au milieu du Paravent un char toituré de feuilles de palmier tombant du ciel.

Disant cela, Yoshihidé enfin regarda intensément le visage du Seigneur. On murmurait que cet homme devenait fou pour tout ce qui concernait la peinture. Son regard à cet instant aurait pu justifier ces rumeurs.

— Dans le char se tord une ravissante dame de cour; ses cheveux noirs fouettés par le vent des flammes, le visage couvert de fumées, sourcils froncés, la tête renversée en arrière, elle fixe son regard vers le haut. Ses mains arrachent la partie inférieure du store, peut-être pour se protéger contre les étincelles qui pleuvent. Et tout autour, par dizaines, par vingtaines, de lugubres oiseaux de proie voltigent en faisant claquer leur bec. Ah! cette dame assise dans le char, je n'arrive pas à la dessiner.

— Mais... Et... après?

Pour on ne sait quelle raison, le Seigneur incitait Yoshihidé à poursuivre d'un air curieusement enchanté. Mais celui-ci, ses fameuses lèvres rouges frémissant comme s'il avait eu la fièvre, répéta encore une fois comme en rêve :

— Cela, je n'y arrive pas.

Soudain, avec tellement de force qu'on eut l'impression qu'il voulait enfoncer ses dents dans quelque chose, il proféra :

— Je vous en prie, Seigneur! Veuillez avoir la grâce de mettre le feu à un char toituré de feuilles de palmier, devant mes yeux! Et si c'était possible...

Le Seigneur, un instant assombri, éclata brusquement de rire. Et suffoquant presque à force d'hilarité, il dit :

— Oh! Je serai à ta disposition pour tout ce que tu désires! Il ne faut pas te tourmenter sur l'impossibilité de quoi que ce soit.

Entendant ces paroles, saisi de je ne sais quel sinistre pressentiment, je fus pris d'une peur indéfinissable. De fait, l'aspect du Seigneur avait quelque chose d'insolite.

Une mousse blanche se formait aux coins de ses lèvres, ses sourcils s'agitaient convulsivement comme des éclairs; on avait l'impression qu'il partageait la folie du peintre. Il s'interrompit un moment. Mais, peu après, il fut pris d'un fou rire tonitruant.

— On va incendier un char toituré de feuilles de palmier. Je m'arrangerai pour y mettre une femme ravissante en costume de dame de cour. Une femme dans un char, qui agonisera et se tordra au milieu de flammes et de fumées noires! Tu as eu l'idée de la dessiner! Décidément, tu es le premier peintre entre le ciel et la terre. Je te félicite! Oui, je te félicite!

Yoshihidé alors, pâlit, tout à coup, remuant seulement les lèvres; on eût dit qu'il râlait. Bientôt, comme si tous ses muscles se relâchaient, il laissa retomber ses mains sur la natte sans façon et remercia respectueusement d'une voix basse presque imperceptible :

— De quelle rare faveur vous daignez me combler!

Peut-être le caractère terrifiant de son projet lui était-il apparu clairement pendant que le Seigneur parlait.

A cet instant, une fois dans ma vie, j'eus pitié de Yoshihidé.

XIV

Deux ou trois jours plus tard, pendant la nuit, conformément à sa promesse, le Seigneur convoqua Yoshihidé et, devant ses yeux, fit brûler un char de feuilles de palmier. Il faut ajouter que la scène n'eut pas lieu dans la Résidence de Horikawa. Le Seigneur fit dresser un bûcher dans sa villa qui était en banlieue, qu'avait habitée autrefois sa sœur, villa communément appelée « Résidence de Yukige ».

Cette Résidence était depuis longtemps inhabitée. Le vaste domaine laissé à l'abandon avait fini par prendre un aspect désolé. Les gens qui avaient vu ce jardin désert avaient imaginé bien des choses. Il courait aussi des rumeurs persistantes sur le sort de la princesse qui y avait péri. Certains même rapportaient que, les nuits privées de lune, un jupon écarlate, étrange, rôdait dans le couloir, sans toucher terre... Mais cela peut se comprendre. Dans cette Résidence, qui, en plein jour, semblait désolée, tout devenait si lugubre après le coucher du soleil que le jet d'eau résonnait d'une façon plus sinistre encore et que les hérons qui traversaient le ciel à la clarté des étoiles semblaient des monstres ailés.

Cette nuit-là précisément, il n'y avait pas de lune et il faisait très sombre. A la lumière de la lanterne posée près de son siège, vêtu d'une robe vert clair et d'une jupe d'un violet foncé sur lequel se découpaient les armoiries de sa maison, le Seigneur prit place, tout près du bord de la véranda, commodément assis en tailleur, sur un coussin blanc de forme ronde, bordé de dessins de deux couleurs. Autour de lui étaient rangés respectueusement les gens de l'escorte, au nombre de cinq ou six. Il n'y avait là rien d'anormal. Toutefois, il se trouvait un personnage qui avait l'air particulièrement soucieux. C'était un guerrier bien charpenté qui passait pour être devenu capable d'écarteler jusqu'aux cornes un cerf vivant, depuis que, contraint par la faim, il avait, pendant la guerre de Michinoku, mangé de la chair humaine; d'aspect redoutable, il se carrait au bas de la véranda, tenant son sabre, la pointe en haut, le ventre apparemment serré dans une ceinture. Ce spectacle, dans les lueurs qui tremblotaient sous les vents de la nuit, tantôt éclairé, tantôt obscur, comme s'il se déroulait aux confins indécis du rêve et du réel, avait je ne sais quoi de terrifiant.

Et le char toituré de feuilles de palmier, placé au milieu du jardin, avec son toit haut et massif, s'imposait de sa présence dans l'obscurité. Le bœuf n'y était pas attelé et, le long des brancards noirs obliquement posés sur la chambrière, les accessoires en métal étincelaient comme des étoiles d'or. Bien que ce fût le printemps, on se sentait pris d'un vague frisson. Quant à ce qui se cachait à l'intérieur du char, lourdement voilé par un store bleu bordé de motifs festonnés, on ne le savait. Tout autour, les hommes de service, un flambeau ardent à la main, surveillaient avec inquiétude les fumées qui se répandaient vers la véranda, prêts à exécuter les ordres.

Yoshihidé, héros de cette nuit, demeurait agenouillé,

face à la véranda, un peu à l'écart des autres. Vêtu comme toujours, semblait-il, de son vêtement de chasse orange foncé et coiffé de son vieux chapeau usé, il paraissait plus petit, écrasé même sous le poids du ciel étoilé, plus misérable encore qu'à l'ordinaire. Derrière lui se trouvait un autre personnage, également agenouillé, portant un chapeau identique avec un vêtement de chasse semblable. Un de ses disciples sans doute, qui paraissait l'accompagner. Mais, tous deux étant blottis dans la pénombre lointaine, il était difficile, de la véranda où j'étais, de bien préciser la couleur de leur vêtement.

XV

Il semblait être à peu près minuit. Dans le silence profond, si profond qu'on aurait pu distinguer la respiration de chacun, et dans l'obscurité qui enveloppait les bois et les sources, s'entendait seulement le souffle du vent nocturne auquel se mêlaient les odeurs résineuses de la fumée des flambeaux. Le Seigneur resta muet quelques instants, puis regarda fixement ce paysage de cauchemar. Bientôt, s'avançant un peu sur les genoux, il appela d'une voix ferme :

— Yoshihidé!

Celui-ci parut répondre quelque chose. Mais mes oreilles ne saisirent qu'un grommellement confus.

— Yoshihidé! ce soir, selon ton désir, je t'invite à assister à l'incendie d'un char.

En prononçant ces mots, le Seigneur regarda de côté les gens de sa suite. A cet instant, entre lui et eux s'échangeaient des sourires entendus. Peut-être n'était-ce que mon impression. Alors, Yoshihidé, relevant timidement la tête, eut l'air de regarder vers la véranda, mais il resta dans la même posture sans rien répondre.

— Regarde bien! C'est le char à mon usage. Tu t'en souviens. J'y mettrai le feu pour réaliser sous nos yeux une flambée infernale.

Le Seigneur s'interrompit et fit un clin d'œil à son

escorte. Ensuite, d'un ton devenu brusquement amer, il dit :

— Dans le char, on a enchaîné une dame de cour qui a fauté. Ainsi, quand le feu sera mis, cette femme, chair brûlée, os calcinés, expirera dans de terribles supplices. Ce sera un modèle sans précédent pour parfaire ton paravent. Ne manque pas d'observer comme une peau blanche ainsi que la neige brûle et se crevasse. Regarde bien aussi les cheveux noirs se dresser en étincelles de feu!

Il se tut pour la troisième fois. Mais je ne sais pour quelle raison il rit silencieusement en secouant les épaules :

— C'est un spectacle qu'on ne pourra jamais revoir même dans les siècles des siècles. Moi aussi, j'y assisterai. Soulève donc le store du char! Et montre à Yoshihidé la femme qui s'y trouve!

A cet ordre, un des hommes de service brandit au-dessus de sa tête le flambeau qu'il tenait, s'approcha du char à pas rapides et, d'un coup de main, souleva le store. Le feu crépitant du flambeau, en bougeant, rougeoya et éclaira nettement l'intérieur exigu du char. La femme assise sur le lit, ligotée sans ménagement, qui ne l'aurait reconnue? La robe de Chine, couleur fleur de cerisier, magnifiquement décorée, la chatoyante cascade de ses cheveux noirs et opulents, le peigne d'or incliné brillant de tout son éclat... oui, le costume était différent, mais le petit corps, le cou à moitié caché par le bâillon et le profil du visage discret jusqu'à la mélancolie l'identifiaient sans équivoque à la fille de Yoshihidé! Je faillis pousser un cri.

A cet instant, le guerrier robuste qui était en face de moi se releva brusquement et, la main sur la poignée de son sabre, arrêta son regard sur Yoshihidé. Surpris par ce geste, je tournai mon regard vers ce dernier. On eût dit qu'il était devenu à moitié fou devant ce spectacle. Il se leva précipitamment et, bras tendus en avant, faillit s'élancer vers le char. Mais, comme il était, je l'ai dit tout à l'heure, dans la pénombre et, malheureusement, assez éloigné de moi, je ne pus détailler sa physionomie. En un instant, son visage blême, ou plutôt sa silhouette tout entière, comme étirée et suspendue en l'air par je ne sais quelle puissance invisible, se découpa sur l'ombre diffuse. Juste à cet instant, au mot d'ordre du Seigneur : « Mettez le feu », le char dans lequel la femme était installée, couvert des flambeaux jetés par les hommes de service, s'embrasa.

XVI

A vue d'œil, les flammes l'enveloppèrent. Les glands violets de l'auvent furent soulevés comme par une rafale; les épaisses fumées blanches, visibles même dans l'obscurité, s'élevèrent en tournoyant. Les étincelles de feu sautaient en l'air et retombaient en pluie comme si les accessoires en métal attachés au store, au portillon, au toit eussent éclaté d'un seul coup. Comment décrire ce spectacle terrifiant? Les couleurs des flammèches qui s'élevaient en langues de feu, roulant autour du cadre du portillon jusqu'au vide du ciel, faisaient penser à un feu céleste jailli de l'astre du jour tombant sur la terre. Moi qui avais failli crier tout à l'heure, je ne faisais maintenant que regarder, atterré, cette scène effroyable. Quant à Yoshihidé, qui était père de la jeune fille...

Je ne puis encore oublier sa physionomie à cet instant. Cet homme qui, d'instinct, avait voulu courir vers le char s'était arrêté devant la flambée qui commençait et, les bras toujours tendus, regardait, comme fasciné, les flammes et les fumées qui l'enveloppaient. A la clarté du feu qui inondait son corps tout entier, son visage laid et ridé apparaissait nettement jusqu'à l'extrémité de la barbe. Mais, ses yeux grands ouverts, ses lèvres tordues, ses joues sans cesse contractées et frémissantes, tout témoignait de la peur, de l'accablement et de la surprise qui alternaient au fond de lui-même. Les voleurs dont on allait couper la tête ou bien les damnés de « Dix Crimes et Cinq Fautes », traînés devant le tribunal des Dix Rois-Juges, ne pouvaient avoir une physionomie plus douloureuse. A cette vision atroce, même le guerrier robuste et farouche pâlit sans le vouloir et scruta furtivement le visage du Seigneur!

Mais celui-ci, les lèvres serrées, ébauchant de temps en temps un sourire énigmatique, contemplait sans désemparer le char. Et dans l'intérieur du char... Je ne crois pas pouvoir jamais raconter en détail l'aspect de la jeune fille que j'y vis. La blancheur du visage renversé, suffoqué par la fumée, la longueur des cheveux enchevêtrés dans les flammes, la beauté de sa robe de Chine couleur de fleur de cerisier, dévorée de minute en minute par le feu — quelle scène implacable! A un moment, une poussée de vent nocturne emporta les fumées de l'autre côté et, sur les flammes rouges saupoudrées d'étincelles dorées, se découpa la jeune fille mordant son bâillon et se tordant au point de rompre la chaîne qui la ligotait. Devant ce spectacle horrible qui rappelait les tortures de l'Enfer, moi, le premier, les autres et jusqu'au guerrier farouche, tous, nous eûmes un frisson mortel.

On crut entendre encore un coup de vent à travers les arbres du jardin. A peine ce bruit fut-il passé, sans qu'on eût pu le situer, dans le ciel sombre, que brusquement, quelque chose de noir, sans toucher le sol ni voler en l'air, plongea tout droit, semblable à une balle, du toit de la Résidence dans le char en feu. Et, à travers les cadres du portillon laqués de rouge s'écroulant en feu et fumée, nous vîmes ce quelque chose embrasser l'épaule de la jeune fille renversée en arrière et l'entendîmes crier d'une longue voix aiguë et déchirante, presque insoutenable, jaillissant hors des fumées qui se répandaient. Un autre cri, un autre encore! Nous ne pûmes nous empêcher, nous aussi, de crier tous ensemble! Sur le fond de la muraille de flammes, ce quelque chose qui s'appuyait contre l'épaule de la jeune fille arc-boutée en arrière n'était autre que le singe Yoshihidé, qu'on avait dû mettre en laisse à la Résidence de Horikawa.

XVII

Mais, un instant après, la silhouette du singe s'éclipsa, tandis qu'un jet d'étincelles, semblable à la peau d'une poire saupoudrée d'or, s'élevait dans le ciel; le singe et la jeune fille disparurent au fond du remous épais des fumées noires. Au milieu du jardin, seul, le char flambait, dans un crépitement effroyable. « Une colonne de feu » plutôt qu' « un char de feu » exprimerait mieux cet embrasement s'élevant jusqu'au ciel étoilé.

Devant cette colonne de feu se tenait Yoshihidé, figé... O merveille! Son visage ridé qui était comme écrasé de douleur l'instant d'avant au spectacle effroyable des tortures infernales, s'irradiait maintenant de clartés indicibles; une joie extatique et lumineuse s'en dégageait et, oubliant qu'il était devant le Seigneur, ce peintre restait debout, les bras croisés fermement sur sa poitrine. Il semblait que l'atroce agonie de la jeune fille ne se reflétât point dans son regard. La couleur magnifique des flammes sur laquelle se découpait le visage féminin torturé le rassasiait-elle à souhait? Ce que je vis à cet instant m'en donna la sensation.

Mais rien n'était plus surprenant que le regard apparemment satisfait avec lequel le peintre contemplait l'agonie de son unique fille. À ce moment, Yoshihidé incarnait cette solennité exaltée, par on ne sait quelle force, élevée au-dessus de l'humain, mystérieuse même, semblable au courroux fameux du Roi-lion en son apparition nocturne. C'est pourquoi, sans aucun doute, les innombrables oiseaux de nuit eux-mêmes, éparpillés en vol par le feu imprévu, mais tenus en respect — était-ce une simple impression? — n'osaient approcher du chapeau usé du peintre. Peut-être une invisible vertu dont s'auréolait la tête de cet homme frappait-elle jusqu'aux yeux des oiseaux sans âme?

S'il en était ainsi des oiseaux, à plus forte raison de nous, humains, qui, jusqu'aux hommes de service, retenant le souffle, le corps frémissant, dévorions sans relâche Yoshihidé du regard, le cœur rempli d'une étrange joie, comme si nous assistions à la consécration solennelle d'une statue de Bouddha. Ces flammes grésillantes qui montaient, immenses, dans le ciel, et Yoshihidé qui, debout, s'absorbait dans ce spectacle tragique! Quelle grandeur! Quelle joie! Mais, à l'écart, le Seigneur, assis sous la véranda, si pâle qu'on l'eût pris pour un spectre, une mousse blanchâtre aux lèvres, haletait, comme une misérable bête assoiffée, en serrant convulsivement le pan de sa jupe qui recouvrait ses genoux.

XVIII

On ne sait comment se propagea dans le pays la nouvelle que le Seigneur avait mis le feu au char de la Résidence de Yukige. On fit de nombreux commentaires. D'abord, pourquoi le Seigneur avait-il brûlé vive la fille de Yoshihidé? — A cause d'un amour qui n'avait pu se faire agréer? C'est ce qu'on disait le plus souvent. Mais, à mon avis, l'intention du Seigneur avait été plutôt de châtier le caractère perverti du peintre qui n'avait pas hésité à demander à voir brûler le char du Seigneur et mourir un être humain pour rendre plus parfaite son exécution du Paravent. En effet, j'ai entendu le Seigneur lui-même parler dans ce sens.

On avait en outre beaucoup discuté, semblait-il, sur le cœur de pierre de Yoshihidé qui s'était acharné à la peinture du Paravent, au prix même de sa fille brûlée vive sous ses yeux. Quelques-uns l'accusaient d'avoir oublié l'affection paternelle pour la peinture, le qualifiant de bête monstrueuse à face humaine; le grand prêtre de Yokawa partageait cet avis :

— Quelque talent qu'ils aient dans un art ou dans un autre, ceux qui n'observent pas *Cinq Vertus* de l'homme sont voués aux enfers, répétait-il.

Environ un mois après cet événement, le *Paravent des Figures infernales* fut enfin achevé. Yoshihidé ne tarda pas à l'apporter à la Résidence afin de le présenter respectueusement au Seigneur. Le grand prêtre de Yokawa était justement là. Dès qu'il eut jeté un coup d'œil au Paravent, ce dernier ne put s'empêcher d'être frappé d'émoi et de stupeur devant la tempête de feu qui fusait sur tout l'espace du Paravent. Bien qu'il eût un moment plus tôt dévisagé Yoshihidé avec dédain, il frappa machinalement son genou en disant : « Bravo! » Je ne puis oublier non plus le rire forcé qu'eut le Seigneur en entendant cette louange.

Depuis ce temps-là, du moins dans la Résidence, les médisances contre Yoshihidé cessèrent. Est-ce parce que tous ceux qui regardaient cette peinture, quelque haine qu'ils gardassent contre le peintre, étaient frappés d'un mystérieux sentiment de solennité à la vue de l'infinie souffrance de l'Enfer flamboyant ?

Mais, quand l'affaire en fut venue là, Yoshihidé était déjà au nombre des morts. La nuit qui suivit l'achèvement du Paravent, il se pendit, passant une corde à la solive de sa chambre. Peut-être n'avait-il pu supporter de survivre, insouciant, à la fille qu'il avait sacrifiée à son Art ? Son corps est enterré au lieu où était sa maison. Mais, sur la petite pierre qu'on a placée là, on ne peut plus depuis longtemps lire l'inscription, usée par des dizaines d'années de pluie et de vent.

(Avril 1918.)

II

Le nez

Le nez du Grand Aumônier Zenchi, à Ikenoo, tout le monde le connaissait. D'une longueur de cinq à six pouces, ce nez pendait du haut de la lèvre supérieure au bas du menton. Il était de la même grosseur à l'extrémité qu'à la racine. On eût dit une longue saucisse suspendue au milieu du visage.

Le moine, qui avait cinquante ans passés, n'avait jamais cessé de souffrir en secret à cause de son nez, du temps même qu'il avait été simple officiant jusqu'au jour où il fut promu au rang de Grand Aumônier de la Cour Impériale. Extérieurement, bien sûr, il affectait toujours un air placide, feignant de ne pas s'en soucier. Ce n'était pas seulement qu'il crût indigne de sa vocation religieuse de se préoccuper de son nez, lui qui aurait dû s'oublier dans la contemplation du Paradis futur. Mais aussi, et surtout, qu'il n'aimait pas qu'on sût que son nez le préoccupait. Il craignait par-dessus tout qu'on mît le mot « nez » dans la conversation quotidienne.

Pour deux raisons, il ne pouvait supporter son nez : la première était d'ordre pratique. La longueur excessive de ce nez était gênante, à tel point qu'il ne pouvait se tirer d'affaire tout seul pour ses repas. S'il mangeait sans aide, l'extrémité de son nez plongeait dans son bol de riz. Notre moine, donc, procédait ainsi : un disciple, assis jambes repliées de l'autre côté du plateau à pieds, soutenait, pendant tout le temps du repas, le nez de son maître avec une planchette de deux aunes de long et d'un pouce de large. Mais cette façon de manger n'était agréable ni pour le disciple qui soutenait le nez ni pour le maître dont le nez était soutenu. Une histoire se répandit en ce temps-là jusqu'à Kyôto, selon laquelle un enfant encore novice, qui remplaçait un jour le disciple, les mains secouées par un éternuement inopiné, laissa tomber le nez dans le gruau de riz.

Mais tout cela ne constituait pas la principale raison du chagrin que le Grand Aumônier éprouvait à cause de son nez. La vérité était qu'il souffrait, dans son amour-propre, d'être affligé d'un tel appendice.

Les gens du quartier d'Ikenoo disaient, à propos du moine Zenchi, possesseur de ce nez, qu'il était heureux de ne pas être laïque. Ils ne croyaient pas qu'aucune femme désirât l'épouser à cause de son nez par trop avantageux. Certains insinuaient même que ce nez l'avait forcé à quitter le monde. Mais le moine, pour sa part, n'estimait point que son état de religieux pût atténuer son dépit. Son amour-propre était trop délicat pour attribuer son état à l'échec d'un mariage éventuel, qui n'était qu'une conséquence. Il décida donc de guérir, de n'importe quelle manière, active ou passive, son amour-propre blessé.

D'abord, le moine chercha un moyen pour faire paraître son nez plus court qu'il n'était réellement. Il s'y efforçait assidûment; il examinait son visage sous divers angles dans une glace, quand il était seul. De temps à autre, non content de modifier la position de son visage, il appuyait sa joue sur sa main, appliquait ses doigts à l'extrémité du menton et se penchait de nouveau patiemment sur la glace. Pas une seule fois il n'éprouva la satisfaction de voir son nez raccourci autant qu'il le désirait. Parfois même, plus il faisait d'efforts, plus il avait l'impression que son nez s'était allongé. Dans ces cas-là, la glace rangée, avec de longs soupirs résignés, il se réinstallait à contrecœur devant son lutrin et reprenait la lecture du soûtra de *Kannon* [1].

Plus encore. Zenchi vivait dans la perpétuelle préoccupation du nez des autres. Le temple d'Ikenoo organisait souvent des conférences au profit du Trésor du Chapitre. Dans l'enceinte du temple où se serraient les cellules monastiques, les moines chauffaient l'eau des bains tous les jours; aussi laïques et religieux y affluaient. L'Aumônier observait avec patience leur visage. C'est qu'il espérait trouver un être humain au moins dont le nez fût aussi long que le sien, ce qui l'aurait soulagé. Ni la robe de soie bleu foncé, ni celle de chanvre toute blanche ne frappaient ses regards. Quant aux vêtements auxquels il était habitué, comme les chapeaux orangés ou les chasubles gris foncé, ils n'existaient même pas pour lui. C'était vers le nez, et non pas vers l'homme, que son regard était attiré.

Il voyait bien des nez fièrement crochus, mais il n'en trouvait pas un seul qui fût comme le sien. Au fur et à mesure que se succédaient ses déceptions, son humeur devenait de plus en plus maussade. Ses nerfs étaient si irrités que, malgré son âge, quand il bavardait avec l'un ou l'autre, il rougissait en tâtant instinctivement le bout de ce maudit nez qui pendait.

En désespoir de cause, il se mit à compulser les livres sacrés, bouddhiques ou non, voulant y découvrir, pour avoir ne serait-ce qu'un peu de soulagement, un personnage qui eût un nez semblable au sien. Mais aucun texte ne faisait allusion à une longueur inhabituelle du nez de Mokuren [2] ou de Sharihotsu [3]. Ryûju [4] et Memyô [5] étaient, eux aussi, des Bosatsu [6] dont le nez, comme il se doit, était de taille normale. Ayant lu une *Chronique de la Chine antique* que Ryûgentoku [7], du pays de Chou Han, avait des oreilles d'une mesure extraordinaire, l'Aumônier soupira, disant : « Combien aurais-je été réconforté, s'il s'était agi de son nez! »

Il est superflu de dire que Zenchi, en même temps qu'il accumulait ces recherches d'un caractère plutôt passif, se hasardait à éprouver avec énergie divers procédés réputés efficaces pour raccourcir le nez. Il se risqua donc à la plupart des expériences qu'il pût imaginer. Il essaya par exemple l'infusion de tricosanthe, se frotta le nez avec de l'urine de souris. Mais, quoi qu'il fît, son nez pendait toujours à cinq ou six pouces au-dessous de sa lèvre supérieure.

Or, il advint qu'un automne, un de ses disciples fit un voyage à la capitale, en partie pour s'occuper des affaires de l'Aumônier. Là, il apprit d'un médecin qu'il connaissait une recette pour raccourcir un nez démesuré.

Ce médecin, originaire de Chine, était en ce temps-là moine au temple Chôrakuji.

L'Aumônier, feignant, comme à son habitude, de se « ficher » de son nez, dissimula son désir de sauter sur ce procédé. Mais, à chaque repas, il disait à son disciple, sur un ton dégagé, qu'il était navré au fond de lui-même de l'importuner ainsi. Naturellement il attendait que ce dernier le persuadât d'essayer la recette en question. Le disciple saisissait parfaitement cette manœuvre. Peut-être la sympathie qu'il éprouvait pour l'Aumônier cramponné à une telle manœuvre l'emporta-t-elle sur la répulsion qu'elle lui causait. Il commença donc à encourager vivement l'Aumônier à utiliser ce procédé. Zenchi, de son côté, comme il fallait s'y attendre, se laissa aisément persuader par ces recommandations pressantes.

La recette était d'ailleurs très simple : elle consistait à faire bouillir le nez dans de l'eau chaude et à le faire piétiner.

Dans les bains du temple, l'eau était toujours à chauffer sur le feu. Le disciple rapporta sur-le-champ, dans un seau, de l'eau chaude si brûlante qu'on pouvait à peine y tremper le doigt. Aussi, en plongeant son nez, Zenchi risquait-il d'avoir la face brûlée par la vapeur. On mit donc sur le seau un couvercle de bois au milieu duquel était percé un trou pour le passage du nez. Le nez de l'Aumônier était d'ailleurs tout à fait insensible à la chaleur. Au bout d'un certain temps, le disciple demanda :

— Il doit être bien bouilli maintenant?

Zenchi eut un rire forcé.

« En entendant ces paroles, qui eût pu se douter qu'il s'agissait du nez d'un homme? » pensa-t-il.

Le nez plongé dans l'eau chaude lui donnait un prurit semblable à celui que cause une piqûre de puce.

Lorsque le moine eut retiré du trou son nez fumant, le disciple se mit à le piétiner de toutes ses forces. Zenchi, étendu sur le côté, le nez posé à plat sur le plancher, regardait les pieds de son disciple le marteler. Ce dernier, le visage navré, le regard baissé vers la tête chauve de son maître, demandait de temps à autre :

— Ne souffrez-vous pas trop, Maître? Le médecin m'a dit de piétiner de toutes mes forces... Mais... cela ne vous fait-il pas mal?

Le moine voulut indiquer d'un signe de la tête qu'il ne souffrait pas. Mais le nez immobilisé sous les pieds l'empêchait de le faire. Alors, tournant les yeux vers le haut, regardant les pieds gercés de son disciple, il bougonna :

— Je n'ai pas mal.

En effet, le nez en prurit éprouvait à la pression du pied plus de soulagement que de douleur.

Après un moment de piétinement, des protubérances pareilles à des grains de millet se formèrent sur son nez. On eût dit un petit oiseau plumé et « rôti ». Là-dessus, le disciple s'arrêta et murmura :

— Il m'a dit de les retirer avec une pince à épiler.

Le moine, gonflant ses joues d'un air mécontent, mais sans rien dire, laissa faire son disciple. Le bon sentiment que manifestait ce dernier était loin de lui échapper. Néanmoins, il lui était désagréable de laisser manipuler son nez comme un objet quelconque. Il regardait, l'air résigné, son disciple retirer à l'aide d'une pince à épiler les globules de graisse formés dans les pores. L'expression de son visage était celle d'un patient soumis à une opération par un médecin en qui il n'a pas confiance. La graisse retirée d'une longueur de quatre lignes ressemblait à la tige d'une plume d'oiseau.

Cette opération se termina tant bien que mal. Le disciple, apparemment soulagé, dit à Zenchi :

— Il n'y a plus qu'à le faire bouillir une fois encore.

Le moine, sourcils froncés, l'air toujours mécontent, le laissa faire cependant.

Après la seconde ébullition, son nez lui parut en effet moins long qu'auparavant. Il ne présentait ainsi que peu de différence avec un nez busqué ordinaire. Tâtant son nez raccourci, l'Aumônier, hésitant et timide, se regarda dans le miroir que le disciple lui tendait.

Ce nez, qui pendait auparavant jusqu'au bas du menton, s'était ratatiné à tel point qu'on ne pouvait croire qu'il eût jamais été long. Il reculait lamentablement sur la lèvre supérieure. Les plaques rouges qu'on y voyait encore par-ci par-là étaient sans aucun doute les vestiges du piétinement. Dorénavant, personne ne se moquerait plus de lui. Le regard du moine qui se reflétait dans le miroir lui renvoya un coup d'œil de satisfaction.

Cependant, tout le reste de la journée, il se demanda avec inquiétude si son nez n'allait pas de nouveau s'allonger. Dès qu'il avait une minute pendant la récitation du soûtra ou au moment du repas, il se tâtait prudemment le bout du nez. Le nez était bien là, sagement, sur la lèvre, et ne paraissait pas vouloir s'étirer plus bas. Zenchi s'endormit donc et s'éveilla de bonne heure le lendemain matin. Son premier geste fut de se tâter le nez. Il restait raccourci. Alors, l'Aumônier éprouva un soulagement qu'il n'avait pas connu depuis des années et seulement comparable au sentiment de satisfaction qu'il avait à l'achèvement d'une copie du soûtra du Lotus.

Cependant, deux ou trois jours plus tard, un fait inattendu vint le surprendre. Un officier qui, à ce moment-là, était en visite d'affaires au temple d'Ikenoo, l'air plus amusé que jamais, sans même engager la conversation, regarda fixement le nez du moine. Puis, l'Aumônier croisa, devant la salle de conférence, le novice qui avait laissé tomber son nez dans le gruau de riz. Le garçon, baissant la tête, contint d'abord son rire, puis n'en pouvant plus, se mit à pouffer tout d'un coup. Plus d'une fois aussi, Zenchi remarqua que les moines qu'il instruisait restaient discrets lorsqu'il leur faisait face, mais riaient sous cape dès qu'il détournait la tête.

Au début, l'Aumônier attribua ces faits au changement de sa physionomie, mais cette explication ne lui paraissait pas convaincante. C'était pourtant bien là la cause des rires du novice et des moines de service. Toutefois, maintenant que le nez n'était plus aussi long qu'auparavant, le même rire prenait un ton différent difficile à définir. Vous auriez cru qu'un long nez auquel on est habitué est moins ridicule qu'un nez court auquel on ne l'est pas. Soit. Il restait cependant quelque chose qu'il ne parvenait pas à analyser.

« On ne s'esclaffait pas comme ça auparavant ! » grommelait-il quelquefois, s'arrêtant de réciter le texte sacré, sa tête chauve inclinée. Le pauvre moine, alors, tournait toujours ses yeux distraits vers l'image de Fugen [8] suspendue à son côté et, évoquant les jours encore tout proches où son nez était long, il plongeait dans une noire mélancolie, pareil à « celui qui est déchu jusqu'à un degré lamentable et qui se rappelle avec nostalgie les heures fastes d'antan. » Malheureusement, l'intelligence de l'Aumônier n'était pas suffisante pour trancher cette question.

Le cœur humain est partagé par deux sentiments contradictoires. Nous éprouvons, certes, de la compassion pour le malheur d'autrui. Mais si notre prochain s'en tire tant bien que mal, nous ne pouvons nous empêcher d'éprouver quelque mécontentement. Nous pouvons même aller parfois jusqu'au désir de le voir retomber dans le même malheur. Et insensiblement un sentiment d'hostilité, bien faible il est vrai, en vient à germer dans notre cœur. C'est parce que l'Aumônier s'était aperçu, sans pouvoir lui donner un nom, de cet égoïsme dans l'attitude des moines et des laïques d'Ikenoo qu'il était en proie à une irritation sans nom.

C'est ainsi que le moine devenait de jour en jour plus maussade. A la moindre repartie, il réprimandait quiconque avec méchanceté. A la fin, le disciple lui-même qui avait soigné le nez de Zenchi en vint à se plaindre de lui en cachette :

— L'Aumônier sera puni pour « faute de méchanceté », dit-il.

Mais c'est surtout une mauvaise plaisanterie que lui joua le novice qui acheva d'exaspérer le moine. Un jour, entendant subitement un chien hurler, le moine se hasarda au-dehors et aperçut le novice qui, brandissant un morceau de bois de deux aunes de long, poursuivait un maigre caniche. L'enfant ne se contentait pas de le poursuivre, mais encore il criait :

— Prends garde au nez! Eh! prends garde au nez!

Le moine arracha des mains de l'enfant le morceau de bois et lui en frappa violemment le visage. Ce morceau de bois, c'était précisément la planchette qui avait servi à lui soutenir le nez.

Le moine en vint à se reprocher d'avoir raccourci son nez à la légère.

Un soir, à la tombée de la nuit, le vent se leva brusquement. Le tintement des clochettes de la pagode vint troubler son sommeil. La température s'étant beaucoup rafraîchie, le vieux moine ne parvenait pas à s'endormir et se retournait sur son lit. C'est alors qu'il éprouva un prurit inhabituel sur son nez. Il tâta. Le nez était un peu enflé comme s'il avait été frappé d'hydropisie, et même une fièvre localisée paraissait se manifester.

— Cette opération trop violente a pu causer une infection, murmura le moine en tenant le nez de ses mains respectueuses dans l'attitude de l'offrande des fleurs et de l'encens sur l'autel du Bouddha.

Il s'éveilla de bonne heure comme tous les matins. En une nuit, la chute des feuilles de ginkgo et de châtaignier avait tapissé d'or clair le jardin du temple. Le givre semblait posé sur le toit de la pagode dont les neuf anneaux étincelaient dans les rayons encore faibles du soleil matinal. Debout sous la véranda dont le store était relevé, l'Aumônier Zenchi respira profondément.

C'est à cet instant qu'une sensation presque oubliée lui revint.

A la hâte, il porta la main à son nez. Il le tâta; ce n'était plus le nez court de la veille. C'était le vieux et long nez qui pendait de la lèvre supérieure au bas du menton sur un espace de cinq à six pouces. Zenchi comprit qu'en une nuit son nez s'était rallongé et, dans le même temps, il sentit revenir dans son cœur, il ne savait d'où, cette même sensation de sérénité qu'il avait une fois éprouvée lorsque son nez avait été raccourci.

— Ainsi, personne ne se moquera plus de moi, murmura l'Aumônier pour lui-même, laissant le vent matinal de l'automne balancer son long nez.

(Janvier 1916.)

III

Rashômon [1]

Cela s'est passé un jour au crépuscule : un homme de basse condition était là, sous la Porte Rashô, à attendre une accalmie de la pluie.

Il n'y avait personne d'autre que lui sous la vaste Porte. Seul, sur une colonne énorme, dont l'enduit rouge était tombé par endroits, un criquet s'était posé. La Porte Rashô se trouvant dans l'avenue Suzaku, on se fût attendu à y rencontrer, outre cet homme, deux ou trois personnes, des femmes en chapeau conique ou des hommes coiffés d'*eboshi* [2], cherchant abri contre la pluie. Et pourtant, il n'y avait personne d'autre que lui.

Pourquoi? direz-vous. Ces deux ou trois dernières années, une suite de calamités — tremblement de terre, cyclone, incendie, famine... — s'étant abattues sur la ville de Kyôto, il s'en était suivi une désolation peu commune dans toute la capitale. Une ancienne chronique dit même qu'on y brisait les statues de Bouddha, les objets du culte bouddhique, et en empilant le bois — encore enduit de cinabre ou plaqué d'or et d'argent — au bord du chemin, on les vendait pour servir de matériau de chauffage. Comme la capitale elle-même se trouvait dans cet état, on avait, bien entendu, renoncé à la réfection de la Porte Rashô; personne n'y prêtait attention. Lorsqu'elle fut complètement tombée en ruine, renards et voleurs en tirèrent parti : les uns et les autres en firent leur gîte. Enfin, on en était venu à jeter les cadavres non réclamés dans la galerie de la Porte. A la chute du jour, les gens, pris de peur, n'en approchaient même pas.

En revanche, les corbeaux y venaient par bandes d'on

ne sait où. Dans la journée, innombrables, ils venaient en cercle autour des hautes tuiles cornières, en croassant. Au coucher du soleil, ils se détachaient, comme des graines de sésame parsemées, sur le ciel empourpré qui s'étendait au-dessus de la Porte. Ils venaient, évidemment, becqueter les cadavres délaissés.

Ce soir-là, peut-être à cause de l'heure tardive, on n'en voyait pas un seul. Mais leurs fientes, collées çà et là, formaient de petites taches blanches sur l'escalier de pierre qui menaçait de s'écrouler et de longues herbes en envahissaient les fentes. Sur la plus haute des sept marches, l'homme, accroupi sur le pan de sa robe bleu foncé usée par de nombreux lavages, regardait, d'un air absent, la pluie tomber. Il ne se souciait que d'une grosse pustule poussée sur sa joue droite.

L'auteur écrivait tout à l'heure : « Un homme de basse condition était là à attendre une accalmie de la pluie. » A vrai dire, cet homme n'avait rien à faire, même si la pluie cessait de tomber. En temps ordinaire, il aurait dû rentrer chez son patron. Mais ce dernier l'avait congédié quatre ou cinq jours auparavant. A cette époque-là, la ville de Kyôto, comme je l'ai déjà dit, était sous le coup d'une désolation peu commune. Aussi la disgrâce de cet homme renvoyé par le patron qu'il avait servi depuis longtemps n'en était-elle en réalité qu'une conséquence insignifiante. Il aurait donc mieux valu dire : « Un homme de basse condition, dépourvu de tous moyens, était bloqué par la pluie, sans savoir où aller », qu'écrire : « Un homme de basse condition était là à attendre l'accalmie. » De plus, l'aspect du ciel, ce jour-là, contribuait sensiblement à la dépression morale de cet homme de l'époque de Heian[3]. La pluie qui avait commencé à tomber vers la fin de l'heure de singe[4] ne paraissait guère devoir cesser. Depuis quelque temps, l'homme, absorbé par le problème urgent de sa vie de demain — cherchant à résoudre une question qu'il savait sans solution —, écoutait, d'un air absent, en ruminant ses pensées décousues, le bruissement de la pluie qui tombait sur l'avenue de Suzaku.

La pluie enveloppait la Porte Rashô et, par rafales venues de loin, amplifiait le bruit de sa chute. Les ténèbres abaissaient peu à peu le ciel, et le toit de la Porte soutenait, du bout de ses tuiles cornières obliques, la lourde masse des sombres nuages.

Pour résoudre un problème insoluble, on ne peut pas s'attarder à choisir un moyen. Sinon, on pourrait bien mourir de faim au pied d'un talus ou au bord d'un chemin et son corps serait jeté dans la galerie de la Porte comme celui d'un chien crevé. « Si tous les moyens étaient permis ? » — la pensée de l'homme, après de multiples détours, se fixa enfin sur ce point décisif. Mais ce « si », en fin de compte, restait pour lui, toujours, le même « si ». Tout en reconnaissant que n'importe quel moyen serait justifié, il lui manquait le courage de faire le premier pas demandé par la situation même et d'admettre franchement cette conclusion inévitable : « Il n'est d'autre ressource que de se faire voleur. »

Avec un grand éternuement, l'homme se releva paresseusement. À Kyôto où la température baisse sensiblement le soir, le froid faisait déjà désirer un brasero. Dans l'obscurité qui commençait à régner, le vent soufflait violemment entre les colonnes de la Porte. Le criquet qui s'était posé sur la colonne enduite de cinabre avait disparu.

L'homme, le cou dans les épaules, regarda autour de la Porte, relevant les rabats de la robe bleu foncé qu'il portait sur du linge de couleur jaune. Car il s'était décidé à chercher, pour y passer la nuit, un coin qui lui permettrait de dormir à son aise, loin du regard des hommes, et à l'abri de la pluie et du vent. Son regard tomba sur une large échelle enduite de cinabre elle aussi, qui conduisait à la galerie de la Porte. Tous ceux qu'il pouvait rencontrer là-haut ne devaient être, de toute manière, que des cadavres. L'homme, alors, prudemment, afin d'éviter que son sabre à poignée nue ne se dégainât, posa son pied chaussé de sandales sur la première marche de l'échelle.

Quelques instants s'écoulèrent. A mi-hauteur de la large échelle qui conduisait à la galerie, le voilà qui, recroquevillé comme un chat, retenant son souffle, épie ce qui se passait en haut. La lueur venant de la galerie éclairait faiblement sa joue droite, la joue où, dans une broussaille de favoris courts, poussait un bourgeon rouge et purulent. L'homme, dès le début, avait été loin d'imaginer qu'il trouverait autre chose que des cadavres. Mais, ayant monté deux ou trois marches, il lui sembla qu'il y avait là une lumière tenue par quelqu'un et qui bougeait. Son soupçon venait de ce qu'une lueur trouble et jaune se reflétait, vacillante, et se déplaçait sur le plafond aux coins duquel pendaient des toiles d'araignée. Ce n'était certes pas un être normal qui, par cette nuit de pluie, tenait une lumière dans la galerie de la Porte Rashô.

L'homme, étouffant le bruit de ses pas comme un gecko, se hissa jusqu'à la dernière marche de l'échelle raide. Et le corps aplati, le cou allongé autant que possible, il scruta, presque transi de frayeur, l'intérieur de la galerie.

Ainsi qu'il l'avait entendu dire, les cadavres négligemment jetés jonchaient le sol. Mais, le champ de la lumière étant plus étroit qu'il ne l'avait imaginé, il n'arriva pas à en préciser le nombre. Il pouvait seulement distinguer, sous la faible lumière, des corps nus et d'autres encore vêtus. Il y avait des hommes et des femmes, semblait-il. Tous ces cadavres, sans exception, gisaient sur le plancher, à la manière de poupées en terre, bouches bées, bras allongés. Qui y reconnaîtrait des êtres vivants d'hier! Certaines parties proéminentes de ces corps, comme les épaules ou la poitrine, éclairées par de vagues lueurs, rendaient le reste plus sombre encore. Ils étaient ainsi comme figés dans un mutisme implacable.

A l'odeur de pourriture, l'homme se boucha instinctivement le nez de sa main qu'il laissa vite retomber. Car une sensation plus forte vint presque abolir son odorat.

C'est qu'à cet instant ses yeux venaient de discerner une forme accroupie au milieu des cadavres. C'était une vieille femme vêtue de guenilles rousses, aux cheveux blancs, décharnée, hâve, à l'aspect simiesque. Une torche de pin à la main droite, elle se penchait, comme pour l'examiner, sur la tête d'un cadavre à la longue chevelure, ce qui laissait supposer que c'était celui d'une femme.

Pétrifié par une peur mêlée de curiosité, l'homme en eut le souffle coupé quelques instants. Pour emprunter l'expression de l'auteur de l'ancienne chronique, il sentit « les poils de son corps se hérisser ». Bientôt, la vieille femme planta la torche entre les planches de la galerie et, posant ses mains sur la tête du cadavre qu'elle venait de contempler, se mit à retirer un à un, à la manière d'une guenon épouillant son petit, les longs cheveux qui, avec le mouvement de ses mains, semblaient s'arracher sans peine.

Au fur et à mesure que les cheveux se détachaient, la peur de l'homme cédait la place à une haine envers la vieille femme, haine qui ne cessait de devenir de plus en plus vive dans son cœur. Non, il ne serait pas exact de dire « envers la vieille femme ». On devrait plutôt dire qu'une répulsion contre le mal s'empara de lui, et qu'elle s'amplifiait de minute en minute. Si, à cet instant, quelqu'un lui avait de nouveau posé la question qui l'avait préoccupé sous la Porte, à savoir l'alternative entre devenir voleur et mourir de faim, nul doute que cet homme n'eût choisi sans hésiter la seconde possibilité. Car sa haine contre le mal commençait à s'enflammer comme la torche que la vieille femme avait fichée entre les planches.

Cependant, il ne comprenait pas pourquoi elle arrachait les cheveux des cadavres. Aussi lui était-il impossible de porter un jugement moral et raisonnable. Toutefois, pour lui, le seul fait d'épiler les cadavres dans la galerie de la Porte Rashô, par une nuit de pluie, constituait déjà une faute impardonnable. Il oubliait, bien entendu, depuis assez longtemps, qu'il avait un instant songé à se faire voleur.

D'un bond, l'homme sauta de l'échelle sur le plancher et, la main sur le sabre à poignée nue, s'approcha à grands pas de la vieille femme. Il est superflu de dire que cette dernière sursauta.

A la vue de l'homme, elle bondit comme une pierre lancée par la fronde.

« Brute! Où vas-tu? » vociféra l'homme, barrant le chemin à la vieille femme, qui, affolée, trébuchant contre les cadavres, cherchait à fuir. Mais, en le bousculant, elle tentait toujours de se sauver. L'homme, de son côté, la repoussait pour l'en empêcher. Quelques instants, ils s'empoignèrent au milieu des cadavres, sans mot dire. Inutile de dire l'issue. L'homme finit par pousser violemment son adversaire sur le plancher en lui tordant le bras, un bras décharné comme une patte de poule.

— Que fais-tu ici? dis! Sinon...!

L'homme mit brusquement son acier blanc dégainé sous le nez de la vieille femme écroulée. Cependant elle gardait le silence. Les bras tremblants, les épaules soulevées par une respiration violente et les yeux si largement écarquillés que les globes en étaient presque exorbités, elle s'obstinait à se taire comme muette. En la voyant ainsi, l'homme aperçut clairement que le sort de la vieille femme dépendait de sa seule volonté. Cela refroidit, à son insu, la haine qui brûlait en lui une minute auparavant. Il lui resta seulement cette satisfaction fière et calme qu'on éprouve à la suite d'un travail achevé. Il abaissa son regard vers la vieille femme et dit en adoucissant sa voix :

— Ne me prends pas pour un agent du Lieutenant criminel. Je ne suis qu'un voyageur qui passait sous cette Porte. Pas question donc de te ligoter ni de t'arrêter. Dis-moi seulement ce que tu faisais ici à pareille heure.

Sur ce, la vieille femme dévisagea l'autre de ses yeux plus écarquillés encore, des yeux farouches d'oiseau de proie aux orbites rougies. Ensuite, comme si elle mâchait quelque chose, elle remua ses lèvres dont les plis se confondaient presque avec son nez. Sur sa gorge décharnée, on voyait rouler sa pomme d'Adam saillante. C'est à cet instant qu'une voix rauque comme le croassement d'un corbeau où passaient des râles se fit entendre aux oreilles de l'homme :

— De ces cheveux! De ces cheveux! Je voulais en faire une perruque.

La banalité inattendue de cette réponse déçut l'homme. Ce changement d'humeur parut être ressenti par la vieille femme qui, tenant toujours dans sa main les longs cheveux arrachés à la tête du cadavre, chuchota comme un crapaud qui coassait :

— Arracher les cheveux aux cadavres, je n'ignore pas en effet combien c'est vil. Mais crois-moi, tous ces morts le méritent bien. La femme par exemple, à qui je viens d'arracher les cheveux allait vendre au quartier des officiers de la chair séchée de serpent. Elle la coupait en des morceaux de quatre pouces de longueur, qu'elle faisait passer pour du poisson. Si elle n'avait succombé à l'épidémie, elle continuerait à en vendre. Il paraît que les officiers en achetaient toujours pour leur nourriture, disant que c'était bon. Mais, pour ma part, je ne crois pas que sa conduite ait été mauvaise. Elle ne pouvait faire autrement pour éviter de mourir de faim. Je ne crois pas que la mienne, elle aussi, soit répréhensible. Sinon, je mourrais de faim. Que veux-tu que je fasse? Cette femme qui savait cela ne m'en voudra pas trop, j'en suis sûre.

La vieille femme parla à peu près en ces termes.

L'homme, la main gauche sur la poignée de son sabre rengainé, suivait froidement ce récit. Et sa main droite s'occupait toujours, sur sa joue, du gros bourgeon rouge et suppurant. Mais, tandis qu'il l'écoutait, une sorte de résolution naissait dans son cœur. C'est cette résolution qui lui avait manqué tout à l'heure sous la Porte, résolution qui allait à contresens de celle qu'il avait prise lorsqu'il était monté à la galerie et avait saisi la vieille femme. L'homme n'hésitait plus désormais entre mourir de faim et voler. Mieux encore, à cet instant, « mourir de faim » était, pour lui, une préoccupation si éloignée de son sentiment, si bien chassée de sa conscience, qu'il ne pouvait même plus y penser.

Le récit de la vieille femme terminé, il insista en ricanant :

— Est-ce vrai, ce que tu dis?

Puis, faisant un pas en avant, il détacha brusquement sa main droite du bourgeon de son visage, saisit le col de la vieille femme et lui cracha au visage :

— Alors, tu ne m'en voudras pas, à moi non plus, si je prends ton vêtement? Autrement, je mourrai de faim, moi aussi!

Il la déshabilla rapidement. Et, d'un coup de pied il rejeta sur les cadavres la vieille femme qui se cramponnait à ses jambes. Il n'y avait que cinq pas jusqu'à la cage de l'échelle. Le vêtement de couleur rousse sous le bras, l'homme s'y précipita, la dévala, et la nuit obscure l'engloutit.

Quelque temps plus tard, la vieille femme qui était affaissée comme une morte, se releva, toute nue, parmi les cadavres. A la lueur du flambeau qui éclairait encore, elle rampa, grommelant et gémissant, jusqu'à l'échelle. De là, la tête penchée en avant, laissant retomber ses cheveux blancs et courts, elle se mit à observer le bas de la Porte. Dehors tout était ténèbres.

Ce qu'il advint de l'homme de basse condition, nul, jamais, ne le sut.

(Septembre 1915.)

IV

Dans le fourré

DÉPOSITION D'UN BUCHERON INTERROGÉ PAR LE LIEUTENANT CRIMINEL

— Je vous confirme, monsieur le Lieutenant, ma déposition. C'est bien moi qui ai découvert le cadavre. Ce matin-là, comme d'habitude, je me rendais sur l'autre versant de la montagne pour abattre des sapins. Le cadavre était dans un fourré à l'ombre de la montagne. Le lieu exact? A quatre ou cinq *chô* [1], je crois, de la halte de Yamashina [2]. C'est un endroit sauvage où se dressent clairsemés des bambous mêlés de maigres conifères.

« Gisant sur le dos, le cadavre était vêtu d'une robe de chasse bleu clair et portait un *eboshi* couleur gris acier à la mode de la capitale. Une seule entaille était visible sur le corps, mais c'était une plaie profondément ouverte dans le haut de la poitrine. Les feuilles mortes de bambou qui jonchaient les alentours étaient comme teintes de *subô* [3]. Non, le sang ne coulait plus de la plaie dont les lèvres paraissaient déjà desséchées et sur laquelle, je m'en souviens bien, un gros taon était collé, comme s'il ne m'entendait pas approcher.

« Si je n'ai pas trouvé un sabre ou quelque chose d'autre? Non. Rien du tout. Seule, au pied d'un sapin voisin, une corde de paille était abandonnée... Ah! si, outre la corde, il y avait aussi un peigne. Voilà tout ce que j'ai trouvé autour du cadavre. Mais les herbes et les feuilles mortes des bambous étaient foulées en tous sens, et la victime, avant d'être tuée, avait dû opposer une forte résistance. Comment?

Si je n'ai pas aperçu un cheval? Non. Ce n'est pas un lieu où puisse pénétrer un cheval. Une épaisse broussaille sépare l'endroit de la route praticable à cheval. »

DÉPOSITION D'UN MOINE ITINÉRANT INTERROGÉ PAR LE MÊME LIEUTENANT CRIMINEL

— Je peux vous assurer, monsieur le Lieutenant, que j'avais aperçu hier celui qu'on a trouvé mort aujourd'hui. Oui, vers midi, je crois; c'était à mi-chemin entre Sekiyama et Yamashina. Il marchait en direction de Sekiyama, accompagné d'une femme montée à cheval. La femme était voilée, aussi n'ai-je pu distinguer son visage. Je me rappelle seulement sa robe, qui semblait être de la couleur de lespedeza. Quant au cheval, c'était un alezan dont la crinière était rasée, j'ai l'impression. De quelle taille était-il? Euh, quatre *shaku*[4] quatre *sun*[5] à peu près, m'a-t-il semblé; mais je n'en suis pas sûr. Je ne suis pas expert en la matière, étant moine. Et l'homme? Il était bien armé d'un sabre, portait un arc et des flèches. Et, surtout, ce carquois laqué noir dans lequel il avait mis une vingtaine de flèches, oui, je m'en souviens bien.

« Le sort qui l'attendait, comment pouvais-je le deviner? Oui vraiment, la vie humaine n'est-elle pas comme une rosée ou comme un éclair... Je le plains, et je ne trouve pas les mots qu'il faut. »

DÉPOSITION D'UN MOUCHARD INTERROGÉ PAR LE MÊME LIEUTENANT CRIMINEL

— L'homme que j'ait arrêé? C'est un fameux brigand appelé Tajômaru, il n'y a pas de doute. Mais quand je l'ai arrêté, il poussait des cris étouffés, affaissé sur le pont de pierre de la route d'Awataguchi. Il paraissait être tombé de cheval. L'heure? Vers la première de *Kong*[6], hier soir. La dernière fois qu'il m'avait échappé de justesse, il avait cette même robe de chasse bleu foncé assortie du même sabre à gaine moulée. Cette fois-ci, comme vous l'avez vérifié, il portait en outre un arc et des flèches. Ah oui? La victime avait les mêmes armes? Alors, il n'y a pas de doute. C'est Tajômaru l'assassin. Car l'arc enroulé de cuir, le carquois laqué de noir, dix-sept flèches empennées de faucon, tout ça, c'était bien à lui. Le cheval aussi, comme vous le disiez, était un alezan à la crinière rasée. Être désarçonné par cette bête, c'était son destin. Elle, traînant à terre une longue rêne, un peu au-delà du pont de pierre, broutait les herbes coupantes encore vertes qui poussaient au bord de la route.

« Ce Tajômaru, de tous les voleurs qui rôdent dans les rues de la capitale, est renommé comme coureur de femmes. L'année dernière, en automne, on avait trouvé mortes dans la montagne derrière la chapelle de Pindola [7] du temple Toribe une dame qui avait dû y venir pour prier et la jeune servante qui l'accompagnait. La rumeur avait attribué ce crime à Tajômaru. Si c'est encore lui qui a tué cet homme trouvé mort, on pourrait apprendre ce qu'est devenue la femme montée à cheval. J'ai l'air de forcer votre enquête, mais ce point mérite d'être éclairci. »

DÉPOSITION D'UNE VIEILLE FEMME INTERROGÉE PAR LE MÊME LIEUTENANT CRIMINEL

— Oui, le cadavre est celui de mon gendre. Il n'était pas de la capitale. Il était officier du gouvernement de la province de Wakasa [8]. Son nom était Takehiro de Kanazawa. Il avait vingt-six ans. Non. Comme il était de caractère doux, il ne pouvait attirer la rancune.

« Ma fille? Elle s'appelle Masago. Elle a dix-neuf ans. Oh! c'est une fille brave, non moins intrépide qu'un homme. En dehors de Takehiro, elle n'a jamais connu d'homme. Sa peau est basanée, avec un grain de beauté à l'angle externe de l'œil gauche. Son visage est petit et ovale.

« Takehiro était parti hier pour Wakasa en compagnie de ma fille. Mais quel destin les a conduits dans une situation pareille! Qu'est devenue ma fille? Je dois bien me résigner au sort de son mari. Je ne peux m'empêcher d'être inquiète pour elle. C'est la supplication d'une pauvre vieille; ouvrez une enquête, je vous prie, sur le sort de ma fille, même si vous deviez fouiller pour cela sous les herbes et les arbres. Ce brigand, au fait, comment s'appelle-t-il? Ah oui, Tajômaru. Oh! que je le hais! Non seulement il a tué mon gendre, mais il a même... » *(Des sanglots coupèrent ses paroles.)*

AVEUX DE TAJÔMARU

— Oui, c'est moi qui ai assassiné cet homme. Mais pas la femme. Alors, où est-elle? Ça, je n'en sais rien, moi. Que voulez-vous faire? Attendez! Vous ne pourrez m'arracher par la torture, si atroce soit-elle, ce que j'ignore. Et, au point où j'en suis, je ne chercherai pas à me dérober lâchement.

« Hier, au début de l'après-midi, j'ai retrouvé le couple. Le voile de soie, soulevé par un souffle de vent, découvrit le visage de la femme. Oui, rien qu'un instant... L'instant suivant, je ne le vis plus. La brièveté de cette vision en a-t-elle été en partie cause mais son visage me parut celui d'un *Bosatsu*. Subitement, je me décidai à enlever la femme, même si je devais tuer son compagnon.

« Quoi? Tuer un homme, ce n'est pas un aussi grand travail que vous pouvez le penser. Le rapt d'une femme entraîne nécessairement la mort de son compagnon. Seulement, moi, je brandis le sabre que j'ai à la ceinture, tandis que vous, vous n'en usez pas : vous tuez par le pouvoir, par l'argent ou même au moyen d'une simple parole d'apparence bénigne. Évidemment, le sang ne coule pas. La victime continue à vivre. Mais vous ne l'en avez pas moins tuée! Du point de vue de la gravité de la faute, je me demande qui de nous, vous ou moi, est le plus criminel. *(Sourire ironique.)*

« Mais ce qu'il y a de mieux, c'est de ravir une femme sans tuer l'homme. Mon état d'esprit à cet instant-là m'a décidé à vouloir enlever la femme sans attenter, si possible, à la vie de son compagnon. Cependant, comme je ne pouvais pas faire cela sur le chemin de Yamashina que vous connaissez bien, je me suis arrangé pour entraîner le couple dans la montagne.

« Cela a été fort facile. Me faisant passer pour un compagnon de route, je leur fis la proposition suivante : là-bas, dans la montagne, il y a un vieux tombeau. En fouillant un peu, j'ai découvert un grand nombre de miroirs et de sabres. Pour les dissimuler aux yeux des envieux, je les ai enterrés dans un fourré qui est à l'ombre de cette montagne. Je désire trouver un acheteur auquel je vendrai, à vil prix, ce qu'il voudra. L'homme finit par être visiblement intéressé par cette histoire. Ensuite... Que pensez-vous? Prenez garde à la cupidité! Avant même qu'une demi-heure se fût écoulée, le couple à cheval prit avec moi la direction de la montagne.

« Lorsque nous sommes arrivés devant le fourré, j'ai dit au couple que les trésors étaient enterrés là et je leur ai demandé de me suivre pour les voir. L'homme, aveuglé par la convoitise n'avait aucune raison d'hésiter, tandis que la femme a préféré attendre sans descendre de cheval. Je comprends fort bien sa réaction à la vue des broussailles touffues. Et c'était d'ailleurs justement ce à quoi je m'attendais. Aussi, laissant la femme toute seule, ai-je pénétré dans le fourré, suivi de l'homme.

« Au début, le fourré n'était constitué que de bambous. Au bout d'un demi-chô environ de marche, il y avait une petite clairière de sapins... Aucun lieu n'était mieux approprié à l'exécution de mon plan. Écartant des broussailles touffues, je mentis, en disant avec l'apparence de la sincérité que les trésors étaient sous ces sapins. Sur quoi l'homme, sans hésiter, s'engagea dans la direction où il avait vu les maigres sapins. Bientôt, les bambous devenant plus rares, nous arrivâmes à la clairière... A peine arrivé, je le jetai à terre. Cet homme armé d'un sabre paraissait robuste. Mais il fut pris de court par cette attaque tout à fait inattendue. En un clin d'œil, il se vit attaché au pied d'un sapin. La corde? Étant un voleur, j'en ai toujours une attachée à la hanche, pour le cas où je devrais franchir une haie, par exemple. Pour l'empêcher de crier, je n'avais qu'à fourrer des feuilles mortes de bambou dans sa bouche.

« Ayant achevé de le ligoter, je retournai vers la femme et lui dis de venir avec moi, prétextant que son mari avait été saisi d'un malaise. Inutile de dire que mon plan réussit. A peine se fut-elle débarrassée de sa coiffure qu'elle s'engagea vers l'intérieur du fourré, moi lui ayant pris la main. Dès qu'elle aperçut l'homme ligoté au pied du sapin, elle dégaina son poignard qu'elle avait sorti, je ne sais quand, de son vêtement. Je n'ai jamais rencontré une femme aussi intrépide. La moindre inattention m'aurait coûté la vie. Elle m'aurait poignardé au ventre. Même en s'écartant promptement, il était difficile d'éviter les coups devant une attaque si furieuse. Mais on ne la fait pas au fameux Tajômaru que je suis. J'ai réussi à faire tomber son poignard, sans même dégainer mon sabre. Si inflexible qu'elle fût, désarmée, elle ne pouvait plus rien faire. J'ai donc obtenu ce que je désirais sans commettre de meurtre.

« Sans commettre de meurtre... oui, je n'avais plus de raison de tuer cet homme. J'étais sur le point de m'enfuir du fourré, laissant la femme en pleurs, lorsqu'elle s'est accrochée comme une folle à mon bras. Je l'ai entendue dire, d'une voix saccadée, qu'elle souhaitait ma mort ou celle de son mari, ne pouvant supporter d'avoir honte devant deux hommes, car cela lui était plus pénible que la mort. Ce n'est pas tout. Elle désirait s'unir à celui qui aurait survécu, disait-elle en haletant. Je fus pris, à ce moment, d'un désir violent de tuer son homme. *(Une obscure émotion le fit frissonner.)*

« En m'entendant vous pourriez croire que je suis un homme plus cruel que vous. C'est que vous ne connaissez pas le visage de cette femme ; c'est surtout que vous n'avez pas vu l'ardeur qui brillait dans ses yeux quand elle me suppliait. Lorsque nos regards se croisèrent, je brûlais du désir de l'épouser, même si j'avais dû mourir foudroyé immédiatement. L'épouser, c'était la seule idée qui m'absorbât à cet instant. Et ce n'est pas, je vous le jure, à cause d'un certain désir bas et licencieux comme vous pourriez l'imaginer. Si, à ce moment décisif, je n'avais eu aucunc autre pensée que ce vil instinct, je me serais certainement enfui après l'avoir renversée d'un coup de pied. Et je n'aurais pas souillé mon sabre du sang de cet homme. Mais, à l'instant où je contemplais cette femme dans la pénombre du fourré, je pris la décision de ne pas quitter cet endroit avant d'avoir tué son compagnon.

« Néanmoins, si j'étais décidé à tuer cet homme, je ne voulais pas le faire lâchement. Ayant dénoué la corde qui le ligotait, je le défiai en duel. (Vous avez d'ailleurs trouvé la corde au pied du sapin. J'ai oublié de la ramasser.) Le visage farouche, l'homme dégaina son large sabre et, sans prononcer un mot, se précipita furieusement sur moi. On sait le résultat, inutile de le dire. A la vingt-troisième reprise, mon sabre lui perça la poitrine. Vingt-troisième reprise! Même maintenant, j'admire encore ce fait. Car personne d'autre ne m'avait jamais résisté plus de vingt reprises. *(Il eut un sourire tranquille.)*

« En même temps que l'homme s'affaissait, je me retournai vers la femme, le sabre ensanglanté à la main. Mais alors! Quoi?... elle avait disparu! De quel côté s'était-elle enfuie? Je l'ai cherchée un peu partout parmi les sapins. Mais le tapis de feuilles mortes de bambou ne portait pas de traces. Mes oreilles ne perçurent que les râles de l'homme qui agonisait.

« Peut-être, dès les premiers coups de sabre, la femme s'était-elle enfuie à travers le fourré pour chercher du secours. Cette fois, vous vous rendez compte que c'était ma vie qui était en jeu; ayant arraché le sabre, l'arc et les flèches, je regagnai en hâte le chemin de montagne que nous avions quitté. La monture de la femme était encore là qui broutait paisiblement. Ce que je suis devenu après? Inutile de vous le dire. Je voudrais seulement ajouter qu'avant d'entrer dans la capitale, j'ai vendu le sabre. Voilà tous mes aveux. Tôt ou tard, je serai pendu. Alors, condamnez-moi à la peine suprême. » *(Son attitude était arrogante.)*

CONFESSION D'UNE FEMME VENUE AU TEMPLE DE KIYOMIZU[9]

— Après m'avoir violentée, cet homme à la robe de chasse bleu foncé ricana sous les yeux de mon époux qui était ligoté. Oh, comme mon mari a dû lui en vouloir! Mais ses contorsions ne faisaient qu'enfoncer encore davantage dans sa chair la corde qui le retenait. Instinctivement, j'ai couru, non, j'ai voulu courir de toutes mes forces vers mon mari. Le brigand, sans me laisser le temps de le faire, m'a donné un coup de pied et je suis tombée. A cet instant même, j'ai vu un étrange éclair passer dans les yeux de mon mari. Vraiment étrange... Ce regard, maintenant encore, chaque fois que je me le rappelle, me fait tressaillir. Ne pouvant me dire le moindre mot, mon mari a enfermé dans son bref regard tout ce qu'il ressentait. Ce qui étincelait dans ses yeux, ce n'était ni de la colère, ni de la tristesse. Était-ce autre chose qu'une lueur glaciale de mépris? Frappée plus fortement par ce regard que par le coup de pied du malfaiteur, j'ai inconsciemment crié quelque chose et je me suis évanouie.

« Je ne sais combien de temps s'est écoulé, j'ai enfin repris conscience. L'homme à la robe de chasse bleu foncé avait disparu. Mon mari était toujours ligoté au pied du sapin. Relevant péniblement le haut de moncorps sur les feuilles mortes, je fixai les yeux sur mon mari. Mais son regard restait inchangé : mêlé à un mépris glacial, luisait encore de la haine. Honteuse? triste? furieuse? Comment qualifier ce que j'étais à ce moment-là? Me redressant en titubant, je me suis approchée de mon mari et je lui ai dit : « Maintenant que je suis tombée dans cette situation ignoble, je ne peux plus rester avec toi! Je n'ai plus qu'à me tuer sur-le-champ. Mais... je te demande de mourir, toi aussi. Tu as vu ma honte. Je ne puis te laisser vivre seul après moi. »

« J'ai dit cela de toutes mes forces. Mais, sans broncher, mon mari continuait à me dévisager haineusement. Contenant les battements de ma poitrine, j'ai cherché le sabre de mon mari. Le voleur avait dû l'emporter, je n'ai pu le retrouver dans les broussailles. L'arc et les flèches non plus. Mais, par chance, un poignard roula à mes pieds. Je l'ai pris et j'ai répété à mon mari : « Je te demande ta vie. Je te suivrai tout de suite. »

« A ces mots, il a enfin remué les lèvres. Les feuilles mortes de bambou placées dans sa bouche ont empêché sa voix de se faire entendre. Mais à un signe imperceptible de ses lèvres, je compris ce qu'il voulait. Toujours enfermé dans son mépris, il m'avait signifié : « Tue. »

« A demi inconsciente, j'ai plongé d'un coup le poignard dans sa poitrine à travers sa robe de chasse bleu clair.

« Une fois encore, j'ai dû m'évanouir. Réveillée enfin, j'ai regardé autour de moi. Mon mari, toujours ligoté, était mort depuis longtemps. Sur son visage pâle, à travers les branches entremêlées de bambous et de sapins, le soleil déclinant laissait errer un rai de lumière. Refoulant mes larmes, j'ai délié la corde du cadavre. Ensuite... que suis-je devenue? Cela, je n'ai plus la force de le dire. De toute façon, je n'ai pas réussi à mourir. J'ai appliqué le couteau sur ma gorge; je me suis jetée dans un étang au pied de la montagne. Bref, j'ai tout essayé. Mais, puisque je suis toujours en vie, à quoi bon m'en vanter! *(Elle eut un sourire triste.)* Même le *Bosatsu*, infiniment miséricordieux, aurait-il abandonné la femme lâche que je suis? Moi qui ai tué mon mari, moi qui ai subi les violences d'un brigand, que puis-je faire... maintenant? Mais, moi... moi... » *(Elle éclata brusquement en sanglots.)*

RÉCIT DE L'« OMBRE »
PAR LA BOUCHE D'UNE SORCIÈRE

— Le voleur, ayant atteint son but, s'est assis à la même place et s'est mis à consoler ma femme par tous les moyens. J'étais naturellement incapable de dire quoi que ce fût. Mon corps était attaché au pied du sapin. Mais j'ai envoyé à plusieurs reprises un clin d'œil significatif à ma femme : « Ne l'écoute pas. C'est faux, tout ce qu'il dit. » Je voulais lui faire comprendre cela. Mais assise sans force sur les feuilles mortes de bambou, elle regardait fixement ses genoux. Cela donnait l'impression qu'elle écoutait le voleur. Du moins, il me le semblait. Je me suis tordu, brûlé par la jalousie. Le voleur, de son côté, choisissait ses mots avec beaucoup d'habileté. Il disait : « Ton mari ne s'entendra plus avec toi, maintenant que ton corps est souillé. Ne veux-tu donc pas le quitter et m'épouser? C'est à cause de l'amour que tu m'as inspiré que je me suis livré à cette audace... » Le brigand osa se servir de tels arguments.

« Sur ces paroles, ma femme, comme en extase, a relevé la tête. Je n'avais jamais vu ma femme si belle. Mais que pensez-vous que ma femme « si belle » ait répondu au brigand devant son mari ligoté? Moi, tout en errant dans ces limbes, chaque fois que je m'en souviens, je m'enflamme de colère. Elle dit : « Emmène-moi où tu veux! » *(Il y eut un long silence.)*

« Mais la faute de ma femme est plus grande encore. Sans cela, je ne souffrirais pas tellement dans cette Nuit! Quand, conduite par la main du brigand, elle fut sur le point de quitter le fourré, elle devint toute pâle et dirigea le bout de son doigt vers moi qui étais attaché au pied du sapin, en disant : « Tue cet homme! S'il reste vivant, je ne pourrai pas vivre avec toi! » Ma femme cria à maintes reprises comme une folle : « Achève cet homme! » Ces mots, comme une bourrasque, me font choir encore maintenant, tête première jusqu'au fond d'une nuit infinie. Une parole aussi horrible est-elle jamais sortie d'une bouche humaine? Une parole aussi maudite a-t-elle jamais frappé une oreille humaine? Une parole... *(Et son rire moqueur fusa brusquement.)* Entendant ces mots, le voleur lui-même pâlit soudain. « Achève cet homme! » En répétant cela, ma femme s'accrochait à son bras. Le voleur, regardant fixement ma femme, ne répondait ni oui ni non. L'instant suivant, il la jetait d'un coup de pied sur les feuilles mortes de bambou. *(Et un rire moqueur de nouveau jaillit.)* Le voleur, croisant les bras lentement, s'est tourné vers moi : « Que veux-tu que j'en fasse? Veux-tu que je la tue ou lui laisse la vie sauve? Fais-moi seulement un signe de tête, veux-tu que je la tue?... »

« Pour cette seule parole, j'aurais voulu pardonner au voleur. *(Il se fit de nouveau un long silence.)*

« Ma femme, pendant que j'hésitais, poussa un cri et se mit à fuir vers le fond du fourré. Le brigand, sans perdre un instant, se précipita à sa suite sans même pouvoir effleurer sa manche. Comme dans un monde de rêve, je regardais la scène.

« Après la fuite de ma femme, le brigand prit mon sabre, mon arc et mes flèches et coupa en un seul point la corde qui me ligotait. « Cette fois, c'est mon tour. » Je me rappelle cette phrase qu'il murmura quand il s'éclipsa hors du fourré. Après sa disparition, tout est redevenu calme. Mais, soudain, je me dis : « Quelqu'un pleure? » Déliant la corde, je prêtai l'oreille : mais non, c'était moi-même qui sanglotais. *(La voix se tut, pour la troisième fois, longtemps.)*

« Enfin, au pied du sapin, j'ai péniblement soulevé mon corps épuisé. Devant moi, luisait le poignard que ma femme avait laissé tomber. Le saisissant, je l'ai enfoncé d'un coup dans ma poitrine. Quelque chose comme une boule âcre et chaude est montée jusqu'à ma gorge. Mais je ne ressentis aucune douleur. A mesure que ma poitrine refroidissait, le silence d'alentour devenait encore plus profond. Ah! quel silence! Dans le ciel au-dessus de ce fourré à l'ombre de la montagne, pas un oiseau ne venait chanter. Seul, à travers les bambous et les sapins, errait le dernier rayon du soleil déclinant. Ce rayon, lui aussi, pâlissait... Je ne voyais plus ni bambous ni sapins. Étendu sur la terre, j'étais enveloppé d'un silence profond. Juste à cet instant, quelqu'un, à pas furtifs, s'est approché de moi. J'ai essayé de tourner la tête vers lui. Cependant, une obscurité diffuse m'entourait déjà. Quelqu'un, ce quelqu'un, d'une main invisible, a retiré doucement le poignard enfoncé dans ma poitrine. Dans ma bouche de nouveau le sang afflua. Ce fut la fin. J'ai sombré dans la nuit des limbes pour n'en plus revenir... »

(Décembre 1921.)

V

Gruau d'ignames[1]

L'histoire se serait passée vers la fin de l'ère de Gangyô [2] ou au début de celle de Ninna[3]. D'ailleurs, la date importe peu. Tout ce que les lecteurs doivent savoir, c'est que cette histoire s'est déroulée dans un lointain passé, à l'époque de Heian. En ce temps-là, parmi les gens qui servaient le Régent Fujiwara Mototsune [4], il y avait un officier du cinquième rang (Goi [5]), nommé X...

L'auteur remplacerait volontiers ce titre anonyme par un nom. Malheureusement, l'ancienne chronique, silencieuse sur ce point, lui en a refusé la chance. Peut-être était-il, en effet, si insignifiant qu'il ne méritait pas d'être mentionné. Les auteurs des chroniques anciennes ne semblent pas s'être particulièrement intéressés au sort et aux actes d'un homme sans éclat. A ce propos, l'écart n'est pas négligeable entre eux et nos écrivains naturalistes. Les chroniqueurs de l'époque du *Règne Impérial* (Heian), contrairement à ce que l'on pourrait croire, n'étaient pas des gens désœuvrés. Bref, dans l'entourage du Régent Fujiwara Mototsune, il y avait un officier du cinquième rang (Goi), nommé X..., qui est le héros de notre histoire.

Goi n'avait aucune prestance. Tout d'abord, il était petit, le bout du nez rouge, le coin externe des paupières affaissé et, bien entendu, il avait une moustache clairsemée. Ses joues décharnées faisaient ressortir son menton extraordinairement pointu. Quant aux lèvres... L'énumération serait sans fin. Son allure avait quelque chose d'étrange et, par-dessus le marché, il était peu soigné de sa personne.

Quand et comment cet homme en était-il venu à entrer au service de Mototsune ? Cela, nul ne le savait. Depuis déjà longtemps, vêtu de son éternelle cotte de soie fanée et coiffé de son habituel chapeau cabossé, il remplissait chaque jour, sans se lasser, les mêmes fonctions. En le voyant, personne ne pouvait imaginer ce qu'il avait été dans sa jeunesse. (Goi avait dépassé la quarantaine.) En revanche, on avait l'impression que, dès sa naissance, son nez rouge à l'air frileux et sa maigre moustache s'étaient trouvés exposés au vent qui balayait l'avenue Suzaku. Et de cela, tous, inconsciemment, depuis le maître Mototsune jusqu'au petit vacher, en étaient profondément convaincus.

Peut-être est-il superflu de dire de quelle manière les gens de son entourage traitaient un homme d'une telle apparence. Les officiers de la salle des gardes ne lui prêtaient guère plus d'attention qu'à une mouche. Même ses subalternes, titrés ou non, qui étaient une vingtaine, se montraient totalement indifférents à ses allées et venues. Un ordre de Goi n'avait jamais fait cesser leurs conciliabules. A leurs yeux, la présence de Goi ne paraissait pas constituer quelque chose de plus tangible que l'air qui les environnait. Ses subalternes se comportant de la sorte, il va de soi que les officiers supérieurs, tels que l'intendant ou le gouverneur, le négligeaient complètement. Quand ils demandaient un service à Goi, ils se contentaient d'ébaucher un geste, sans mot dire, avec ce visage froid qui cachait la méchanceté presque puérile et vide de sens que sa seule présence suscitait. Dans une société, la parole a un rôle irremplaçable; leurs gestes ne suffisaient pas toujours à communiquer leurs sentiments. Mais ils imputaient cela à quelque lacune des facultés intellectuelles de Goi. En conséquence, quand le service rendu n'était pas satisfaisant, ils le toisaient de haut en bas, de bas en haut, du sommet de son chapeau cabossé aux talons de ses sandales éculées et, en ricanant, se détournaient brusquement. Ce qui, cependant, n'arrivait jamais à émouvoir Goi qui ne parvenait pas à ressentir l'injustice comme une injustice, tant il était timide et débonnaire.

Quant aux officiers, ses pairs, ils le bafouaient sans se gêner. Si les anciens prenaient son allure pitoyable comme sujet de plaisanteries éprouvées, ceux qui étaient plus jeunes en profitaient pour s'exercer à des improvisations sarcastiques. Ils n'arrêtaient, en sa présence, de s'amuser, discutant de son nez, de sa moustache, de son chapeau et de sa cotte. Ce n'est pas tout. Sa femme aux lèvres lippues, qui l'avait quitté cinq ou six ans auparavant, et un moine ivrogne qui passait pour avoir eu avec elle d'étroites relations alimentaient leurs conversations. Il arrivait même parfois que leurs plaisanteries devinssent extrêmement méchantes. Impossible de les énumérer toutes. Disons, entre autres, qu'ils burent le *saké* de son bidon de bambou et le remplirent d'urine. Ce seul fait permet d'imaginer le reste.

Mais Goi restait insensible à toutes ces méchancetés. Du moins, aux yeux des autres, il en avait l'air. Devant toute injure, son visage restait placide. Caressant sans rien dire son étrange moustache, il gardait son calme et se contentait d'accomplir son devoir. Bien qu'il arrivât parfois que les plaisanteries de ses égaux dépassassent les limites (n'attachaient-ils pas des morceaux de papier à son chignon, ne nouaient-ils pas une sandale à la gaine de son sabre ?), Goi, ébauchant son sourire habituel dont on ne savait plus s'il était gai ou triste, disait simplement : « Vous êtes méchants ! » Un mouvement de pitié s'emparait quelques instants de tous ceux qui regardaient son visage et entendaient sa voix. Ce n'était pas seulement Goi au nez rouge qui était l'objet de leurs persécutions, mais, à travers lui, ceux qu'ils ne connaissaient pas, dont la voix et le visage de Goi représentaient le type, leur reprochaient la dureté de leur cœur. Une certaine pitié, bien qu'indistincte et éphémère, remuait ceux qui le tourmentaient. Très rares, cependant, furent ceux qui persistèrent dans ce sentiment. Parmi eux, il y eut un simple officier. Venu de la province de Tamba, c'était un jeune homme sous le nez duquel une tendre moustache commençait à peine à pousser. Au début, comme tout le monde, sans raison particulière, il méprisa Goi au nez rouge. Mais, un jour, il entendit Goi dire : « Vous êtes méchants ! » A ces mots, pénétra en lui une émotion qui ne le quitta plus. Dès lors pour lui, Goi devint un autre homme. Car il reconnut, sous le pauvre visage souffreteux et blafard, un « homme » persécuté et comme écrasé par ses semblables. Chaque fois que cet officier pensait à Goi, il lui semblait que la vulgarité essentielle de tout ce qui existe dans le monde surgissait brusquement. En même temps, il avait l'impression que le nez rouge et tout gercé ainsi que la moustache clairsemée de Goi lui communiquaient un certain soulagement qu'il lui était difficile d'analyser...

Or, cet officier était le seul à éprouver ce sentiment. A cette seule exception près, Goi devait continuer sa vie aussi peu enviable que celle d'un chien, en butte au mépris de son entourage. C'est qu'il ne possédait même pas d'habit convenable. Il n'avait qu'une cotte bleu foncé et une jupe de même couleur, toutes deux décolorées à tel point qu'on ne pouvait dire si elles avaient été bleu marine ou bleu violet. La cotte n'était tout de même pas trop abîmée : si les épaules étaient un peu affaissées, les tresses en rond et les nœuds d'arrêt en forme de chrysanthème étaient simplement décolorés. On ne pouvait en dire autant de la jupe dont les pans étaient particulièrement usés. A la vue des jambes maigres qui sortaient directement de sa jupe, la robe de dessous faisant défaut, ses collègues malveillants n'étaient pas les seuls à avoir la triste impression de voir marcher un bœuf décharné attelé au char d'un seigneur miséreux. Le sabre, lui aussi, qu'il portait sur la hanche, était de qualité médiocre; les métaux de la poignée étaient communs, la laque de la gaine noire, éraflée. Ainsi accoutré, il marchait à petits pas, le nez toujours rouge, traînant ses sandales, courbant sous le ciel froid son dos déjà voûté, jetant à droite et à gauche des regards d'envie. On comprend bien le mépris que même un colporteur qui passait par hasard pouvait ressentir à sa vue... En voici un exemple.

Un jour, voulant aller vers le Jardin des Sources sacrées, Goi passa par la Porte San-Jô-Bô. Là, il aperçut, au bord du chemin, six ou sept enfants absorbés dans un jeu. « Font-ils tourner des toupies ? » se demanda Goi en regardant par-dessus leur dos. Ils étaient en train de battre et de torturer un caniche égaré au cou duquel ils avaient attaché une corde. Goi, de nature timide, n'avait jamais manifesté, par crainte de mécontenter les autres, la sympathie qu'il éprouvait à l'égard de quelqu'un. Mais, cette fois, comme il avait affaire à des enfants, cela lui donna un peu de courage. S'efforçant de prendre un visage souriant, il frappa sur l'épaule de l'enfant qui lui semblait le plus âgé et dit : « Ça suffit. Lâchez-le. Un chien souffre autant que nous. » L'enfant se retourna et toisa Goi d'un regard plein de mépris, levé vers lui avec cette expression qu'avait l'intendant lorsqu'il n'arrivait pas à se faire comprendre. « Ça te regarde ? » bougonna l'enfant en reculant d'un pas et en retroussant ses lèvres méprisantes et il ajouta : « Espèce de nez rouge ! » Il sembla que ce mot frappait Goi en plein visage. Ce qui ne signifiait cependant pas qu'il ait été exaspéré par cette méchante parole, mais qu'il était découragé par l'inutilité de son intervention qui ne lui apportait autre chose que de la honte. Cachant sa confusion derrière un pauvre sourire, il reprit, sans mot dire, le chemin du Jardin des Sources sacrées. Derrière lui, sept ou huit enfants, serrant leurs épaules les unes contre les autres, gonflèrent leurs joues et lui tirèrent la langue. Goi ne le savait pas, naturellement. Même s'il l'avait su, qu'est-ce que cela aurait changé pour ce malheureux ?

Il ne serait pourtant pas exact d'en conclure que notre personnage vint au monde sans autre espoir que d'être un objet de mépris. Depuis cinq ou six ans, Goi était étrangement attiré par le gruau d'ignames. C'est une bouillie de riz préparée avec des morceaux d'ignames dans du jus de cannelle. A cette époque, ce plat était considéré comme le mets le plus délicat que l'on pût servir même sur la table de l'Empereur. Ce n'était donc qu'une fois par an et à l'occasion d'une fête exceptionnelle qu'un homme comme Goi pouvait en manger. Et même en une telle circonstance, il en obtenait si peu qu'à peine s'il pouvait en humecter ses lèvres. C'est pourquoi, depuis fort longtemps, il avait un désir unique : se rassasier de gruau d'ignames. Bien sûr, il ne s'en était ouvert à personne. Lui-même n'avait pas, semblait-il, une nette conscience qu'il s'agît là du but de sa vie. Mais il n'empêche qu'il ne vivait que dans ce but. Il arrive parfois qu'un homme consacre sa vie entière à un désir qu'il ne pourra peut-être jamais réaliser. Celui qui se moque d'une telle illusion ne connaît rien à la vie. Cependant, Goi vit son rêve de manger de la bouillie jusqu'à satiété se réaliser plus facilement qu'il ne s'y attendait. Raconter comment, c'est la raison de cette histoire.

Voici ce qui se passa le deuxième jour de la première lune d'une certaine année, lorsque Mototsune organisa à sa résidence la réception dite « exceptionnelle ». (On appelait « réception exceptionnelle », le banquet que la Famille régente donnait aux ministres et très hauts fonctionnaires le même jour que le Grand Banquet organisé, celui-ci, par l'Impératrice et le Prince héritier. Ces deux banquets, en leur genre, n'étaient pas particulièrement différents l'un de l'autre.) Goi, avec les autres officiers, eut l'honneur de partager les reliefs. A cette époque, la distribution publique des restes du banquet n'était pas en usage, et les officiers en service avaient coutume de se réunir dans une salle pour les manger. On disait réception exceptionnelle. Mais dans ce lointain passé, malgré le nombre de mets, il n'y avait pas grand-chose. On servait, entre autres, de la pâte de riz, nature et cuite à l'huile, des ormiers chauffés au bain-marie, des oiseaux séchés, des perches d'Uji, des carassins d'Oomi, des filets de brême de mer séchés, des saumons farcis avec leurs œufs, des poulpes grillés, des langoustes, du grand cédrat et du petit cédrat, des fruits de citronnier noble, des kakis séchés à la broche... Il faut noter que le gruau en question faisait partie du menu. Chaque année, Goi attendait avec impatience cette occasion. Seulement, le nombre des participants réduisait d'autant sa part; cette année-là notamment, elle fut particulièrement mince. Et, l'imagination aidant sans doute, le goût lui sembla meilleur que d'ordinaire. Après avoir contemplé d'un air extasié le bol qu'il venait de vider, tout en nettoyant de sa main les gouttes accrochées à sa moustache clairsemée, il soupira, sans aucune intention de s'adresser à quelqu'un en particulier :

— Quand pourrai-je m'en rassasier?

— Dites! Est-il donc vrai que vous ne vous êtes jamais rassasié de gruau d'ignames? railla un convive avant même que Goi eût achevé son exclamation.

C'était une voix grave, généreuse, digne d'un guerrier. Goi, le dos toujours courbé, redressa la tête et jeta un regard timide vers l'homme. C'était Fujiwara Toshihito, fils de Tokinaga, ministre de l'Intérieur. Vers cette époque, Toshihito était un des fidèles de Mototsune Tout en grignotant des châtaignes chaudes, il buvait coupe sur coupe d'un alcool noir. Il paraissait déjà assez ivre.

— Je vous plains, continua Toshihito en regardant Goi qui leva la tête, et d'une voix où la pitié se mêlait au mépris. Si vous le voulez, je me chargerai de vous rassasier.

Le chien habitué aux coups n'ose pas s'approcher du morceau de viande qu'on lui jette rarement. Goi, ébauchant son habituel sourire dont on ne pouvait dire s'il était heureux ou triste, regarda tour à tour le visage de Toshihito et le bol vide, sans répondre.

— Vous n'en voulez peut-être pas?

— ...

— Alors, quoi?

— ...

Goi commençait à sentir le regard des gens se concentrer sur lui. Une réponse mal placée susciterait, cette fois encore, la risée générale. Peut-être même se moquerait-on de lui quoi qu'il dît. Il hésita. Goi aurait continué à promener son regard du bol à Toshihito et de Toshihito au bol, si son interlocuteur ne lui avait dit, un peu agacé :

— Si vous n'en voulez pas, je n'insisterai pas.

Goi, entendant cela, répondit précipitamment :

— Eh bien, oui!... J'accepte très volontiers.

Tous ceux qui assistaient à cet échange de propos partirent d'un grand éclat de rire. Il y en eut même qui répétèrent sa réponse : « J'accepte très volontiers. » Par-dessus les corbeilles et les larges coupes à pied chargées de fruits multicolores, le rire des convives ébranla, quelques instants, comme des vagues, les nombreux chapeaux souples ou empesés. Entre autres, Toshihito, de bonne humeur, s'esclaffa bruyamment :

— Alors, on vous invitera sous peu, fit-il, et ce disant il esquissa une petite grimace, le rire qui montait et l'alcool qu'il venait d'avaler s'étant rencontrés dans sa gorge. ...Je peux donc compter sur vous? insista-t-il.

— J'accepte très volontiers, reprit l'autre, rougissant et bégayant.

Il va sans dire que cette réponse souleva de nouveau un éclat de rire général. Toshihito lui-même, qui avait insisté en vue de cet effet, s'écroula, secouant ses larges épaules plus fortement qu'il venait de le faire. Ce sauvage du Nord ne connaissait que deux manières de vivre : boire de l'alcool et rire.

Heureusement, la conversation prit un autre tour. Cela pouvait bien être dû au fait que les autres convives n'aimaient pas à faire de Goi le centre de l'attention générale, même pour se moquer de lui. De toute manière, l'entretien sautait d'un sujet à l'autre. Et au moment où les provisions d'alcool et de mets touchaient à leur fin, l'attention de toute l'assistance fut absorbée par l'histoire d'un élève officier qui, voulant monter à cheval, mit les deux jambes dans le même trou de sa culotte de cuir. Mais Goi paraissait devenu sourd à toutes ces histoires. Peut-être les deux caractères *Imo Gayu* (gruau d'ignames) occupaient-ils toute sa pensée. Le faisan rôti servi sous ses yeux ne tentait pas ses baguettes. La coupe d'alcool noir laissait ses lèvres indifférentes. Les mains sur ses genoux, rougissant naïvement jusqu'à ses tempes déjà envahies de neige comme une jeune fille qui rencontre pour la première fois son fiancé, il n'en finissait pas de regarder avec son sourire niais son bol vide laqué de noir.

Quatre ou cinq jours plus tard, un matin, deux hommes à cheval allaient lentement sur la route de la Porte d'Awata, le long de la Kamo. L'un d'eux, vêtu d'une robe de chasse bleu foncé et d'une jupe de la même couleur, un petit sabre sur la hanche, était un homme à la barbe noire et aux tempes bien rasées. L'autre était un officier quadragénaire, vêtu d'une misérable cotte bleu clair, doublée d'une mince robe d'ouate. La ceinture négligemment nouée, le nez rouge laissant tomber quelque humeur, toute sa personne exprimait la pauvreté. Mais leurs chevaux de trois ans, l'un roux, l'autre rouan, étaient de si belles montures que les marchands et les officiers qu'ils rencontraient se retournaient sur leur passage. Les deux hommes qui les suivaient à pas précipités pour ne pas être distancés devaient être un serviteur et un garçon d'écurie. Il serait superflu de dire qu'il s'agissait là de Toshihito, de Goi et de leur suite.

Malgré la saison d'hiver, il faisait beau. Pas un souffle de vent ne venait troubler les feuilles mortes d'armoises hérissées aux bords du cours d'eau qui murmurait dans son lit parmi les pierres blanchies. Les branches effeuillées de petits saules bordant la rivière chatoyaient sous la lumière du soleil si limpide que même la queue d'une bergeronnette haut perchée jetait son ombre nette et mouvante sur la route. C'était certainement le mont Hiei qui, par-dessus le vert foncé du mont Higashi, dressait en une ample courbe son épaule garnie de mousse brûlée par le givre. Sur le fond de ce paysage, les deux hommes, assis sur leur selle dont les incrustations en coquillage scintillaient aux rayons du soleil, se dirigeaient tranquillement, sans fouetter leur monture, vers la Porte d'Awata.

— Eh bien! Où voulez-vous me conduire? dit Goi, tirant les rênes que ses mains n'avaient pas l'habitude de manier.

— Là-bas, pas très loin, ne vous inquiétez pas.

— Est-ce donc près de la Porte d'Awata?

— Vous y êtes presque.

Ce matin-là, quand Toshihito avait invité Goi à partir, il lui avait dit qu'ils se rendraient près du mont Higashi, à un endroit où jaillissaient des sources chaudes. Goi au nez rouge avait pris cela au sérieux. Son corps, longtemps privé de bain, le démangeait depuis quelques jours. Manger du gruau d'ignames et prendre un bain par-dessus le marché! Quelle aubaine! C'est dans cet espoir qu'il avait enfourché le cheval rouan que Toshihito lui avait fait amener. Mais bien qu'ils fussent arrivés à l'endroit en question, Toshihito ne paraissait pas vouloir s'arrêter. Et voici qu'ils dépassaient la Porte d'Awata.

— Nous ne nous arrêtons donc pas à la Porte d'Awata? dit Goi.

— Non, mais un peu plus loin.

Toshihito, un léger sourire aux lèvres, se détourna de Goi et fit avancer calmement son cheval. Les maisons qui bordaient la route devenaient de plus en plus rares et on ne voyait plus sur les vastes rizières de l'hiver que des corbeaux en quête de nourriture. La neige, à l'ombre des montagnes, se confondant avec la brume lointaine, s'estompait en fumée bleue. Les branches épineuses, toutes raides, d'une cérine, qui pointaient vers le ciel serein, faisaient frissonner ceux qui les voyaient.

— Est-ce à Yamashina que nous allons? demanda Goi.

— Nous sommes déjà à Yamashina. Nous allons un peu plus loin.

Ils dépassaient en effet Yamashina. Que dis-je! Tout en devisant ainsi, ils laissaient déjà Sekiyama derrière eux. Enfin, peu après midi, ils arrivèrent devant le Temple Mii [6] où habitait un moine que Toshihito connaissait depuis longtemps. Ils lui rendirent visite et furent retenus à déjeuner. Puis, en hâte, ils enfourchèrent leur monture et continuèrent leur route. Le chemin sur lequel ils s'engagaient devenait désert. Et c'était une époque d'insécurité, les brigands sévissant partout. Goi, son dos déjà voûté encore plus courbé, levant un regard interrogateur vers le visage de Toshihito, demanda :

— On continue encore ainsi?

Toshihito ébaucha un sourire. C'était le sourire que l'enfant adresse à l'adulte quand son espièglerie va être découverte. Les plis qui se formèrent au bout de son nez et l'état relâché des petits muscles aux coins de ses yeux trahissaient l'indécision dans laquelle il se trouvait : allait-il rire ou feindre la gravité? Il finit par avouer :

— A vrai dire, c'est à Tsuruga que je voudrais vous conduire.

En riant, il désigna le ciel qui s'étendait au loin, du bout de son fouet, sous la ligne duquel on pouvait voir le lac Omi refléter avec éclat les rayons du soleil déclinant.

Goi s'affola.

— Vous dites Tsuruga? Est-ce Tsuruga de la province d'Echizen [7]?... de la province d'Echizen?

Goi n'ignorait pas que Toshihito, devenu gendre de Fujiwara Arihito, habitant de Tsuruga, séjournât souvent là-bas. Mais il ne lui était pas encore venu à l'idée que l'autre voulût l'y amener. D'abord, comment imaginer que l'on pût aller sans encombre, accompagnés seulement de deux serviteurs, à cette province d'Echizen que montagnes et rivières séparaient de la capitale? Enfin, n'avait-on pas entendu dire un peu partout ces jours-ci que des voyageurs avaient été assassinés par des brigands? L'air suppliant, Goi regarda le visage de Toshihito :

— Grand Dieu!... Lorsque j'entends Higashiyama, c'est Yamashina. Lorsque j'entends Yamashina, c'est le Temple Mii! Et finalement il s'agit de Tsuruga en Echizen. Quelle histoire! Si vous aviez voulu m'en informer dès le début, nous aurions pu amener plus de gens... Tsuruga! Grand Dieu! murmurait-il, au bord des larmes.

Si l'idée de se « rassasier de gruau d'ignames » n'était venue l'encourager, il aurait immédiatement quitté Toshihito pour retourner seul à Kyôto.

— Un Toshihito vaut mille hommes! Ne vous inquiétez pas pour la route, lui dit son compagnon.

Toshihito, le sourcil haussé, se moqua ainsi de l'affolement de Goi. Puis, appelant son écuyer, il endossa le carquois en forme de pot que ce dernier portait pour lui et reçut de ses mains un arc laqué de noir qu'il posa en travers de la selle; et il prit la tête du petit groupe. Dès lors, le timide Goi ne pouvait faire autrement que de s'incliner sans mot dire devant cette décision. Il regarda, non sans inquiétude, les vastes plaines désertes qui s'étendaient autour de lui et, marmonnant sans conviction des passages du Soûtra de Kannon, son fameux nez rouge tout contre le pommeau de sa selle, il continua, la mort dans l'âme, une chevauchée qui n'était point dans ses habitudes.

La plaine où résonnaient les fers des chevaux était, à perte de vue, couverte de roseaux morts. Les étangs qui se trouvaient çà et là reflétaient l'azur du ciel en une telle frigidité que cet après-midi d'hiver semblait s'y glacer tout simplement. A l'horizon, une chaîne de montagnes aux neiges éternelles, que le soleil déjà de l'autre côté de la crête n'éclaboussait plus, s'étirait en mauves assombris. Mais la triste profusion des herbes coupantes empêchait souvent les deux serviteurs à pied de voir ce paysage. Tout à coup, Toshihito se tourna vers Goi et l'interpella :

— Tenez, voilà un messager, de bon augure peut-être. On va lui confier une mission pour Tsuruga.

Goi, qui ne parvenait pas à saisir le sens des paroles de Toshihito, regarda craintivement dans la direction que ce dernier indiquait avec son arc. Ce n'était évidemment pas un endroit où l'on pût s'attendre à voir même l'ombre d'un être humain. Cependant, au loin, dans les broussailles entrelacées de tiges d'églantiers, passait, à pas lents, un renard au pelage dru éclairé par les rayons obliques du soleil couchant. On ne l'eut pas plutôt aperçu que l'animal, s'élançant d'un bond, prit brusquement la fuite. Mais déjà, avec un claquement de son fouet, Toshihito avait lancé son cheval à sa poursuite. Goi, effaré, le suivit. Les écuyers, leur emboîtant le pas, ne se laissèrent pas distancer. Pendant quelques instants, le bruit des fers des chevaux sur les pierrailles rompit le silence de la plaine. Soudain, Toshihito arrêta sa monture. A peine eut-on le temps de le voir capturer le renard dont il avait saisi les pattes de derrière que, déjà, l'animal pendait, la tête en bas, à côté de la selle. Après l'avoir traqué, jusqu'à épuisement de ses forces, Toshihito l'avait sans doute coincé sous les pieds de son cheval. Essuyant hâtivement de sa main la sueur qui perlait aux bouts de sa moustache clairsemée, Goi le rejoignit à grand-peine.

— Écoute bien, renard! dit Toshihito d'une voix apparemment grave, élevant l'animal à hauteur de son visage. Tu te présenteras, avant la fin de la nuit, à ma maison de Tsuruga et tu diras : « Toshihito regagnera son domaine avec un hôte inattendu. Demain, vers l'heure de *Mi*, il faut envoyer des serviteurs à leur rencontre avec deux chevaux sellés. » Surtout ne te trompe pas!

Sur ce, Toshihito secoua le renard qu'il lança dans un fourré.

Les deux serviteurs qui venaient de rejoindre Toshihito, le regard fixé sur l'animal qui s'enfuyait, s'esclaffèrent en battant des mains :

— Il court! Il court!

Son dos couleur de feuille morte éclairé par le soleil couchant, le renard s'éloigna rapidement, tout droit, foulant les racines et les pierres. De l'endroit où ils étaient, Toshihito et sa suite dominaient parfaitement la fuite éperdue de l'animal. La poursuite du renard les avait menés, à leur insu, jusqu'à un endroit un peu surélevé d'où la plaine légèrement inclinée descendait rejoindre le lit asséché de la rivière.

— Vraiment, c'est un messager extraordinaire, témoin de votre magnanimité! s'écria Goi.

Laissant paraître naïvement son respect et son admiration, il regarda à nouveau le visage de ce guerrier indomptable capable de commander à tous, voire à un renard. Il en oublia même de réfléchir à la grande distance qui pouvait le séparer de Toshihito. Il voyait un signe de plus grande sécurité dans l'élargissement du champ d'action de la volonté de Toshihito, volonté dont il dépendait, comme s'il eût ainsi plus de liberté. C'est, paraît-il, en de semblables circonstances que la flatterie germe le plus spontanément dans un cœur. Le lecteur, je l'espère, ne doutera pas trop hâtivement de l'ingénue naïveté de Goi, pour la seule raison qu'il croit avoir décelé quelque semblant de flatterie dans l'attitude de notre héros.

Le renard lancé par Toshihito dégringola le long du talus, sauta adroitement de pierre en pierre sur le lit desséché de la rivière, escalada à toute vitesse le versant opposé. Tout en grimpant, l'animal tourna la tête. Il vit l'officier qui l'avait capturé arrêté avec sa suite sur l'autre bord; les têtes des chevaux se tournaient vers lui; et les silhouettes des cavaliers lui paraissaient aussi minces que ses doigts. Dans l'air glacé de givre, les deux chevaux, l'un roux, l'autre rouan, se découpaient, plus nets que dans un tableau, sur le fond empourpré du couchant.

Le renard, redressant la tête, reprit sa course effrénée à travers les herbes coupantes et desséchées.

Le lendemain, vers l'heure de serpent [8] comme prévu, les voyageurs arrivèrent aux environs de Takashina [9], petit village au bord du lac Biwa. Sous le ciel sombre qui faisait contraste avec le temps radieux de la veille, seules quelques rares maisons à toit de chaume s'éparpillaient çà et là. A travers les pins du rivage, on apercevait le lac glacé dont la surface terne et finement ridée rappelait un miroir qu'on eût oublié d'essuyer. Arrivé à cet endroit, Toshihito se tourna vers Goi et lui dit :

— Regardez là-bas. Des hommes viennent à notre rencontre.

Goi regarda. En effet, sur le bord du lac, une vingtaine d'hommes, peut-être même plus, les uns à cheval, les autres à pieds conduisant deux chevaux sellés, se hâtaient vers nos voyageurs à travers les pins. Les manches de leur cotte s'agitaient au vent glacial. Bientôt, parvenus à une certaine distance, les cavaliers descendirent précipitamment de cheval, tandis que le reste de la troupe s'agenouillait sur le bord du chemin pour attendre respectueusement l'arrivée de Toshihito.

— Le renard m'a l'air d'avoir bien fait parvenir mon message, dit Toshihito.

— C'est un animal qui connaît l'art de se métamorphoser. Pour lui, un pareil service n'a rien d'extraordinaire, répondit l'autre.

Là-dessus, ils atteignirent l'endroit où les attendaient les arrivants.

— Je suis touché de votre empressement, leur dit Toshihito.

Ceux qui étaient à genoux se relevèrent au plus vite pour prendre les rênes des chevaux des deux voyageurs. L'animation gagna rapidement toute la troupe.

A peine les deux hommes se furent-ils assis sur une peau de bête qu'un serviteur aux cheveux blancs, vêtu d'une cotte rouge, se présenta devant Toshihito et lui parla en ces termes :

— La nuit dernière, il s'est produit un événement étrange.

— Quel événement ? demanda sans sourciller Toshihito qui ne cessait pour autant de s'occuper de Goi, l'invitant à partager le bidon de bambou et la gamelle de bois que ses serviteurs avaient apportés.

— Voici ce qui s'est passé, continua l'autre. Avant minuit, vers l'heure de *chien* [10], notre dame est soudain tombée en transes. Elle nous a dit : « Je suis le renard de Sakamoto ! Approchez et écoutez bien les instructions que notre Seigneur m'a chargée aujourd'hui de vous communiquer. » Lorsque tout le monde se trouva réuni devant elle, notre dame poursuivit : « Notre maître va venir ici avec un hôte inattendu. Pour les accueillir, demain, à l'heure de *serpent*, envoyez des hommes avec deux chevaux sellés aux environs de Takashina. »

— C'est vraiment un événement extraordinaire! dit Goi, qui regarda tour à tour le visage de Toshihito et celui de ses serviteurs, et adressa aux deux parties un signe d'intelligence afin de satisfaire tout le monde.

— Elle n'a pas seulement dit cela, mais, en tremblant comme si elle était menacée, elle a ajouté : « Ne tardez pas. Sinon je serais punie par mon maître. » Et elle n'a pas cessé de pleurer.

— Continue! Que lui est-il arrivé ensuite? demanda Toshihito.

— Ensuite, elle est tombée dans un sommeil profond. Elle n'était pas encore réveillée, je crois, lorsque nous sommes partis.

— Qu'en pensez-vous? dit fièrement Toshihito à Goi après avoir écouté le rapport de son serviteur. Même les animaux se mettent au service de Toshihito.

— Franchement, je suis stupéfait! dit Goi, qui gratta son nez rouge; il fit un signe de tête et prit à dessein un air béat d'admiration.

Sa moustache retenait quelques gouttes de l'alcool qu'il venait de prendre.

Cette nuit-là, dans une chambre du pavillon de Toshihito, Goi, qui n'arrivait pas à s'endormir, regardait distraitement la flamme d'une petite lampe à huile. Alors, dans son esprit, repassèrent l'un après l'autre tous les sites qu'il avait vus dans la journée en bavardant avec Toshihito et sa suite, collines couvertes de pins, ruisseaux, plaines désolées, herbes, feuilles, pierres, champs aux odeurs de fumée... Il se souvenait en particulier de ce soulagement qu'il avait éprouvé lorsque, dans le brouillard mauve du soir, il était enfin arrivé à cette maison et qu'il avait vu trembler les flammèches rouges d'un brasero de forme oblongue... Maintenant, confortablement étendu sur un lit, il songeait de nouveau à tout cela comme s'il s'agissait d'événements anciens. Les jambes allongées sous la couverture jaune en forme de sac gonflée d'ouate de cinq ou six *sun* d'épaisseur, très détendu, Goi ramena distraitement ses regards sur lui-même.

Sous la couverture que Toshihito lui avait prêtée, Goi était enveloppé de deux robes jaune clair doublées de coton. Cela seul eût suffi à le réchauffer jusqu'à le faire transpirer; et il avait bu une coupe d'alcool pendant le dîner. Au-dehors, de l'autre côté d'une cloison aménagée près de son chevet, s'étendait le jardin glacé de givre, Mais l'état d'engourdissement agréable où il se trouvait le lui faisait oublier. Il était à cent lieues de tout ce qu'il avait été dans sa chambre d'officier à Kyôto. Ce qui n'empêchait pas une inquiétude insolite de s'introduire dans son cœur. Avant tout, il s'impatientait de la lenteur avec laquelle le temps s'écoulait. Et puis il souhaitait secrètement que la fin de la nuit, c'est-à-dire l'heure attendue pour manger le gruau d'ignames, ne vînt pas trop tôt. Sous ces deux sentiments contradictoires se cachait aussi, glaciale comme le temps de cette nuit-là, une instabilité d'humeur due au brusque changement de sa situation et qui ne permettait pas à cette chaleur dont il avait enfin la chance d'être envahi, de l'entraîner facilement dans le sommeil.

Tout à coup il entendit une voix dans le jardin. Le timbre lui en rappela ce serviteur à cheveux blancs venu au-devant de lui dans la journée. La voix paraissait annoncer quelque chose. Sèche, elle résonnait dans le jardin gelé et chacun des mots qu'elle lançait semblait pénétrer Goi jusqu'aux os, tel un vent d'hiver.

— Habitants de ces parages! Écoutez bien! Voici l'ordre de notre maître. Que tous, jeunes et vieux, apportent à sa Résidence demain matin, à l'heure de *lièvre* [11], une igname de cinq *shaku* de long et trois *sun* de diamètre. N'oubliez pas. Je répète, à l'heure de lièvre.

Cette annonce fut répétée deux ou trois fois, puis l'homme, sembla-t-il, se retira. Le silence de la nuit d'hiver se rétablit. Dans ce silence, l'huile de la petite lampe grésillait, et, semblable à un morceau de coton rouge, la flamme tremblotait. Goi, étouffant un bâillement, plongea à nouveau dans ses paresseuses pensées. Les ignames! Nul doute qu'on en fît apporter pour préparer le gruau. Sur cette réflexion, revint, insidieuse, l'inquiétude dont il s'était laissé un moment distraire par les bruits du dehors. Mais, cette fois, c'était le désir de ne pas être servi trop tôt en gruau d'ignames qui l'emportait, jusqu'à en devenir une obsession. La réalisation devenue si aisée de son rêve de toujours ne rendait-elle pas dérisoire la patience avec laquelle il l'avait attendue? La marche idéale de l'événement ne pourrait-elle donc être ainsi : un obstacle imprévu viendrait d'abord rendre vain son espoir de manger du gruau d'ignames, puis, cet obstacle levé, il pourrait enfin se mettre à table tranquillement...? Pendant que ces pensées tournoyaient comme des toupies dans sa tête, la fatigue du voyage entraîna insensiblement Goi dans un profond sommeil.

Le lendemain matin, dès qu'il se fut éveillé, l'histoire des ignames de la veille revenant à son esprit, Goi se précipita à la cloison qu'il fit glisser et regarda au-dehors. Peut-être avait-il trop bien dormi, l'heure de *lièvre* semblait déjà passée. Sur les nattes de forme oblongue qui tapissaient le vaste jardin, des choses semblables à des bois de grume s'entassaient, au nombre de deux ou trois mille, jusqu'à toucher l'avant-toit oblique couvert d'écorce de sapin. C'étaient des ignames d'une extraordinaire grosseur, de cinq *shaku* de long et de trois *sun* de diamètre.

Goi qui frottait ses paupières encore lourdes de sommeil fut saisi d'affolement, presque de panique. Étourdi, il regarda autour de lui. Dans le jardin, au-dessus de feux de camp qui paraissaient nouvellement dressés çà et là s'alignaient cinq à six chaudrons autour desquels plusieurs dizaines de servantes vêtues de coton blanc s'affairaient, activant le feu, grattant les cendres, versant dans des marmites le jus de cannelle douce avec des seaux de bois neuf. Tout le monde se consacrait frénétiquement à la préparation du gruau d'ignames. Les fumées sorties de dessous les chaudrons et les vapeurs se joignaient au brouillard matinal qui traînait encore par tout le jardin et, dans l'imprécise grisaille, les flammes ressortaient vivement. Aux yeux et aux oreilles de Goi, le spectacle et le vacarme étaient semblables à ceux d'un champ de bataille ou d'un incendie. Il pensa encore une fois que cet immense amoncellement d'ignames allait se transformer en gruau dans ces énormes chaudrons et qu'il avait pour en manger effectué exprès un voyage de Kyôto à Tsuruga, en Echizen. Plus il y réfléchissait, et plus cela lui semblait décourageant. Et le sympathique appétit de notre Goi était déjà, à vrai dire, en grande partie dissipé.

Une heure plus tard, Goi prenait place devant son plateau de déjeuner avec Toshihito et Arihito, beau-père de ce dernier. Devant lui on servit une énorme soupière à anse d'argent qui pouvait contenir quatre litres et dans laquelle le terrible gruau d'ignames avait été versé à flots. Goi avait, tout à l'heure, longuement contemplé une dizaine de jeunes gens : adroits à manier des couteaux à lame mince, ils découpaient rapidement en tranches fines, d'un bout à l'autre, les ignames amoncelées jusqu'à l'avant-toit. Il avait également observé les servantes qui, se démenant ici et là, jetaient le tout dans d'énormes chaudrons. Il avait vu, enfin, quand toute cette montagne d'ignames eut disparu de la surface des nattes, les colonnes de vapeurs chargées des odeurs d'ignames et saturées de cannelle douce s'élever largement dans le ciel du matin. On comprend facilement que Goi, témoin de ce spectacle, avait l'estomac satisfait avant même de toucher au gruau servi dans l'énorme soupière. Un peu confus, il essuya les sueurs de son front.

— On m'a dit que vous n'avez jamais été rassasié de gruau d'ignames, mangez-en donc, je vous prie, à votre faim, lui dit Arihito, qui donna aux jeunes serviteurs l'ordre d'ajouter encore des soupières sur le plateau de Goi.

Le gruau les emplissait à pleins bords. Goi, les yeux fermés, son nez déjà rouge rougissant encore, prit la moitié à peine d'une soupière dans un grand bol de terre cuite et le vida péniblement.

— Comme mon beau-père vous l'a dit, ne vous gênez pas, sourit méchamment Toshihito, qui lui offrit une nouvelle soupière. Goi fut dans un grand embarras. A vrai dire, il n'avait plus, et ce depuis le début, la moindre envie de manger du gruau. Il s'était cependant forcé pour consommer la moitié de la soupière. S'il en prenait encore, il vomirait avant même de l'avaler. D'autre part, s'il refusait, il offenserait l'amabilité de Toshihito et d'Arihito. Là-dessus, il but le tiers de ce qui restait dans la soupière. Ensuite, il lui fut absolument impossible de prendre une gorgée de plus.

— Je vous suis bien obligé, Seigneur! Je suis rassasié!... Je ne sais vraiment comment vous remercier, parvint-il à dire à grand-peine.

Sa gêne était telle que, malgré la saison d'hiver, des gouttes perlaient sur sa moustache et au bout de son nez.

— Mais vous ne mangez plus? Il me semble que notre invité est trop discret... Serviteurs!... Qu'attendez-vous? Servez! Servez!

Obéissant à cet ordre, les serviteurs allaient présenter à Goi une nouvelle soupière de bouillie. Mais lui, agitant ses mains comme pour chasser des mouches, se décida à refuser catégoriquement :

— Non! Je suis déjà rassasié... Excusez-moi, je n'en puis plus.

Arihito aurait peut-être continué à insister pour que Goi prenne du gruau, si, juste à ce moment-là, Toshihito, montrant du bout du doigt le toit de la maison d'en face, n'avait dit : « Regardez là-bas. » Sa voix, fort heureusement, détourna l'attention de tous vers le toit en question qui, couvert d'écorce de sapin, s'éclairait aux rayons du soleil matinal. Au milieu de cette lumière, une bête au pelage chatoyant était assise sagement. On reconnut le renard sauvage de Sakamoto que Toshihito, l'avant-veille, avait attrapé de ses mains dans la plaine aux herbes coupantes.

— Il paraît que le renard, lui aussi, s'est présenté ici pour partager le gruau d'ignames! Serviteurs! Donnez-lui à manger! dit Toshihito.

Son ordre fut immédiatement exécuté. Le renard, sautant sur le sol, prit part à la ripaille.

Tout en regardant le renard laper le gruau, Goi se ressouvenait avec nostalgie de ce qu'il avait été avant de venir ici, lui, l'objet des railleries des officiers, ses compagnons, lui à qui les enfants de la capitale eux-mêmes avaient lancé ce quolibet « Eh! Nez rouge! » lui qui, tel un caniche égaré, misérable et solitaire, avait rôdé dans l'avenue Suzaku vêtu d'une cotte fanée et d'une culotte, mais qui avait jalousement gardé pour lui seul cet heureux rêve de gruau d'ignames... Libre de ne plus manger le gruau, Goi se sentit soulagé et les gouttes de sueur de son visage se séchèrent peu à peu, à partir du bout de son nez.

Ce matin-là, à Tsuruga, le vent froid était pénétrant. Goi couvrit en hâte son nez de ses mains et éternua fortement vers la soupière d'argent...

(Août 1916.)

VI

Les vieux jours du vénérable Susanoo [1]

I

Après avoir dompté le Grand Serpent de Koshi, Susanoo épousa la damoiselle Kushinada et devint le chef du village où avait régné Ashinazuchi, son beau-père.

Ce dernier fit construire pour les jeunes mariés à Suga, en Izumo, le Pavillon Yahiro, bâtiment si élevé que ses bois corniers se cachaient dans les nuages.

Susanoo commença une vie tranquille avec sa jeune épouse. Ni le sifflement du vent, ni l'écume des vagues, ni le scintillement des étoiles ne pouvaient plus l'entraîner vers une nouvelle aventure parmi le vaste monde perdu dans la nuit des temps. Il allait bientôt devenir père; installé dans une résidence aux épaisses solives, des tableaux de chasse peints en rouge et blanc ornant les quatre murs de sa chambre, il goûtait alors le bonheur du foyer, ce bonheur qu'il n'avait pu s'assurer lorsqu'il vivait au pays de Takamagahara.

Il partageait ses repas avec son épouse et faisait avec elle des projets. Quelquefois, se promenant autour du pavillon, dans le bois de chênes de Mongolie, ils écoutaient les pépiements irréels des petits oiseaux et foulaient de leurs pas les gentilles fleurs tombées à terre. Il entourait sa femme de prévenances. Son ancienne sauvagerie ne se laissait plus surprendre ni dans sa voix, ni dans ses gestes, ni au fond de son regard.

Il arrivait parfois que, dans ses rêves, lorsqu'un monstre bougeait dans l'obscurité ou lorsqu'il apercevait l'éclat d'un sabre agité par une main invisible, sa férocité d'autrefois se ranimât. Mais une fois réveillé, il oubliait complètement le songe que la présence de sa femme ou les soucis de son village venaient vite dissiper.

Bientôt, un fils leur naquit. Susanoo lui donna le nom de Yashimajinumi. Comme il ressemblait plutôt à la damoiselle Kushinada, sa mère, le garçon était d'un naturel serviable.

Les mois et les jours, tel un fleuve, s'écoulaient.

Dans l'intervalle, Susanoo épousa plusieurs femmes et eut beaucoup d'enfants. Ses fils, devenus hommes, menèrent, sur ses ordres, leurs armées à la conquête des bourgades de diverses provinces.

Sa renommée, par ses enfants de plus en plus nombreux, se répandit jusqu'aux régions lointaines. Les villes conquises s'empressaient, les unes après les autres, de lui payer un tribut. Et des vaisseaux chargés de soieries, de cuirs et de pierres précieuses transportaient les habitants de ces pays désireux de visiter le Pavillon de Suga.

Un jour, parmi ces visiteurs, il remarqua trois jeunes gens venus de Takamagahara, aussi robustes et aussi musclés qu'il l'avait été jadis. Il les manda au Pavillon et leur servit à boire lui-même, accueil exceptionnel que personne, jusque-là, n'avait jamais reçu de ce chef au fier courage. Tout d'abord, ces jeunes gens, doutant de ses intentions, paraissaient inquiets. Mais, sous l'action de l'alcool frappant le fond des jarres, ils chantèrent, à la requête de Susanoo, des chansons de leur pays.

Lorsqu'ils voulurent se retirer, Susanoo leur remit un sabre, disant :

— Voici le sabre que j'ai trouvé dans la queue du Grand Serpent de Koshi lorsque je l'ai tué. Je vous le confie et vous charge de l'offrir à la Dame de votre pays.

A genoux, tenant respectueusement l'arme, les jeunes gens firent le serment d'exécuter son ordre, dussent-ils en perdre la vie.

Il se rendit ensuite, tout seul, sur la plage pour regarder s'éloigner la voile de la barque qui les emportait sur une mer agitée. Éclairée par les rayons du soleil qui perçaient la brume, la voile brillait, solitaire, comme égarée dans le vide de l'horizon.

II

La mort, cependant, n'épargna pas les époux.

Lorsque Yashimajinumi devint un jeune homme raisonnable, la demoiselle Kushinada, prise d'une maladie subite, succomba au bout d'un mois à peine. Parmi ses nombreuses femmes, elle était tout compte fait la seule que Susanoo eût aimée comme lui-même. C'est pourquoi, quand il eut construit la hutte funéraire, assis sept jours et sept nuits sans quitter le corps de sa femme encore belle, il pleura silencieusement. Pendant ce temps, les lamentations emplissaient le Pavillon; et surtout les sanglots incessants de la petite princesse Suseri[2] faisaient pleurer même ceux qui passaient sous ses murs. Sœur unique de Yashimajinumi, la petite fille, ayant hérité la nature fougueuse de son père, alors que son frère ressemblait davantage à sa mère, était plus dure de caractère qu'un garçon.

Bientôt, le corps de la défunte fut enterré avec ses bijoux, ses miroirs et ses vêtements sur le flanc d'une colline, non loin du Pavillon. Susanoo n'oublia pas d'y joindre, vivantes, onze femmes qui avaient servi son épouse, afin de la consoler au cours du long voyage qu'elle allait entreprendre dans le Royaume souterrain. Magnifiquement parées, ces femmes s'empressèrent de la suivre dans son dernier voyage. A cette vue, les anciens du village froncèrent les sourcils; unanimement, mais en secret, ils critiquèrent Susanoo pour les mesures insolites qu'il avait prises, disant :

— Onze femmes seulement! notre Seigneur néglige donc absolument la vieille coutume du village! A la mort de la première Épouse, est-il raisonnable qu'il n'ait envoyé que onze femmes pour l'escorter là-bas? Seulement onze, en tout et pour tout?

Les rites funéraires une fois terminés, Susanoo prit subitement la résolution de céder la place de chef à Yashimajinumi, son fils. Lui-même, emmenant la princesse Suseri, sa fille, se retira dans le lointain pays de Nenogatasu au milieu de l'Océan.

C'était une île déserte, en pleine mer, dont il avait particulièrement aimé les paysages au cours de ses aventures passées. Ayant fait bâtir un pavillon à toit de roseaux sur une colline au sud de l'île, il décida d'y couler paisiblement le restant de ses jours.

Ses cheveux prenaient déjà la couleur du lin. Mais l'éclair vif et sauvage qui passait encore parfois dans ses yeux attestait que la vieillesse ne parvenait pas à le vider de son énergie. Il arrivait même quelquefois que son visage prît un aspect plus farouche que lorsqu'il vivait dans le Pavillon de Suga. Il ne s'était pas encore aperçu que sa brutalité longtemps endormie s'était réveillée depuis son arrivée dans l'île.

Aidé de sa fille, la princesse Suseri, il élevait des abeilles pour en recueillir le miel, il va sans dire, et apprivoisait des serpents pour enduire de leur venin la pointe de ses flèches. Dans ses moments de loisir, entre la chasse et la pêche, il initiait peu à peu la jeune princesse à tout ce qu'il savait sur l'art des armes et sur la magie. Une telle façon de vivre vint accentuer le caractère viril de la princesse qui, à cette époque-là, ne le cédait en rien aux hommes. Seul son visage conservait cette rare beauté héritée de sa mère, la damoiselle Kushinada.

Que de fois éclatèrent les bourgeons du bois d'ormes qui entourait le Pavillon et que de fois tombèrent ses feuilles ! A chaque retour de l'an, sur le visage barbu de Susanoo les rides étaient plus nombreuses, tandis que, dans les yeux toujours souriants de la princesse Suseri, montait la fraîcheur de l'adolescence.

III

Un jour, accroupi sous un orme devant le Pavillon, Susanoo écorchait un grand cerf. La princesse Suseri, qui était allée se baigner dans la mer, revint accompagnée d'un jeune homme qu'il n'avait jamais vu.

— Père, je viens juste de rencontrer cet homme, et je l'ai amené.

En disant cela, elle présenta à Susanoo, qui se leva enfin, un jeune homme venu d'un lointain pays.

C'était un jeune homme au visage distingué, aux yeux et aux sourcils bien dessinés, aux larges épaules carrées. Il avait des anneaux rouges et bleus autour du cou, et un solide sabre de Corée sur la hanche. C'était l'incarnation même de la jeunesse.

Le jeune homme salua respectueusement Susanoo; celui-ci l'assaillit de questions indiscrètes :

— Ton nom?

— Je m'appelle Ashihara Shikoo.

— Que viens-tu faire ici?

— J'ai décidé d'accoster ici, car je n'avais plus d'eau ni de vivres.

A chaque question le jeune homme répondait clairement, sans éprouver la moindre gêne.

— Bon! lança Susanoo. Va! et prépare ton repas comme tu veux. Suseri! Je te charge de le conduire.

Quand ils eurent disparu dans le Pavillon, Susanoo, toujours sous l'ombre de l'orme, maniant adroitement le coutelas, se remit à écorcher le cerf. Mais son cœur s'était mis à battre à un rythme inquiétant. On eût dit que l'ombre d'un nuage lourd d'orage pointait à l'horizon du ciel de sa vie qui avait été jusqu'ici aussi tranquille que la mer calme par beau temps.

Il faisait déjà sombre lorsque ayant achevé d'écorcher le cerf, Susanoo rentra dans le Pavillon. Montant le large escalier, il souleva comme d'habitude et sans intention précise le voile qui masquait l'entrée de la grande salle. Il surprit alors Suseri et le jeune homme blottis l'un contre l'autre comme des oisillons dont on vient de ravager le nid. Ils se relevèrent, affolés, de la natte de carex. Susanoo, grimaçant, s'avança lentement dans la chambre et, dévisageant le jeune homme avec une expression haineuse, lui dit d'un ton presque impérieux :

— Toi, reste avec nous ce soir, et repose-toi de la fatigue de ton voyage.

Le jeune homme, à ces mots, le salua avec empressement, mais ne parvint pas à cacher sa confusion.

— Allez, va tout de suite! Couche-toi comme il te plaît! lui dit-il.

Puis, brusquement, se retournant vers sa fille, il ajouta d'un ton moqueur :

— Suseri, conduis-le tout de suite au rucher.

Il sembla une seconde que la princesse avait perdu ses couleurs.

— Dépêche-toi! rugit-il comme un ours sauvage, devant l'hésitation de la jeune fille.

— Bien, Père! répondit-elle, et, se retournant vers le jeune homme, elle le pria de la suivre.

Saluant encore une fois Susanoo poliment, Ashihara Shikoo quitta la grande salle et suivit la princesse d'un pas vif.

IV

Une fois dehors, la princesse Suseri retira la percale qui couvrait ses épaules et, la remettant au jeune homme, chuchota :

— Dans le rucher, agitez-la trois fois, et les abeilles ne vous attaqueront pas.

Ashihara Shikoo, intrigué, ne parvint pas à comprendre, mais il n'eut pas le temps de lui faire répéter sa phrase, car la princesse ouvrait la petite porte et l'introduisait dans la cabane.

Dans la pièce, il faisait déjà tout à fait sombre. Dès qu'il y fut entré, il essaya d'embrasser la jeune fille à tâtons. Mais il ne put qu'effleurer ses cheveux du bout des doigts. L'instant suivant, il entendit la porte se refermer brusquement.

Tournant entre ses mains le tissu qu'elle lui avait donné, il restait debout dans la chambre sans savoir que faire. Mais peut-être parce que ses yeux s'habituaient peu à peu à l'obscurité, il parvint à voir autour de lui mieux qu'il ne s'y était attendu.

Il essaya de scruter la pénombre et remarqua de nombreuses ruches d'abeilles aussi grosses que des tonneaux suspendues au plafond. Des abeilles plus grandes que son sabre de Corée se mouvaient sans hâte, innombrables, autour de ces ruches.

Se retournant instinctivement, il se précipita vers la porte. Mais il eut beau pousser ou tirer, celle-ci ne fit même pas mine de céder. De plus, une abeille se laissa tomber obliquement sur le plancher et vint vers lui dans un sourd bruissement d'ailes.

Devant un si grand péril, il perdit son sang-froid et, dans son affolement, voulut écraser de ses pieds l'énorme insecte avant que ce dernier ne les atteignît. Mais, déjà, l'abeille gigantesque, précipitant le battement de ses ailes, s'envolait au-dessus de sa tête. Alertées par la présence d'un être humain, les autres abeilles se dirigeaient vers lui de tous côtés tels des dards enflammés sifflant contre le vent.

De retour dans la salle, la princesse Suseri alluma la torche fichée dans un trou du mur. La lueur de la flamme rougeoyante éclaira Susanoo, étendu sur une natte de carex.

— Il est dans le rucher? Tu en es sûre? bougonna-t-il comme toujours, et il dévisagea sa fille.

— Je n'ai jamais désobéi à tes ordres, Père, répondit-elle.

Et elle prit place dans un coin de la salle pour se soustraire aux regards de son père.

— Ah! Tu le jures? Dans l'avenir également, tu m'obéiras?

Ainsi parla Susanoo, mais il y avait de l'ironie dans le ton de sa voix. La princesse, feignant de contempler ses bijoux qui entouraient son cou, ne répondit ni oui ni non.

— Ton silence signifierait-il un refus? ajouta son père.

— Mais non, Père! Pourquoi cette question? protesta-t-elle.

— Si tu es disposée à m'obéir, je vais te dire quelque chose. Je ne t'autoriserai jamais à épouser ce jeune homme! La fille de Susanoo doit avoir pour époux celui qui plaît à son père. Entends-tu? N'oublie pas cela!

Quand la nuit fut avancée, tandis que Susanoo ronflait, la princesse Suseri solitaire et abattue, accoudée à la fenêtre de la salle, regardait la lune rouge et silencieuse décliner au-delà de l'Océan.

V

Le lendemain matin Susanoo, comme d'habitude, alla se baigner dans la mer rocheuse. A sa grande surprise, le jeune homme, tout joyeux, descendit du Pavillon pour le rejoindre.

A la vue de Susanoo, il le salua, souriant gaiement :

— Bonjour! Bonjour! lança-t-il.

— Alors, ça va? Tu as bien dormi hier soir? demanda Susanoo.

Debout à l'angle d'une roche, il fixait l'autre avec défiance. Comment, en effet, ce beau jeune homme avait-il pu revenir indemne du rucher? Cela dépassait tout ce que Susanoo pouvait imaginer.

— Merci! Très bien! répondit le jeune homme et, tout en répondant, il ramassa à ses pieds un éclat de rocher qu'il lança de toutes ses forces dans la mer.

Décrivant une longue courbe, la pierre s'envola vers le ciel où se mouvaient les nuages empourprés du matin et retomba parmi les flots à une distance que Susanoo lui-même ne pouvait atteindre.

Se mordant les lèvres, Susanoo regardait fixement le point de chute de la pierre.

Quand, de retour de la mer, ils se trouvèrent assis pour le repas du matin, Susanoo, l'air renfrogné, attaquant à belles dents un cuissot de cerf, dit au jeune homme qui lui faisait face :

— Si ce pavillon te plaît, restes-y aussi longtemps que tu voudras.

La princesse, qui les servait, adressa furtivement au jeune homme un clin d'œil significatif pour que celui-ci déclinât cette proposition énigmatique. Mais peut-être, parce que, juste à ce moment-là, il s'apprêtait à prendre du poisson avec ses baguettes, il ne s'aperçut pas du manège de la jeune fille et jeta allégrement cette réponse malheureuse :

— Merci infiniment! Puis-je alors rester deux ou trois jours encore?

Par chance, dans l'après-midi, profitant de la sieste de Susanoo, les deux amoureux s'échappèrent du Pavillon et purent dérober quelques instants de bonheur entre les rochers de la plage déserte où une barque de Susanoo était amarrée. Étendue sur les algues qui exhalaient d'agréables senteurs, la princesse regarda, un instant, comme en rêve, le visage d'Ashihara Shikoo, mais elle ne tarda pas à s'arracher de ses bras et le supplia d'un air inquiet :

— Si vous restez ici ce soir encore, vous courrez un danger de mort. Ne vous souciez pas de moi. Partez sans perdre une minute!

Mais, riant, il hocha la tête comme un enfant :

— Je ne partirai pas d'ici tant que vous y serez, dussé-je être tué.

— Soit. Mais si, par hasard, vous êtes exposé...; c'est en ces termes que Suseri exprima ses inquiétudes.

— Dans ce cas, consentez-vous à fuir cette île avec moi? lui demanda-t-il.

La princesse hésita.

— Alors, je suis décidé à rester ici, toute ma vie s'il le faut.

L'attirant de force, il voulut encore une fois embrasser la jeune fille. Elle le repoussa et, se relevant précipitamment des algues, dit d'une voix timide :

— Mon père appelle!

En un clin d'œil, elle grimpa entre les rochers vers le Pavillon, plus agile qu'un faon.

Abandonné, Ashihara Shikoo, toujours souriant, suivait du regard la princesse qui s'éloignait. Cependant, à l'endroit où elle s'était étendue il y avait une autre percale blanche semblable à celle qu'elle lui avait donnée la veille au soir.

Ce soir-là, sans faire appel à sa fille, Susanoo enferma lui-même le jeune homme dans une cabane en face du rucher.

La chambre, comme celle de la veille, était déjà obscure, mais cependant, de-ci, de-là, scintillaient des éclats semblables à d'innombrables bijoux cachés dans la nuit souterraine.

Le jeune homme, intrigué, attendit quelques instants

pour s'habituer à l'obscurité. Bientôt, au fur et à mesure que tout s'éclairait autour de lui, il remarqua que ces éclats pareils aux étoiles étaient en réalité les yeux d'énormes et terrifiants serpents, capables, lui semblait-il, d'engloutir jusqu'à des chevaux. Et ces reptiles, innombrables, enlaçant les solives, rampant sur les charpentes ou s'enroulant à terre sur eux-mêmes, grouillaient partout d'une façon inquiétante.

Instinctivement, sa main saisit la poignée de son sabre accroché à sa ceinture. Cependant, s'il dégainait, alors qu'il en tuerait un, un autre l'étoufferait aisément; en effet, un gros serpent visait sa gorge, tandis qu'un autre, plus gros, encore suspendu dans le vide, la queue enroulée autour d'une solive, tendait sa gueule dressée juste au-dessus de l'épaule du jeune homme.

La porte de la pièce était verrouillée, il va sans dire. Il semblait même que, derrière elle, Susanoo aux blancs cheveux, un sourire ironique aux lèvres, épiât, immobile, ce qui allait se passer. Serrant à l'écraser le pommeau de son sabre, Ashihara Shikoo ne put, un instant, que rouler de gros yeux. Mais bientôt, le gros serpent qui était à ses pieds, déroulant lentement les anneaux de son corps dressé comme une montagne, releva la tête et menaça de mordre sauvagement sa gorge.

Soudain, une lueur traversa son esprit tel un éclair. Il se rappela que la veille au soir, lorsque les grosses abeilles du rucher allaient se ruer sur lui, il avait pu de justesse se sortir de ce mauvais pas en agitant la percale de la princesse. Dès lors, le tissu qu'elle avait laissé sur le rocher de la plage n'avait-il pas, lui aussi, une vertu semblable ? Sans hésiter un instant, il tira la percale qu'il avait ramassée et la brandit par trois fois devant lui.

Le lendemain matin, au bord de la mer rocheuse, Susanoo retrouva le jeune homme, l'air plus robuste encore.

— Comment ça va ? As-tu bien dormi ? lui demanda-t-il.

— Merci, très bien, répondit l'autre.

Susanoo dont tout le visage exprimait le mécontentement dévisagea le jeune homme sans aménité. Mais, pour on ne sait quelle raison, il reprit son air calme et lança d'une voix apparemment dépourvue de toute réticence :

— Eh bien, tant mieux! Maintenant, viens donc te baigner avec moi.

Les deux hommes se déshabillèrent rapidement et, à la nage, se dirigèrent toujours plus loin vers le large dans la mer qu'agitait la brise matinale. Depuis qu'il avait été au Takamagahara, Susanoo était un nageur incomparable. Mais, mieux que lui, le jeune homme, véritable dauphin, nageait à merveille. Ainsi donc, les deux chignons, le blanc et le noir, semblables à deux mouettes, s'éloignèrent à vue d'œil du rivage hérissé de rochers.

VI

La mer, se soulevant sans cesse, enveloppait les deux nageurs d'écume neigeuse. A travers ces éclaboussures salées, Susanoo jetait de temps à autre un regard méchant vers le jeune homme. Mais celui-ci, sans perdre son calme, bravant les hautes vagues qui déferlaient sur lui, avançait toujours.

Au bout de quelque temps, le jeune homme dépassa peu à peu Susanoo. Celui-ci, serrant les dents, s'efforçait de ne pas se laisser distancer, même d'un seul pouce. Mais l'autre, alors qu'une vague énorme faisait quelques jeux d'écume, s'avança en flèche sans aucune difficulté et disparut, en un instant, au-delà de l'amoncellement des vagues.

« Je voulais cette fois m'en débarrasser en le laissant se noyer. Mais... » Tout en pensant cela, Susanoo sentit que sa colère ne s'apaiserait pas tant qu'il ne l'aurait pas tué.

— Nom d'un chien! Il faudrait le jeter à un crocodile! murmura-t-il.

Mais bientôt, pareil lui-même au crocodile, le jeune homme, nageant à son aise, revint aux côtés de Susanoo.

Porté par les vagues, il interpella de loin Susanoo avec son sourire habituel.

— Alors, on nage encore?

Mais Susanoo, malgré son obstination, n'en avait plus envie.

Dans l'après-midi, Susanoo, accompagné d'Ashihara Shikoo, partit à la chasse au renard et au lièvre à travers les landes qui s'étendaient à l'ouest de l'île.

Les deux hommes montèrent sur un tertre rocailleux, à l'extrémité de la plaine, d'où ils pouvaient apercevoir, à perte de vue, une longue étendue d'herbes sèches ondulant sous le vent qui soufflait dans leur dos. Ils contemplèrent quelque temps sans mot dire ce paysage qui s'offrait à leurs yeux; Susanoo, alors, encochant une flèche à la corde de son arc, se retourna vers le jeune homme et dit :

— Le vent n'est pas favorable. Essayons tout de même de tirer à l'arc pour voir qui de nous deux ira le plus loin.

— D'accord, essayons! répondit le jeune homme qui avait l'air sûr de lui dans cet art.

— Es-tu prêt? Nous tirerons en même temps, dit l'autre.

Les deux hommes, se plaçant côte à côte, bandèrent leur arc de toutes leurs forces et les firent vibrer en même temps. Les flèches, par-dessus la lande ondulée, s'envolèrent tout droit dans le lointain. Aussi rapides l'une que l'autre, elles firent briller leurs empennages et se confondirent avec le ciel, filant dans la direction du vent.

— Qui a gagné? demanda Susanoo.

— Ni l'un ni l'autre! Voulez-vous essayer encore une fois? demanda le jeune homme.

Fronçant les sourcils, Susanoo hocha la tête d'un air agacé et répliqua :

— Ce n'est pas la peine. Ne veux-tu pas plutôt aller chercher ma flèche? Elle vient du Takamagahara; c'est une flèche laquée de rouge que je gardais jalousement.

Prompt à obéir, le jeune homme se lança parmi les herbes qui bruissaient au vent. Dès que sa silhouette eut été cachée par les hautes tiges, Susanoo, retirant prestement du sac qui pendait à sa hanche un briquet de pierre, mit le feu aux églantiers secs qui tapissaient le pied des rochers.

VII

En un clin d'œil, les flammes blanches dégagèrent une fumée noire et épaisse. On entendit le crépitement des églantiers et des bambous nains qui brûlaient.

« Enfin, j'ai eu sa peau! » se dit Susanoo.

Et, immobile sur une haute roche, s'appuyant sur son arc, il eut un sourire farouche.

Le feu gagna la plaine. Des oiseaux, criant de douleur, s'envolaient par bandes dans le ciel d'un rouge sombre. Mais, tout de suite, asphyxiés par la fumée, ils retombaient un à un dans le brasier. De loin, on eût dit que des fruits innombrables secoués par une tempête ne cessaient de tomber autour des arbres.

« Enfin, j'ai eu sa peau! » répéta Susanoo.

Il soupira de soulagement. Mais, en même temps, une tristesse inexplicable envahit son cœur.

Dans la pénombre du soir, fier de son triomphe, debout, les bras croisés, à la porte du Pavillon, il regardait le ciel de la lande où s'égaraient encore des fumées. La princesse Suseri vint lui annoncer sans entrain que le repas était servi. Sous la lumière crépusculaire, elle s'avançait, vêtue d'une robe blanche traînant au sol, comme si elle avait dû prendre le deuil d'un proche parent. Voyant sa fille ainsi habillée, Susanoo eut envie de piétiner sa tristesse. Il s'exclama :

— Regarde ce ciel! A cette heure, Ashihara Shikoo serait certainement là... si...

— Je sais.

La princesse, tout en baissant les yeux, avait coupé la parole à son père avec plus de fermeté qu'il ne s'y fût attendu.

— Tu sais! Tu es certainement triste! railla le père.

— La mort de mon père ne me serait pas plus cruelle! répliqua la fille.

Alors Susanoo, pâle de rage, dévisagea la princesse. Mais il ne savait pourquoi, il ne pouvait la réprimander davantage.

— Eh bien, pleure, si tu es triste! Pleure!

Lui tournant le dos, Susanoo entra brusquement à l'intérieur du Pavillon, monta l'escalier et, de haine, fit claquer sa langue.

— A tout autre moment, je l'aurais battue sans explication! grogna-t-il.

La princesse Suseri, une fois son père parti, tourna pendant quelque temps ses yeux humides de larmes vers le ciel sombrement embrasé. Puis, baissant la tête, elle rentra, accablée, au Pavillon.

Cette nuit-là, Susanoo fut long à s'endormir, comme si le meurtre d'Ashihara Shikoo eût empoisonné le fond de son cœur.

« Que de fois ai-je tenté de le tuer, pensait-il, et jamais je n'ai ressenti un sentiment aussi étrange que ce soir... »

Songeant ainsi, il tournait et retournait son corps sur la natte de carex qui répandait sa fraîche odeur. Il n'arrivait pas à dormir.

Bientôt les lueurs d'une aurore désolée éclairèrent de leurs couleurs pâles et froides le large de l'Océan encore sombre.

VIII

Le lendemain matin, alors que la lumière du soleil se déversait déjà sur l'immensité de la mer, Susanoo, qui avait mal dormi, se dirigea à pas lents vers la porte, en clignant les yeux à cause de l'éblouissement. Mais quelle ne fut pas sa surprise! Assis sur les marches de l'escalier, Ashihara Shikoo devisait joyeusement avec la princesse Suseri.

Les deux jeunes gens eurent, eux aussi, l'air surpris en apercevant Susanoo. Mais, sans attendre, le jeune homme, se relevant gaillardement comme toujours, lui tendit une flèche laquée de rouge, disant :

— J'ai eu la chance de la retrouver.

La surprise de Susanoo était encore loin de s'apaiser. Cependant, bientôt, il commença à ressentir une sorte de joie en voyant le visage du jeune homme qui était rentré sain et sauf.

— Tu l'as échappé belle, sans une blessure! lui dit-il.

— Oh! C'est un hasard qui m'a sauvé. Je venais de ramasser la flèche laquée de rouge quand le feu m'a assailli. Courant sous la fumée, je me suis d'abord sauvé à toute allure du côté où le feu n'avait pas encore pris. Mais, bien que j'aie fui de toutes mes forces, je n'ai pu distancer le feu que poussait le vent d'ouest.

Le jeune homme, s'arrêtant un instant, sourit au père et à la fille qui l'écoutaient avec attention.

— Alors, continua-t-il, je me suis dit que cette fois j'allais certainement mourir brûlé. Mais soudain, par je ne sais quel hasard, la terre s'effondra sous mes pieds et je tombai dans un grand trou. Au début, il y faisait tout noir. Mais, lorsque les herbes sèches du bord s'enflammèrent, tout s'éclaira. Et je vis des centaines et des centaines de rats grouiller autour de moi à tel point qu'on ne pouvait voir le sol...

— Heureusement pour vous que c'était des rats. Si ç'avait été des vipères... soupira la princesse dans les yeux de laquelle on voyait danser les larmes et le rire en même temps.

— On ne peut mépriser les rats, poursuivit le jeune homme. Regardez! cette flèche laquée de rouge n'a plus d'empennage. Eh bien, ils l'ont mangé. Mais, heureusement, le feu est passé au-dessus du trou, brûlant les herbes.

Tout en écoutant ce récit, Susanoo sentit se rallumer sa haine pour le jeune homme ainsi favorisé par le sort. En outre, quand il avait décidé de tuer, tant qu'il n'avait pas réalisé son dessein, son orgueil jamais dompté ne le laissait pas en repos.

— En effet, tu as eu de la chance! Mais le vent de la chance n'est pas toujours favorable! Un jour ou l'autre... Passons! Tout de même, tu as eu la vie sauve! Viens par ici. Veux-tu épouiller mes cheveux?

Contraints de lui obéir, Ashihara Shikoo et la princesse Suseri le suivirent, en soulevant le voile blanc qui fermait la grande salle baignée par les rayons du soleil matinal. Au centre de la salle, l'air de mauvaise humeur, assis les jambes repliées en avant, Susanoo, desserrant lui-même les cheveux de sa coiffure carrée, les laissa retomber sans façon sur le plancher. Les cheveux couleur de jonc fané s'allongeaient comme un fleuve.

— Ils sont coriaces, mes poux, vous savez? leur dit-il.

Le laissant parler, le jeune homme fouilla au milieu des cheveux blancs, pour tuer les poux dès qu'il en trouverait. Mais contre toute attente, au lieu de poux, c'était de gros scolopendres d'un rouge cuivreux qui s'agitaient à la racine des poils.

IX

Le jeune homme hésita. Alors, la princesse Suseri, qui était à son côté, lui tendit, sans être vue, une poignée de fruits d'orme et de l'argile rouge qu'elle avait apportés en cachette. Il croqua les fruits à belles dents ainsi que l'argile rouge et, feignant d'écraser ainsi les scolopendres, les cracha sur le plancher.

Sur ces entrefaites, Susanoo, sous le poids de la fatigue due à l'insomnie de la veille, s'assoupit... Il rêva...

Chassé de Takamagahara, foulant les rochers de ses pieds dont les ongles étaient arrachés, il gravissait le sentier abrupt d'une montagne. Les fougères à l'ombre des rochers, le croassement des corbeaux, la couleur froide et métallique du ciel, tout donnait au paysage l'aspect même de la désolation.

« Quelle faute ai-je commise? J'étais plus fort qu'eux. Ce sont eux qui ont tort, eux qui étaient jaloux, rusés et lâches. »

La rage au cœur, il continua encore quelque temps sa marche pénible. Il se heurta à une grande roche semblable à une énorme écaille de tortue, qui barrait le chemin et sur laquelle était posé un miroir de cuivre blanc à six grelots. Il s'arrêta devant la roche et laissa errer distraitement son regard sur le miroir : la face limpide du miroir reflétait nettement un visage jeune et frais. Ce n'était cependant pas le sien, mais celui d'Ashihara Shikoo, qu'il avait tenté de tuer à plusieurs reprises... A cet instant, il se réveilla brusquement et son rêve se dissipa.

Les yeux grands ouverts, il regarda autour de lui. Il ne vit que les doux rayons du soleil matinal; ni Ashihara Shikoo, ni la princesse Suseri n'étaient là. Mais il s'aperçut que ses longs cheveux, divisés en trois nattes, étaient noués aux solives du plafond.

— Traîtres! cria-t-il.

Il comprit d'un seul coup et, dans un hurlement de rage, il secoua la tête de toutes ses forces. Alors, le toit du Pavillon craqua plus brutalement que si c'eût été un tremblement de terre. C'était le bruit de l'éclatement des trois solives auxquelles ses cheveux avaient été attachés. Mais Susanoo, sans y prêter attention, tendant son bras droit, saisit un grand arc pour tirer le cerf, et de sa main gauche, le carquois des flèches à empennage céleste. Puis, s'arc-boutant sur ses jambes, il se redressa d'un bond, et entraînant les trois solives derrière lui, il s'avança à pas de géant hors du Pavillon, semblable à une haute montagne de nuages qui menace de s'écrouler.

Sous ses pas puissants, le bois d'ormes qui entourait le Pavillon résonna si fort que les écureuils nichés dans les branches en tombèrent l'un après l'autre. Il traversa le bois en coup de vent.

Hors du bois, c'était la falaise surplombant la mer. Quand il fut là, bien campé sur ses jambes, il regarda, portant la main à son front, le vaste Océan qui, dans le lointain, bleuissait sous l'astre étincelant du jour. Au milieu des vagues amoncelées, une barque qu'il connaissait bien se dirigeait tout droit vers le large.

S'appuyant sur son arc, Susanoo fixa son regard sur la barque qui, comme pour le défier, bondissait légèrement sur les vagues avec, en guise de voile, une natte de paille brillante. Ashihara Shikoo était à la poupe, la princesse Suseri à la proue. Et cela, Susanoo le vit comme si c'était à portée de sa main.

Lentement, Susanoo encocha une flèche à empennage céleste à la corde du grand arc à cerfs. En un instant, l'arc fut bandé et la flèche pointée vers la barque qui voguait sous ses yeux. Mais la flèche, figée comme la barre d'un A, ne parvenait pas à se détacher de la corde. Il y eut, un instant, comme un sourire dans les yeux de Susanoo. Mais un sourire... qui était proche des larmes. Il haussa les épaules et lâcha brusquement arc et flèche. Ensuite..., comme s'il ne pouvait s'en empêcher, il éclata d'un rire immense, plus puissant qu'une cataracte.

— Je vous félicite! cria-t-il vers le large.

Du haut de la falaise, il leur faisait des signes.

— Que vos bras soient plus robustes que les miens! Soyez plus sages que moi! Et...

Il hésita un instant et, d'une voix forte et rauque, reprit ses vœux :

— Soyez plus heureux que moi!

Sa voix, portée par le vent, résonnait sur l'immense étendue des eaux. Plus que lorsqu'il avait combattu Oohimemuchi [3], plus que lorsqu'il avait été chassé de Takamagahara, plus que lorsqu'il avait taillé en pièces le Grand Serpent de Koshi, Susanoo, plein d'une sereine majesté, était maintenant proche des dieux.

(1920.)

VII

Le fil d'araignée

I

Voici ce qui se passa un jour au Paradis. Çakyamouni flânait, seul, le long du bord de l'étang des Lotus. Les nénuphars épanouis avaient une blancheur de perle et, du cœur de chacune des fleurs, les corolles dorées épanchaient sans cesse à l'entour un délicat parfum indiciblement doux. C'était le matin, semblait-il, au Paradis.

Enfin, Çakyamouni s'arrêta, toujours au bord de l'étang, regarda, sans intention particulière, ce qui se passait en bas, à travers les feuilles qui tapissaient la surface de l'eau. Comme l'étang des lotus se trouvait juste au-dessus du fond de l'Enfer, l'eau cristalline laissait apercevoir, à travers elle, le fleuve des Trois Routes et le paysage du mont des Aiguilles aussi nettement que dans une loupe.

C'est alors que le regard de Çakyamouni se fixa sur un nommé Kandata qui se débattait au fond de l'Enfer parmi le grouillement des damnés. C'était un célèbre malfaiteur qui avait commis de nombreux forfaits, meurtres, incendies... En dépit de tout cela, il avait à son compte une bonne action, une seule. Voici ce qui s'était passé : traversant par hasard une forêt profonde, il avait aperçu une petite araignée qui avançait le long de son chemin. A peine avait-il pensé à l'écraser sous son pied qu'il s'était ravisé de sa décision meurtrière, disant : « Non, non! toute petite qu'elle est, elle a une vie. Il serait cruel de la lui arracher. » Et, sans la tuer, il l'avait laissée s'en aller.

Épiant ce qui se passait dans l'Enfer, Çakyamouni se rappela cette pitié de Kandata à l'égard de la bestiole. Il lui vint alors à l'esprit de le racheter, si cela était possible, de l'Enfer, en récompense de cette action méritoire. Par chance, tout à côté de lui, une araignée du Paradis, d'un fil argenté tissait sa toile sur le saphir des feuilles de lotus. Çakyamouni saisit calmement ce fil dans sa main et, à travers les nénuphars à la blancheur de perle, le laissa choir vers le fond lointain de l'Enfer.

II

Et là, au fond de l'Enfer, dans l'étang de sang, Kandata flottait, tantôt émergeant, tantôt submergé, avec les autres damnés. De quelque côté qu'il se tournât, une obscurité dense régnait; seul, par moments, s'en détachait à peine l'éclat étincelant du terrible mont des Aiguilles. Kandata ressentait une angoisse inexprimable. Un silence accablant, semblable à celui d'un cimetière, s'établissait à l'entour, hormis quelques soupirs presque imperceptibles que poussaient les damnés. Peut-être, ces derniers, épuisés depuis longtemps par les tortures infernales, avaient-ils perdu même la force de pleurer. Lui aussi, ce voleur réputé qu'était Kandata, s'étouffant dans le sang, se contorsionnait en vain comme une grenouille à l'agonie.

A un certain moment, levant la tête par hasard, Kandata tourna son regard vers le dôme qui couvrait de sa voûte l'étang de sang. Il aperçut alors, dans l'obscurité silencieuse, un fil d'araignée scintillant qui, du ciel infiniment lointain, descendait vers lui, comme s'il cherchait à passer inaperçu, tout en se dévidant d'une façon continue. A cette vue, Kandata, ravi, battit des mains. Si, s'accrochant à ce fil, il montait sans s'arrêter, il ne manquerait pas de s'échapper de l'Enfer! Peut-être même pourrait-il espérer, si tout marchait pour le mieux, se faufiler au Paradis. Plus de supplices alors, ni de crainte d'être envoyé de force sur le mont des Aiguilles ou d'être précipité dans l'Étang de sang.

Dans cet espoir, Kandata s'empressa de saisir fermement le fil de ses mains et se mit à grimper de toutes ses forces, cherchant à s'élever toujours davantage. D'ailleurs, il était parfaitement, et depuis longtemps, habitué à ce genre d'exercice, habile voleur qu'il était.

Mais l'Enfer se trouvait à quelques dizaines de milliers de lieues en dessous du Paradis. Malgré sa hâte fébrile, ses efforts ne le conduisaient pas facilement au succès. Après plusieurs tractions à pleins bras, il s'épuisa, incapable de tenter un seul effort de plus. Alors, voulant prendre un instant de repos, toujours accroché au fil, il regarda vers le bas.

A vrai dire, sa lutte acharnée n'avait pas été vaine : l'Étang de sang qu'il avait quitté tout à l'heure s'était déjà estompé au fond de l'obscurité. L'étincellement lointain du terrible mont des Aiguilles se trouvait aussi au-dessous de ses pieds. A ce rythme, peut-être la fuite hors de l'Enfer se réaliserait-elle plus facilement qu'il ne s'y était attendu. Enroulant autour de son bras le fil de l'araignée, il dit avec un sourire de satisfaction : « Ça y est! Ça y est! » sur un ton oublié depuis son arrivée dans ce lieu, il y avait de cela combien d'années. Mais, que se passait-il en bas? Il s'avisa soudain qu'à l'extrémité inférieure du fil d'araignée d'innombrables damnés, à sa suite, telle une file de fourmis, grimpaient péniblement dans sa direction. A cette vue, affolé et interdit, un moment, bouche bée et comme stupide, Kandata ne put rien faire d'autre que rouler ses gros yeux. Ce fil mince, à peine suffisant pour le soutenir, comment pourrait-il résister au poids de cette légion? Une rupture du fil le précipiterait lui aussi avec eux, lui qui s'était hissé avec tant de peine jusqu'ici, le précipiterait tête première dans l'Enfer d'où il était sorti. Il lui fallait à tout prix conjurer une telle éventualité. Pendant ce temps, les damnés, par centaines, par milliers, surgissant les uns après les autres du fond obscur de l'Étang de sang, gravissaient sans répit, obstinés comme des chenilles, le long du fil d'araignée, mince et argenté. Il fallait les arrêter d'une manière ou d'une autre, avant qu'il ne fût trop tard; sinon, le fil finirait par se rompre.

Alors, Kandata vociféra de toute sa force : « Eh, damnés! C'est à moi, ce fil-là! Qui vous a dit de monter? Descendez! Descendez!... »

A peine eut-il dit ces mots que le fil, qui avait tenu bon jusque-là, se rompit — comment aurait-il pu résister? — avec un crissement aigu, là où Kandata s'accrochait. En un clin d'œil, il fut précipité vers le bas, dans un sifflement d'air, comme une toupie et, tête première, plongea au fond de la nuit.

Après la catastrophe, seul pendait encore le fil d'araignée du Paradis, coupé net en son milieu, mince et argenté dans le ciel sans lune ni étoiles.

III

Çakyamouni, au bord de l'étang des Lotus du Paradis, avait regardé sans bouger ce qui s'était passé. Lorsque Kandata eut été englouti, comme une pierre, au fond de l'Étang de sang, il se remit à flâner, le visage attristé. Il avait éprouvé une profonde tristesse mêlée de mépris devant l'égoïsme de Kandata qui voulait échapper, seul, à son sort de damné, et sa rechute au fond de l'Enfer qu'il méritait cette fois inexorablement.

Mais cet événement avait laissé indifférents les nénuphars de l'étang du Paradis. Blanches comme des perles, leurs fleurs se balançaient aux pieds de Çakyamouni et leurs corolles dorées ne cessaient d'épancher à l'entour leur délicat parfum indiciblement doux. Il allait être midi au Paradis...

(Le 16 avril 1918.)

VIII

Le martyr

Que l'on eût joui d'une vie de trois cents ans et qu'on se fût rassasié de tous les plaisirs, que serait tout cela, sinon un rêve éphémère, en comparaison de cette joie immense et sans fin?

« Guia do pecador [1] »
(Fragment d'une traduction faite en l'ère de Keicho).

Celui qui avance dans la voie de la perfection goûtera l'indicible saveur de la Sainte Doctrine.

« Imitation de Jésus-Christ »
(Fragment d'une traduction faite en l'ère de Keicho).

I

Il y avait jadis dans une *Ekkelesia* [2], dite Santa Lucia, de Nagasaki au Japon, un garçon indigène appelé Lorenzo. On l'avait trouvé le soir de la fête de la Nativité, prostré devant le porche de l'*Ekkelesia*, mort de faim et de fatigue. Les fidèles qui y venaient pour la prière le soignèrent, et le prêtre, l'ayant pris en pitié, l'adopta, dit-on, dans son église. Mais, chose curieuse, chaque fois qu'on lui demandait qui il était, il dissimulait toujours la vérité, disant, avec un sourire à la fois indifférent et énigmatique, que son pays natal était *Paraiso* et que le nom de son père était *Deus*. Mais le *Kontatsu* (chapelet) bleu enroulé autour de son poignet indiquait qu'il n'était pas né de parents

Zencho (gentils, païens). Dès lors, le prêtre le premier et tous les autres *Irmao* (frères) à sa suite, pensant qu'il y avait fort peu de raisons de le suspecter, lui prodiguèrent une chaleureuse hospitalité. Malgré son âge tendre, l'ardeur de sa dévotion laissait bouche bée les *Superiores*. Tout le monde finit par dire qu'il était sans doute l'incarnation d'un ange et on eut pour Lorenzo une affection sans bornes, bien qu'on ignorât son lieu de naissance et de qui il était issu.

De surcroît, son visage pur comme une perle, sa voix douce, presque féminine, ajoutaient sans doute à la bienveillance générale. Le Frère Siméon entre autres, indigène lui aussi, le traitait comme son propre frère. Quand il allait à l'église ou qu'il en sortait, on les voyait toujours bras dessus, bras dessous, Lorenzo et lui. Siméon, issu d'une famille de guerriers jadis au service d'un seigneur, était plus grand que les autres Frères et avait hérité d'une force extraordinaire. Plus d'une fois, il avait protégé les Pères des débris de tuiles que les *Zencho* leur lançaient. En le voyant si familier avec Lorenzo, on avait l'impression d'un aigle sauvage lié d'amitié à une colombe ou d'un cèdre du Liban autour duquel s'enroulerait la mince tige grimpante d'un églantier en fleur.

Plus de trois ans s'étant écoulés, Lorenzo parvint à l'âge où l'on pense à la cérémonie d'initiation au monde des adultes. C'est à ce moment que se répandit une rumeur bizarre selon laquelle la fille d'un marchand de parapluies du quartier proche de la Santa Lucia fréquentait Lorenzo. Le vieux marchand, converti à la religion du « Seigneur *Deus* », allait à l'église avec sa fille. Mais, même lors de la prière, le regard de la jeune fille ne quittait pas le visage de Lorenzo qui servait à l'autel, l'encensoir à la main. Soignant son visage et sa chevelure pour être belle, elle ne manquait pas, à l'entrée ou à la sortie de l'église, de lancer des œillades à Lorenzo. Cette attitude ne pouvait pas échapper aux autres fidèles. Quelqu'un en vint à prétendre que la jeune fille avait touché, en passant, le pied de Lorenzo; un autre jura avoir vu les deux jeunes gens échanger des billets doux.

Le prêtre pensa, semble-t-il, que, dans ces conditions, il se devait d'intervenir. Un jour, ayant convoqué Lorenzo, il lui demanda doucement, mordillant le bout de sa barbe blanche :

— J'ai entendu des bruits équivoques à votre sujet, toi et la fille du marchand de parapluies. D'ailleurs, je ne veux pas y ajouter foi. As-tu quelque chose à dire là-dessus?

A ces mots, Lorenzo, secouant tristement la tête, ne fit que répéter en sanglotant :

— Pouvez-vous croire, mon Père, qu'une chose pareille soit possible?

Le prêtre, malgré lui, dut en rester là, à l'idée que, vu l'âge et la dévotion dont Lorenzo faisait preuve d'ordinaire, un tel soupçon n'était peut-être pas fondé.

Le doute fut ainsi provisoirement dissipé dans l'esprit du prêtre. Mais, parmi les fidèles de la Santa Lucia, la rumeur était loin de s'éteindre. Ainsi donc, Siméon qui aimait Lorenzo comme un frère en était d'autant plus soucieux. Tout d'abord, honteux à la seule pensée d'examiner ainsi devant le public le bien-fondé ou non de cette rumeur scandaleuse, loin de l'interroger directement, il n'osait même pas regarder Lorenzo en face. Un jour, dans la cour derrière l'église de la Santa Lucia, il ramassa une lettre d'amour adressée à Lorenzo par la jeune fille, et il profita de ce qu'il se trouvait seul dans une pièce avec Lorenzo pour lui montrer cette lettre et l'interroger, faisant alterner menaces et persuasion. Sur ce, Lorenzo, la rougeur envahissant son beau visage, se contenta de répondre :

— Sans doute cette jeune fille est-elle amoureuse de moi. Quant à moi, tout ce que j'ai fait, c'est d'avoir reçu des lettres d'elle, rien de plus. Je ne lui ai même pas donné l'occasion de me parler.

Mais Siméon, craignant la réprobation publique, poursuivit sans relâche son sévère interrogatoire. Lorenzo, regardant fixement le Frère d'un regard désolé, lui lança comme un reproche :

— Ainsi donc, même à vous, je parais capable de mentir?

Et se retournant, rapide comme l'hirondelle, il quitta brusquement la chambre. A ces mots, Siméon, confus d'avoir été trop loin dans sa suspicion, voulut partir lui aussi, tout penaud, lorsque quelqu'un fit irruption dans la pièce. C'était Lorenzo. Il se jeta au cou de Siméon et chuchota d'une voix entrecoupée :

— J'ai eu tort! Pardonnez-moi!

Et avant que Siméon n'eût le temps de lui dire quelque chose, peut-être pour cacher son visage mouillé de larmes, Lorenzo l'écarta brusquement, le bousculant presque et s'enfuit dans la direction d'où il était venu. Siméon se demanda alors, sans pouvoir tirer la moindre conclusion, si, par ces mots : « J'ai eu tort », le garçon se repentait de sa liaison secrète avec la jeune fille ou s'il avait simplement exprimé le regret de lui avoir répondu un peu brusquement; c'est du moins ce qu'on a dit.

A cela succéda le tapage provoqué par la grossesse de la fille du marchand de parapluies. Par-dessus le marché, la fille déclara franchement à son père que le père de l'enfant était Lorenzo de la Santa Lucia. Sur ce, le vieux marchand de parapluies, écumant de rage, ne tarda pas à porter plainte auprès du curé. Acculé dans cette impasse, Lorenzo ne trouva rien pour se justifier. Dans le courant même de la journée, à la suite d'une réunion tenue par le curé et les Frères, Lorenzo se vit condamné à être renvoyé. Après son expulsion, il devait être également chassé de chez le curé, et se trouverait évidemment sans ressources. En effet, garder un tel pécheur dans la communauté de la Santa Lucia aurait porté atteinte à la *Gloria* de Notre-Seigneur. En considération de cela, même ceux qui l'aimaient, tout en versant des larmes, consentirent à chasser Lorenzo.

Le plus malheureux de tous fut Siméon, qui le considérait comme son frère; il était plus secoué par la colère d'être trompé par Lorenzo qu'attristé de le voir chassé; il gifla violemment le beau visage de Lorenzo, au moment où, sans forces, il allait franchir le seuil de la Santa Lucia dans le vent de l'hiver qui soufflait à cet instant avec rage au-dehors. On dit que Lorenzo avait été abattu, surpris par ce coup brutal, mais il s'était relevé bientôt, et que, levant des yeux pleins de larmes vers le ciel, il avait prié d'une voix tremblante :

— Seigneur, pardonnez-lui! Siméon ne sait pas ce qu'il fait!

Désappointé, Siméon, sur le seuil de la porte, ne put rien faire d'autre, pendant quelque temps, que de brandir vainement dans le vide son poing fermé. Calmé par les autres Frères qui intervinrent, il laissa retomber sa main et, le visage farouche et sombre comme un ciel où s'annonce la tempête, regarda fixement, comme s'il eût voulu le dévorer, le dos de Lorenzo qui, abandonné, passait sous la porte de la Santa Lucia. Au dire des fidèles qui avaient assisté à la scène, le soleil, tremblotant dans le vent froid, déclinait vers l'horizon à l'ouest de Nagasaki, juste du côté où se dirigeait la tête solitaire de Lorenzo; sa frêle silhouette semblait monter jusqu'à la gigantesque flamme crépusculaire qui embrasait le ciel.

Désormais, Lorenzo, à la différence de ce qu'il était à l'époque où il promenait l'encensoir devant l'autel de la Santa Lucia, devint un misérable mendiant, végétant dans un faubourg de la ville, dans une de ces cabanes destinées aux réprouvés. De plus, il avait été un de ces adeptes de la religion du Seigneur *Deus*, gens que les *Gentio* détestaient comme la vermine. Quand donc il allait par la ville, il était l'objet du mépris des enfants impitoyables; parfois, il fut même attaqué à coup de sabre, de canne, de tuiles cassées, ou de pierres; ce n'est pas tout : une fois, saisi d'une violente fièvre qui sévissait dans la ville de Nagasaki, il souffrit de convulsions et demeura couché au bord du chemin sept jours et sept nuits. Mais la miséricorde infinie de *Deus* ne fit pas que sauver chaque fois la vie de Lorenzo : quand, par exemple, il ne recevait d'aumônes ni en riz ni en argent, *Deus*, alors, lui fournissait la nourriture quotidienne, lui prodiguant les fruits des arbres de la montagne, les poissons et les coquillages de la mer. Ainsi, Lorenzo, pour sa part, sans oublier le temps où il avait été à la Santa Lucia, priait matin et soir, et le chapelet enroulé autour du poignet gardait toujours sa couleur fraîche et bleutée. Mais, bien plus, tard dans la nuit, quand tout bruit humain cessait et que tout rentrait dans le silence, il sortait secrètement de sa cabane du faubourg et, marchant au clair de lune, se rendait à la Santa Lucia à laquelle il était toujours très attaché afin d'y implorer la protection du Seigneur *Zesu Kirishito*.

Mais, d'autre part, les fidèles qui allaient à cette église se désintéressant à cette époque complètement de Lorenzo, personne, pas même le curé, n'eut pitié de lui. Cela peut se comprendre. Persuadés, depuis l'expulsion de Lorenzo, de sa conduite amorale, comment auraient-ils pu discerner en lui un pratiquant fervent qui, chaque nuit, seul, fréquentait l'église pour y prier? Assurément il n'y avait rien à dire; les desseins de *Deus* sont insondables. Pour Lorenzo, quelle chose merveilleuse c'était là, mais aussi quelle tristesse!

Maintenant, revenons à la fille du marchand de parapluies. Peu après l'expulsion de Lorenzo, elle accoucha d'une fille un peu avant terme. Son vieux père, malgré l'intransigeance de son caractère, ne parut pas mécontent à la vue de sa première petite-fille. Il entoura de tous ses soins sa fille et le bébé. Il lui arrivait même parfois de porter l'enfant dans ses bras, ainsi qu'une poupée, pour l'amuser. On comprend bien ces réactions d'un vieux père. Mais plus inattendues furent celles du Frère Siméon. Cet homme robuste et farouche, capable, semblait-il, de terrasser les diables, saisit toute occasion, dès que l'enfant fut né, pour rendre visite au vieux marchand de parapluies. Prenant le bébé dans ses gros bras de paysan, il le caressait; des larmes coulaient sur son visage troublé; certainement, il se souvenait de la frêle silhouette de Lorenzo qu'il avait aimé comme son frère. Mais la jeune mère, en proie au désespoir, se lamentait et dépérissait de ce que Lorenzo, depuis son départ de la Santa Lucia, ne lui eût donné aucun signe de vie, et cela à tel point que même les visites de Siméon l'agaçaient.

Ainsi que le dit un proverbe de chez nous : « Personne ne garde la barrière sur la route du Temps. » Pensez que plus d'une année s'était écoulée comme en un clin d'œil. Et brusquement, une catastrophe se produisit. Un grand incendie détruisit, en une nuit, la moitié de la ville de Nagasaki. Le spectacle était si terrifiant qu'on eût cru entendre les trompettes annonçant le Jugement dernier retentir dans le ciel embrasé. Il y eut vraiment de quoi faire dresser les cheveux sur la tête. Lors de l'incendie, la maison du vieux marchand de parapluies qui était malheureusement dans la direction du vent, fut en un instant enveloppée par le feu. Alors tous les membres de la famille fuirent affolés. Mais ils s'aperçurent après coup que le bébé de leur fille n'était pas avec eux. Ils s'étaient certainement enfuis le laissant derrière eux, oubliant qu'il était couché dans la chambre. Le vieux vociféra en frappant le sol du pied. La mère se serait lancée dans les flammes au secours de son enfant, si on ne l'avait retenue. Entre-temps, le vent devenant plus violent, les langues de feu s'élançaient si haut qu'elles semblaient brûler les étoiles. Les notables de la ville, qui étaient accourus pour maîtriser le feu, s'agitaient vainement. Qu'auraient-ils pu faire d'autre que d'essayer de calmer la mère, affolée? Juste à ce moment, bousculant la foule, un homme arriva en coup de vent. C'était le Frère Siméon. Lui, robuste, qui paraissait rompu à défier le danger sur les champs de bataille, il se lança courageusement dans les flammes dès qu'il aperçut ce qui se passait. Mais, peut-être impressionné par l'ampleur de l'incendie, après avoir tenté d'affronter deux ou trois fois les nuages de fumée, il fit demi-tour et battit en retraite. Il vint alors vers le vieux marchand et sa fille, et leur dit : « Ce feu lui-même est un effet de la Providence de *Deus*, juste régulateur de toutes choses. Il faut vous y résigner. »

A cet instant, quelqu'un qu'on n'avait pas eu le temps d'identifier, hurla : « Seigneur! aide-moi! » Siméon, qui crut reconnaître cette voix, tourna la tête et regarda fixement celui qui avait ainsi crié. O prodige! c'était... Lorenzo. Son visage aminci et pur brillait à l'éclat du feu et ses cheveux noirs, agités par le vent, flottaient sur ses épaules. On le reconnaissait d'un coup d'œil à son profil gracile et mélancolique. Devant la foule qui se massait, Lorenzo, ce mendiant, regardait la maison en flammes sans détourner les yeux. Ce fut une impression qui ne dura qu'un instant, un vent terrifiant s'éleva, et la silhouette de Lorenzo bondit au milieu des piliers, des murs et des solives en feu. Siméon, le corps ruisselant de sueur, fit un signe de croix vers le ciel et cria, lui aussi : « Seigneur, aidez-nous! » A cet instant, au fond de ses yeux, revint, comme il devait le dire plus tard, et il ne sut pas lui-même pourquoi, la silhouette mélancolique et gracieuse de Lorenzo se perdant dans l'embrasement du soleil crépusculaire qui tremblotait dans le vent d'hiver, à la porte de la Santa Lucia.

Cependant, les fîdèles qui étaient là, bien qu'émus du dévouement de Lorenzo, ne parvenaient pas à oublier les accusations qui, jadis, avaient pesé sur lui. Par-dessus le brouhaha, un murmure de blâme, porté par le vent, se répandit bientôt dans la foule agitée : « Il n'y a pas de doute, l'affection paternelle est plus forte que tout le reste. Voilà ce Lorenzo, qui ne se montrait plus parmi nous parce qu'il avait honte de ses fautes, qui affronte maintenant le feu pour sauver son enfant. »

Dès qu'il aperçut Lorenzo, le vieux marchand parut ému, lui aussi; peut-être était-ce pour cacher l'émotion étrange de son cœur qu'il s'agitait et ne se tenait pas en place. Oublieux de tout respect humain, il ne hurlait que des absurdités. La fille, elle, pendant ce temps, agenouillée toute transie sur le sol, cachait son visage entre ses mains et paraissait figée dans une intense prière. Du ciel tombait une pluie d'étincelles. Les fumées rampant sur le sol frappaient son visage. Mais, la tête toujours inclinée, silencieuse, elle s'absorbait dans la prière.

Sur ces entrefaites, la foule massée à nouveau devant le feu s'écarta dans un grand tumulte et Lorenzo, cheveux emmêlés, reparut comme descendu du ciel, au milieu des flammes déchaînées, le bébé dans ses bras. Juste à cet instant, une solive calcinée parut se rompre en son milieu et s'effondra dans un bruit terrifiant, soulevant une énorme gerbe de flammes et de fumée vers le ciel; la silhouette de Lorenzo disparut brusquement. On vit seulement, semblables à d'énormes branches de corail, des colonnes de feu s'embraser à l'endroit où il se trouvait.

Devant ce malheur atroce, toute l'assistance, à commencer par Siméon, le vieillard et la foule des fidèles, tous se sentirent pris de vertige. Plus encore, la jeune mère poussa un cri strident, fit un bond sans se soucier de montrer ses jambes nues et s'écroula comme foudroyée. Mais ce fut bien autre chose quand on vit — ah! quelle ne fut l'émotion! et on ne sut à quel moment —, serré dans les bras de la jeune mère prosternée, le bébé arraché pour un temps à la mort. Ah! la sagesse et la puissance de *Deus* infiniment miséricordieux! Aucune parole ne peut leur rendre hommage! Le bébé que Lorenzo avait lancé de toutes ses forces au moment où la solive s'effondrait sur lui en un bloc de feu, avait roulé sans la moindre blessure juste aux pieds de la jeune mère.

Tandis que sa fille, se jetant à terre, suffoquait des larmes de joie, le vieillard, debout les bras au ciel, se répandait solennellement en louanges envers le Seigneur miséricordieux — ou plutôt devrait-on dire, il s'apprêtait à se répandre en louanges —, quand, le devançant, Siméon s'élança d'un bond dans le tourbillon du feu pour sauver Lorenzo; dès lors, la voix du vieillard s'éleva de nouveau en une prière inquiète et poignante dans le ciel nocturne. Le vieillard ne fut pas seul. Tous les fidèles qui l'entouraient, lui et sa fille, s'y joignirent, priant et pleurant : « Seigneur! sauvez-le! » Et le Fils de la *Virgen Maria*, Notre-Seigneur *Zesu Kirishito*, qui prend sur lui les douleurs et les tristesses de tous les hommes, exauça cette prière. Regardez! Lorenzo, cruellement brûlé par le feu, est déjà sauvé des flammes et de la fumée par les bras de Siméon.

Mais il devait y avoir plus surprenant encore. Les fidèles s'empressèrent de transporter Lorenzo agonisant devant la porte de l'*Ekkelesia* que le feu ne pouvait atteindre. C'est alors que la fille du marchand de parapluies, jusque-là les yeux noyés de larmes, serrant son enfant sur la poitrine, s'agenouilla devant le curé qui, à ce moment précis, vint à la porte, et en présence de tout le monde fit sa *Kohisan* en des termes qui dépassaient l'imagination :

— Cette petite fille n'est pas de Lorenzo. La vérité est qu'elle est née des relations secrètes que j'ai eues avec le garçon du voisin, un *Gentio !*

Le tremblement de sa voix étreinte par l'émotion, le regard brillant de ses yeux en larmes, rien ne permit de douter, fût-ce un instant, de la véracité de cette confession. Il est bien naturel que les fidèles qui s'étaient rangés autour du groupe se soient trouvés plongés d'un seul coup dans un silence angoissé, oublieux même du feu qui embrasait le ciel.

Le fille, essuyant ses larmes, continua :

— J'étais éprise de Lorenzo. Mais, à cause de la fermeté de sa foi, il restait toujours insensible. Alors, le dépit naquit en mon cœur, et, en disant mensongèrement que mon enfant était de lui, j'ai voulu lui faire connaître quel profond ressentiment avait suscité en moi son attitude. Mais la noble générosité de Lorenzo, loin de lui faire haïr la bassesse de ma faute, l'a poussé ce soir dans des flammes aussi terribles que celles de l'*Inferno*, pour en sauver ma fille au péril de sa vie. Sa pitié, son acte, tout me fait voir en cela le retour de Notre-Seigneur *Zesu Kirishito*. Mais, en considération de l'extrême gravité de mes péchés, je ne pourrais en vouloir à personne, quand bien même mon corps serait déchiqueté en mille morceaux sous les crocs des *Diabo*.

A peine eut-elle achevé sa confession qu'elle se jeta à terre et sanglota.

A cet instant, les cris de « *Martiri ! Martiri !* » déferlèrent des bouches des fidèles qui les entouraient. Son cœur empli de pitié envers une pécheresse, Lorenzo, suivant les traces de Notre-Seigneur *Zesu Kirishito*, s'était abaissé à la condition de mendiant. Ni le curé qu'il respectait comme son propre père, ni le Frère Siméon qu'il considérait comme son frère, n'avaient eu connaissance du fond de son cœur. Qu'était-ce que tout cela sinon un *Martiri ?*

Quant à Lorenzo, il se contenta d'acquiescer deux ou trois fois à la *Kohisan* de la jeune mère. Ses cheveux étaient brûlés, sa peau calcinée, ses membres inertes, il ne paraissait même plus en état de dire quoi que ce fût. Le cœur brisé après avoir entendu la *Kohisan* de la jeune fille, le vieillard et Siméon, accroupis auprès de Lorenzo, lui prodiguaient leurs soins. Mais sa respiration de plus en plus haletante annonçait que la fin était proche. Ce qui ne changea pas en lui, ce fut son regard pur comme les étoiles, dirigé vers le ciel lointain.

Bientôt, le prêtre, qui avait reçu la *Kohisan* de la jeune fille, adossé à la porte de la Santa Lucia, sa barbe blanche agitée par le vent nocturne en furie, déclara solennellement :

— Heureux ceux qui se repentent ! Quel être humain oserait infliger une punition à ces bienheureux ! Désormais, mon fils, tu observeras bien les lois du Seigneur pour pouvoir attendre dans la paix le jour du Jugement dernier! Les vœux que Lorenzo avait formés de calquer sa conduite sur celle de Notre-Seigneur *Zesu Kirishito* avaient une force sans égale parmi les fidèles de ce pays. Surtout, n'oublions pas qu'il était encore garçon de...

Mais que se produisit-il? Le prêtre qui allait poursuivre se tut soudain, contempla Lorenzo étendu à ses pieds en extase comme s'il regardait la lumière du *Paraiso*. Que l'attitude du prêtre exprimait donc le respect! Le tremblement de ses mains annonçait quelque chose d'extraordinaire. Oh! les larmes coulaient à flots sur ses joues ridées!

Regarde bien, Siméon! Regarde bien, vieux marchand de parapluies! Sur la poitrine du garçon merveilleusement beau, étendu muet sous la porte de la Santa Lucia, illuminé par les reflets des flammes, plus rouges encore que le sang de Notre-Seigneur *Zesu Kirishito*, apparaissaient, à travers les trous de son habit brûlé, semblables à deux grosses perles, deux seins immaculés. Son visage cruellement brûlé avait une douceur féminine à peine voilée. Ah! Lorenzo était une femme! Lorenzo était une femme! Regardez! tous les fidèles se rangèrent en haie, tournant le dos aux flammes! Lorenzo, chassé de la Santa Lucia pour avoir péché par luxure, était une femme de ce pays et qui en avait les yeux charmants, tout comme la fille du marchand de parapluies!

Moment d'une solennité redoutable! On eut l'impression, dit-on, d'entendre la voix du Seigneur lui-même qui retentissait d'un ciel plus lointain que la sphère étoilée. Ainsi, les fidèles rassemblés devant la Santa Lucia, tels des épis de blé ondulant au vent, s'inclinèrent sans qu'on sût qui avait commencé. Ils s'agenouillèrent, tous, autour de Lorenzo. On n'entendait que le grondement de l'énorme incendie qui retentissait haut dans le ciel. Quelqu'un sanglotait. Était-ce la fille du marchand de parapluies? Ou bien le Frère Siméon, qu'il avait considéré comme son frère? Bientôt, vibrant dans le silence, la prière que le prêtre se mit à réciter, les bras étendus au-dessus de Lorenzo, se fit entendre solennelle et triste. La prière achevée, le prêtre appela : « Lorenzo! » Mais à cet instant, cette jeune femme du pays, ayant entrevu la *Gloria* du *Paraiso* à travers la nuit encore obscure, expira doucement, un sourire calme errant sur ses lèvres.

J'ai entendu dire que c'est tout ce qu'on avait pu savoir de la vie de cette femme. Mais n'est-ce pas bien comme cela? Ce qui est le plus précieux au monde ne se concentre-t-il pas ainsi dans un instant d'élan irremplaçable? Que pourrait être une vie vraiment digne d'être vécue? Ne serait-ce pas celle qui capte le clair de lune encore invisible sous l'horizon, dans l'embrun qu'un élan généreux du cœur jette vers le ciel au milieu d'un marais immuable de désirs, comparable à l'obscurité d'une mer sans lumière? Ainsi donc, ceux qui connurent la fin dernière de Lorenzo ne sont-ils pas ceux qui connurent toute sa vie?

II

Un des livres que je conserve, publié par la Compagnie de Jésus à Nagasaki, a pour titre *Legenda Aurea* [3]. Mais le contenu du livre n'est pas nécessairement ce qu'on appelle ordinairement en Europe « Légende dorée ». Ce livre est un recueil d'actes des apôtres et des saints de là-bas en même temps que des combats et des efforts des chrétiens de notre pays. On voulait ainsi contribuer à l'évangélisation du Japon.

Le livre se compose de deux tomes, écrits en Hiragana mélangé de caractères de style cursif, imprimés sur papier Mino. L'impression manquant de netteté, on ne peut savoir si elle était typographique. Sur le frontispice du tome I, le titre est imprimé horizontalement en caractères romains, et, en dessous, imprimée verticalement en caractères chinois, en deux lignes, on lit la date : « Gravée l'an 1596 de la naissance de Notre-Seigneur, première décade de la troisième lune, la deuxième année de Keicho. » De part et d'autre de la date, se trouve l'image d'anges jouant de la trompette. Bien que la technique des dessins soit assez puérile, elle ne manque pas de saveur. Le frontispice du tome II est composé de la même manière; seule la date diffère : « Gravée à la deuxième décade de la cinquième lune... »

Les deux tomes comportent, chacun, à peu près soixante pages. Le recueil de « Légende dorée » compte huit chapitres pour le tome I, dix pour le tome II. En tête de chaque tome, on trouve une préface non signée et une table des matières accompagnée de transcriptions en caractères romains. Le style de la préface est peu soigné : on y trouve même parfois des locutions qu'on aurait traduites littéralement d'un texte européen. Ce qui me fait penser que cette préface a été écrite par un prêtre occidental.

« Le Martyr » que j'ai présenté ci-dessus fut composé d'après le chapitre II du tome II. C'est certainement le compte rendu fidèle d'un événement qui se produisit dans une église chrétienne de Nagasaki. Cependant, au sujet du grand incendie dont il est question, la *Chronique du port de Nagasaki*, ainsi que les autres documents, gardent le silence. On ne peut donc en déterminer la date exacte.

Dans ce « Martyr », par souci d'un style convenable, je fus obligé de recourir à certains remaniements. J'espère que le goût fruste et agréable du texte original n'en sera pas pour autant amoindri.

(Le 12 août 1918.)

IX

Le rapport d'Ogata Ryôsai

Attendu que, dans ce village, depuis quelque temps, les adeptes de la secte des *Kirishitan*[1] pratiquent des rites blasphématoires et abusent le peuple, des instructions m'ont été données qui me font un devoir d'informer les autorités de tout ce que j'aurais vu ou entendu à ce sujet; je m'engage à m'y conformer strictement.

J'ai donc l'honneur de rendre compte du fait suivant : cette année, le septième jour de la troisième lune, une femme nommée Shino, veuve de Yosaku, paysan de ce village, se présenta chez moi et me pria instamment d'ausculter sa fille Sato, âgée de neuf ans, gravement malade selon ses dires. Cette veuve Shino, troisième fille du cultivateur Sôbei, s'était mariée avec Yosaku il y a dix ans et avait donné naissance à Sato. Devenue veuve peu de temps après son mariage et sans songer à se remarier, elle avait vécu au jour le jour, tissant la toile et se livrant accessoirement à quelques menus travaux. Cependant, par on ne sait quelle aberration, après la mort de son mari, elle s'était ralliée à la secte des *Kirishitan* et avait fréquenté un prêtre du village voisin, un nommé Rodriguez. A cette époque-là, bien des rumeurs avaient circulé sur elle dans notre village et, selon certains, elle avait été la maîtresse dudit prêtre. Dès lors, son père Sôbei et, après lui, ses sœurs et ses frères, bref tous les membres de sa famille, l'avaient, d'une manière ou d'une autre, admonestée pour l'en détourner. Mais, alléguant qu'il n'existait rien de plus vénérable que son Seigneur *Deus*, elle avait repoussé tous ces avertissements. Matin et soir, elle faisait acte d'adoration avec sa fille Sato devant un petit fétiche en forme de croix appelé *Cruz* et en était arrivée à négliger la visite de la tombe de Yosaku, son mari. A présent, elle a rompu toutes relations avec ses parents et ses amis. Les notables se concertent donc à tout propos en vue de son éventuelle expulsion.

Vu cet état de choses, je lui avais fait entendre que je ne pourrais, malgré ses instances, accéder à sa demande. Une première fois, elle s'était retirée en pleurant. Cependant, le lendemain, huitième jour du mois, elle revint et ne se résigna aucunement devant mes refus renouvelés. Elle insista : « Je vous supplie, docteur, soignez ma fille. Je vous en serai reconnaissante toute ma vie. » Finalement, elle s'effondra en larmes sur le seuil de ma maison et me lança ce reproche : « Je croyais que la tâche d'un médecin était de soigner les malades; et pourtant vous allez abandonner ma fille qui est gravement atteinte. Vraiment, je ne vous comprends pas. » Pour ma part, je répliquai : « Votre reproche est en effet bien fondé, mais mon refus d'examiner votre fille l'est tout autant. Car je sais de source certaine que vous avez osé blasphémer, et cela à plusieurs reprises, le culte de nos dieux et Bouddha, affirmant que nous étions possédés par le démon. S'il en est ainsi, vous, qui vous prétendez pure et dans le droit chemin, pourquoi me demandez-vous de soigner votre fille, à moi qui suis un de ceux que vous dites ainsi possédés? Demandez plutôt secours au Seigneur *Deus* auquel vous vous confiez quotidiennement. Si vous désirez tant ma visite, alors, ne fréquentez plus, je vous en adjure, les *Kirishitan*. Si vous n'acceptez pas ces conditions, je me refuse catégoriquement à examiner votre malade, encore qu'il soit écrit que la médecine est charité. Au reste, je préfère ne pas m'exposer à la vengeance et au châtiment des dieux et des bouddhas. » Là-dessus, Shino, ne pouvant insister davantage, se retira, l'air accablé.

Le lendemain, le neuvième jour du mois, une grosse pluie était tombée dès le lever du jour et les allées et venues dans le village avaient même cessé momentanément, lorsque à l'heure de lièvre [2], Shino, sans parapluie, trempée jusqu'aux os comme un rat mouillé, vint de nouveau me voir et avec instance réitéra sa prière. Je lui répondis : « Tout homme de robe que je suis, je n'ai pas deux paroles. Il vous faut donc choisir : ou bien vous sacrifiez la vie de votre fille, ou bien vous renoncez à votre Seigneur *Deus*. » Du coup, Shino parut atteinte de démence. Elle se prosterna devant moi à plusieurs reprises, joignit les mains en un salut profond et me supplia en ces termes : « Vous avez mille fois raison. Songez-y cependant, abjurer une seule fois entraîne, selon notre croyance, la damnation du corps et de l'âme jusque dans les siècles des siècles. Oh ! je vous en prie, ayez pitié de mon angoisse ! Oh non ! Ne m'imposez surtout pas cela ! » Et les sanglots la suffoquaient. Elle était adepte, il est vrai, d'une secte perverse. Mais le cœur d'une mère ne reste-t-il pas toujours le même ? J'en fus un peu ému. Mais la raison m'avertissant que les sentiments personnels ne doivent pas faire oublier l'intérêt général, je m'en tins à ma première condition et lui déclarai : « Mille mots ne me feront pas revenir sur ce que je vous ai dit. A moins que vous n'abjuriez, je ne pourrai soigner votre fille. » Sino, l'air abattu, fixa un moment son regard sur mon visage. Un flot de larmes jaillit de ses yeux et les deux mains posées à terre, à mes pieds, elle se mit à bredouiller d'une voix faible tel un bourdonnement de moustiques ; et comme, à ce moment-là, une averse vint s'abattre sur le village, je n'étais pas sûr de l'avoir bien comprise. L'ayant fait répéter deux ou trois fois, je vis qu'elle avait pris, en désespoir de cause, la décision d'abjurer. Mais quelle preuve certaine pouvait-elle fournir, qui confirmât sa décision ? Je lui en demandai une. Sans mot dire, retirant de dessous son vêtement la *Cruz* en question qu'elle déposa sur la partie surélevée de l'entrée, elle la foula tranquillement par trois fois. Ce faisant, elle ne paraissait pas particulièrement troublée. Ses larmes semblaient déjà taries. Mais son regard fixé sur la *Cruz* qu'elle venait de fouler brillait comme celui d'une malade atteinte de forte fièvre. Mon serviteur m'a dit plus tard avoir eu, à ce moment-là, un sursaut d'épouvante.

Ma condition ayant été acceptée, je chargeai le serviteur de ma boîte à médicaments et immédiatement je l'accompagnai chez elle sous une pluie battante. Dans une chambre minuscule, Sato était couchée seule, la tête au sud. Elle paraissait avoir perdu conscience sous l'effet d'une fièvre violente. De sa petite main d'enfant, elle ne cessait de tracer dans l'air le signe de la croix en marmonnant comme dans un autre monde le mot *Alleluia* et souriait de contentement à chacune de ses invocations. Cet *Alleluia* semble une formule de prière des fidèles, qui louent ainsi leur Dieu. Au chevet de sa fille, Shino me l'expliqua en sanglotant. Sans attendre, je pris le pouls de la malade. Pour sûr, elle était atteinte d'une très forte fièvre. J'arrivais trop tard. Je considérais même comme douteux qu'elle vécût un jour de plus. Ne pouvant faire autrement, j'en avertis la mère. De nouveau, je pus lire sur son visage l'égarement auquel elle était en proie; elle me dit : « J'ai abjuré, mais c'était dans le seul dessein de sauver ma fille. Si vous la laissez mourir, mon sacrifice aura été totalement inutile. Ayez pitié de ma souffrance et de moi-même qui ai tourné le dos au Seigneur *Deus*. Sauvez à tout prix ma fille. » Posant ses mains sur la natte, elle m'adressait sans cesse ses supplications, ainsi qu'à mon serviteur. Néanmoins, tout secours humain était déjà inutile. Aussi, après lui avoir conseillé à plusieurs reprises de ne se livrer à aucun acte de désespoir, et lui avoir laissé trois sachets de plantes pour des infusions, me disposai-je à partir, profitant d'une accalmie de l'orage. Mais Shino, saisissant la manche de mon vêtement, ne me laissa pas m'éloigner. Elle eut l'air de vouloir me confier quelque chose, remua les lèvres, mais avant même d'avoir prononcé le premier mot, elle changea de couleur et tomba en syncope. Affolé, je me précipitai à son secours avec mon serviteur. Elle reprit connaissance, mais n'avait pas la force de se relever. Elle sanglotait amèrement, disant : « Misérable que je suis! Par ma légèreté, me voici réduite à perdre et la vie de ma fille et le Seigneur *Deus*. » Nous avions beau lui prodiguer nos consolations, elle ne semblait pas en saisir un seul mot; comme, en outre, l'état de sa fille ne laissait pas d'espoir et que je n'avais rien d'autre à faire, je rentrai tout de suite chez moi suivi de mon serviteur.

Cependant, le même jour, peu après l'heure de mouton, j'allai ausculter la mère de Tsukagoshi Yazaemon, le chef du village. Celui-ci m'apprit que la fille de Shino avait succombé et que Shino, à force de chagrin, était devenue folle. Selon ses dires, la mort de Sato aurait eu lieu une heure après ma visite et, à peine l'heure de serpent [4] venait-elle de s'écouler que Shino, déjà d'un air dément embrassant le cadavre de sa fille, psalmodiait des prières aux consonances barbares. D'ailleurs, Yazaemon lui-même fut témoin de cette scène; d'autres personnes du village, Kaemon, Tôgo, Jihei qui se trouvèrent sur les lieux pourraient également en confirmer l'exactitude.

Le lendemain, dixième jour du mois, une pluie fine tombait depuis le matin. Peu après l'heure de dragon [5], le tonnerre de printemps gronda, puis il y eut une accalmie. Yanase Kinjiro, Seigneur du lieu, me fit envoyer son propre cheval; il désirait une consultation. Je partis sur-le-champ. Je passai devant la maison de Shino. Des villageois y étaient rassemblés en assez grand nombre. Ils vociféraient en direction de la demeure : « *Bateren ! Kirishitan !* » et s'agitaient tant que je ne pus même pas faire avancer le cheval. Du haut de ma monture, j'essayai de voir ce qui se passait dans la maison. Par la porte ouverte, je vis un étranger aux cheveux roux et trois Japonais, vêtus de robes noires rappelant celles des moines. En élevant dans leurs mains les fameuses *Cruz* ou en balançant une sorte de brûle-parfum, ils répétaient en chœur « *Alleluia ! Alleluia !* » Ce n'est pas tout. Aux pieds de l'étranger, Shino, les cheveux épars, tenant sa fille dans ses bras, était effondrée sans connaissance. Ce qui me surprit le plus, ce fut Sato, qui étreignait de ses bras le cou de sa mère et, de sa voix candide, faisait alterner le nom de celle-ci avec des *Alleluia*. Sans doute la distance m'empêchait-elle de tout discerner avec netteté, pourtant, à ce qu'il me sembla, le teint de l'enfant était plein de fraîcheur. De sa main qu'elle détachait de temps en temps du cou de sa mère, elle s'amusait à saisir les volutes qui s'élevaient de cette sorte de brûle-parfum. Alors, je descendis de cheval et m'enquis de la résurrection de la fillette auprès des villageois frappés de terreur. Rodriguez, le *Bateren* aux cheveux roux, amenant ses *Irmao* [6], était arrivé le matin du village voisin. Il avait confessé Shino et tous ensemble, ils avaient récité des prières, avaient tour à tour brûlé l'encens mystérieux et fait des aspersions d'eau consacrée. La frénésie de Shino était tombée d'elle-même. Sato était vite revenue à la vie. C'est ce que tout le monde racontait en tremblant. On peut dire que, depuis les temps anciens, il n'a pas manqué d'exemples de résurrection. Mais ces exemples ne se rapportaient qu'à des morts provoquées par l'alcool ou par des vapeurs pernicieuses. Je n'ai jamais entendu dire que la vie soit revenue chez un mort de fièvre maligne ainsi qu'il en a été pour Sato. C'est là un fait qui révèle la sorcellerie de la secte des *Kirishitan*. Par ailleurs, l'arrivée du *Bateren* au village a coïncidé avec les étranges grondements du tonnerre de printemps. On peut voir là un signe du courroux céleste.

Le jour même, Shino et sa fille ont été emmenées au village voisin par le *Bateren* Rodriguez et leur demeure a été brûlée sur l'ordre du moine Nikkan, du temple Jigen. De ceci, d'ailleurs, vous avez déjà été informé par Tsukagoshi Yazaemon. C'est à peu près tout ce que j'ai vu et appris à ce sujet. Si j'avais involontairement omis quelque fait dans mon rapport, je le porterais à votre connaissance par une note complémentaire. Pour l'instant il en est comme écrit ci-dessus.

Année du Singe, le vingt-sixième jour de la troisième lune,
Province d'Iyo,
District d'Uwa,
Village de...

Ogata Ryôsai, médecin.

(Le 7 décembre 1916.)

X

Ogin

Voici ce qui se passa à l'ère de Genna [1] ou bien à celle de Kan-ei [2], quoi qu'il en soit, à une époque fort lointaine.

Les adeptes de la sainte doctrine du Seigneur *Deus*, une fois découverts, continuèrent encore d'être brûlés vifs ou crucifiés. Mais le Seigneur *Deus* qui pourvoit à tout parut, en ce temps-là, accorder aux fidèles de ce pays une protection d'autant plus miraculeuse que les persécutions étaient violentes. Il arriva parfois que, sous les rayons du soleil couchant, des anges ou des saints visitassent les villages de la région de Nagasaki. On raconte même que saint Jean-Baptiste fit une fois son apparition au moulin de Miguel Yahei, un fidèle d'Urakami [3]. Le diable, de son côté, pour faire obstacle au zèle religieux des croyants, se transformant tantôt en un nègre étrange, tantôt en une fleur exotique ou en un char à stores de claie, sévissait dans ces mêmes villages. Ainsi les rats qui, dans le cachot souterrain où jours et nuits se confondaient, torturèrent Miguel Yahei, étaient en fait, disait-on, des incarnations du diable. Yahei, en compagnie de onze autres fidèles, fut brûlé vif à l'automne de la huitième année de Genna — Genna ou peut-être Kan-ei, peu importe, c'est, de toute manière, une époque fort lointaine.

En ce même Urakami, dans le village de Yamazato, habitait une petite fille appelée Ogin. Ses parents avaient émigré d'Osaka jusqu'au lointain Nagasaki. Mais, avant d'avoir pu entreprendre quoi que ce fût, ils moururent tous les deux, laissant Ogin derrière eux. Étrangers au pays, ils n'avaient pas connu, bien entendu, la sainte religion du Seigneur *Deus*. Ils avaient cru au bouddhisme. Peu importe à quelle secte ils appartenaient, Zen [4], Hokke [5], ou Jodo [6]. Ils étaient, en somme, adeptes d'une secte de la religion de Bouddha. Un jésuite français rapportait que Çakyamouni, rusé de nature, pérégrinant dans diverses régions de la Chine, avait enseigné la voie d'un Bouddha appelé Amida. Ensuite, il vint au Japon enseigner la même doctrine selon laquelle l'âme humaine, suivant la gravité de ses fautes, se métamorphose en oisillon, en bœuf, en arbre ou en herbe. Ce n'est pas tout. A sa naissance, Çakyamouni tua sa mère, dit-on. L'extravagance d'une telle doctrine, non moins que la gravité de son erreur, est indéniable (Jean Crasset). Mais les parents d'Ogin, ainsi que je l'ai indiqué plus haut, n'eurent pas connaissance de cette vérité. Après leur mort encore, ils continuent sans doute à croire en la doctrine de Çakyamouni. Dans un cimetière désolé à l'ombre des pins, ignorant qu'ils sont voués à l'Enfer, ils rêvent en vain au Paradis.

Mais Ogin, heureusement, ne resta pas dans l'ignorance comme ses parents. Le charitable Joan, paysan sédentaire du village de Yamazato, avait déjà versé l'eau sainte du baptême sur le front de l'enfant et l'avait prénommée Maria. Aussi Ogin ne croyait-elle pas à la légende qui rapporte que Çakyamouni, à sa naissance, déclara en montrant le ciel et la terre : « Dans le ciel comme sur la terre, c'est moi qui suis seul honorable. » Elle croyait à l'Immaculée Conception de la très sainte, très pieuse et très douce Vierge Marie; elle croyait à la résurrection au troisième jour de Jésus qui « a été crucifié, est mort, a été mis en tombeau de pierre et a été enseveli au fond de la terre ». Elle croyait aussi qu'au son des trompettes du Jugement dernier « le Seigneur viendrait du Ciel, plein de gloire et de puissance, pour ressusciter les morts et réunir leur âme à leur corps réduit en poussière, que les bons jouiraient des plaisirs du Ciel et que les méchants seraient précipités en Enfer avec Lucifer »; elle croyait encore au Saint Sacrement où « le pain et le vin, restant sous leurs espèces matérielles, changent leur substance, par la vertu de la parole divine, en la chair et le sang de Notre-Seigneur ». Le cœur d'Ogin, à la différence de celui de ses parents, n'était pas un désert balayé par le vent brûlant, mais un champ fertile de blé fleuri de roses sauvages et pures. A la mort de ses parents, Ogin fut adoptée par Joan Magoshichi. Joanna Osumi, son épouse, avait, elle aussi, bon cœur. Ogin, en compagnie de ce couple, menait une vie heureuse, gardant les vaches, fauchant le blé. Mais même au cours d'une telle existence, dans la mesure où cela ne pouvait être connu des villageois, elle ne manquait certes ni aux jeûnes ni aux prières. Parfois, à l'ombre d'un figuier au bord du puits, levant son regard vers l'énorme croissant de lune, elle s'absorbait en une profonde prière. Voici la formule simple que cette jeune fille récitait, laissant ses cheveux retomber sur les épaules :

« Salut, ô Mère de miséricorde! Salut! Vers vous, nous crions, enfants d'Ève, exilés du ciel. Jetez sur nous, je vous supplie, un œil de compassion dans cette vallée de larmes. *Amen.* »

C'est alors que, une certaine année, le soir de Noël, le diable, conduisant les notables du village, fit irruption dans la maison de Magoshichi. Dans un vaste foyer, les bûches de la veillée de Noël crépitaient. Et pour ce soir-là, sur le mur noirci par la fumée, une croix avait été accrochée comme objet d'adoration. Enfin, dans l'étable derrière la maison, on avait rempli d'eau un abreuvoir en vue des premières ablutions de Jésus. Les notables, échangeant des signes de tête entendus, ligotèrent le couple. Ogin, elle aussi, fut attachée avec eux. Mais aucun des trois n'en parut affolé. Ils s'apprêtaient à supporter le plus grand des supplices pour le salut de leur âme. Et le Seigneur ne manquerait pas de leur apporter sa divine protection. N'était-ce pas avant tout une preuve de la grâce divine que de se voir arrêtés la nuit même de la Nativité? Ils en étaient tous trois convaincus comme ils se fussent entendus là-dessus auparavant. Les fonctionnaires, ayant terminé leur besogne, les entraînèrent à la résidence du représentant du gouverneur. Chemin faisant, bien que fouettés par le vent nocturne, ils ne cessèrent de réciter les prières de Noël.

« O Fils de Dieu qui avez daigné naître à Bethléem, où êtes-vous maintenant? Que votre nom soit loué! »

Devant leur arrestation, le diable se réjouit, battant des mains. Mais leur geste courageux parut le mettre d'assez mauvaise humeur. Dès qu'il fut seul, crachant dédaigneusement, il se changea en un gros mortier de pierre et, roulant à grand bruit, disparut dans l'obscurité.

Joan Magoshichi, Joanna Osumi et Maria Ogin furent jetés dans un cachot souterrain et se virent infliger diverses tortures conçues dans le but de leur faire abjurer la doctrine du Seigneur. Mais ni le supplice de l'eau ni celui du feu ne parvinrent à ébranler leur conviction. Si leur peau et leur chair s'ulcéraient, il ne leur fallait le supporter qu'un souffle de temps encore avant de franchir le seuil du Paradis. Même pas! Comme ils pensaient à la miséricorde infinie de Dieu, l'obscurité de ce cachot souterrain se revêtit pour eux des splendeurs de la demeure céleste, le cachot n'en demeurant pas moins ce qu'il était. Mieux encore, les anges et les saints vinrent souvent les consoler en leur demi-rêve. Ce bonheur parut le plus souvent advenir à Ogin. Elle vit saint Jean-Baptiste lui disant de manger les sauterelles qu'il tenait en abondance dans les paumes de ses robustes mains; elle vit aussi l'archange Gabriel, ses ailes blanches repliées, lui donner de l'eau dans une splendide coupe d'or.

Le représentant du gouverneur, ignorant non seulement la religion du Seigneur mais encore l'enseignement de Çakyamouni, ne parvenait pas à comprendre la raison de leur obstination. Il se demandait de temps à autre s'ils n'étaient pas fous, tous les trois. Ce doute une fois dissipé, il eut bientôt l'impression qu'il avait affaire là à des pythons ou à des licornes, en tout cas à des animaux qui n'avaient rien à voir avec la morale humaine. Laisser vivre de pareils animaux, en marge de la loi qui ne tolérerait pas ce fait, mettrait en danger la sécurité du pays. Donc, le représentant du gouverneur, après les avoir laissé enfermer dans le cachot un mois environ, décida finalement de les brûler vifs, tous les trois. (En réalité, le représentant du gouverneur, comme le commun des mortels, n'avait pas particulièrement réfléchi à la sécurité du pays. Il y avait d'abord les lois, ensuite la morale du peuple. Il s'en contentait sans aller plus loin.)

En route vers le champ d'exécution qui était en dehors

du village, les trois fidèles semblaient très calmes. C'était un terrain vague, pierreux, qui avoisinait le cimetière. Une fois arrivés, après lecture de leur sentence, ils furent attachés à de gros poteaux carrés qu'on dressa ensuite au milieu du champ, celui de Joanna Osumi à droite, celui de Maria Ogin à gauche et celui de Joan Magoshichi entre les deux. Osumi, à cause des tortures qu'elle avait subies tous les jours, parut soudainement vieillie. Magoshichi, lui, dont la barbe avait poussé, avait les joues exsangues. Quant à Ogin, comparée à ses parents, elle gardait encore quelque peu son aspect ordinaire. Tous les trois, foulant les bûches amoncelées, montraient un visage tranquille. Depuis un long moment déjà le champ d'exécution était entouré d'une foule de badauds. Dans le ciel au-dessus d'eux, cinq ou six pins faisaient un baldaquin de leurs branches déployées.

Ses préparatifs terminés, un fonctionnaire s'approcha d'un air digne des trois martyrs et leur dit qu'il leur était accordé un sursis pour bien méditer sur l'abjuration et qu'à leur première déclaration, ils seraient immédiatement relâchés. Mais ils ne répondirent pas. Les yeux fixés vers le ciel lointain, ils ébauchaient même un sourire.

Les fonctionnaires, bien entendu, et les badauds eux-mêmes, furent pendant quelques instants dans le silence le plus profond imaginable. D'innombrables yeux se fixèrent, sans ciller, sur le visage des trois victimes. Mais ce n'était pas le poids de la tragédie qui suspendait leur souffle; la plupart d'entre eux s'impatientaient de voir mettre le feu. Les fonctionnaires, de leur côté, outrés de la lenteur des préparatifs, avaient perdu jusqu'à l'envie de bavarder.

Tout à coup, aux oreilles de chacun, une phrase inattendue se fit nettement entendre :

— Je me décide à abjurer la religion du Seigneur.

C'était la voix d'Ogin. Il y eut un remous dans l'assistance. Mais l'instant suivant tout fut à nouveau silencieux. C'est que Magoshichi, se tournant vers Ogin, lui disait d'une voix plaintive et sans force :

— Ogin! As-tu été trompée par le diable? Encore un peu de patience, et tu pourras adorer la sainte face du Seigneur!

A peine eut-il prononcé ces mots que Joanna Osumi, elle aussi, lança d'une voix suppliante à sa fille adoptive :

— Ogin! Ogin! Tu es possédée par le diable. Prie Dieu! Je t'en supplie, prie Dieu!

Mais Ogin ne répondit pas. Ses regards se dirigèrent vers les pins du cimetière dont les branches s'étendaient en forme de voûte au-dessus des assistants. Déjà un des fonctionnaires donnait l'ordre de délier Ogin.

A cette vue, Joan Magoshichi, comme résigné, ferma les yeux.

— Seigneur, qui êtes capable de pourvoir à tout, que votre volonté soit faite! murmura-t-il.

Ogin, libérée, se tint debout un instant, comme étourdie. Mais, apercevant Magoshichi et Osumi, elle tomba précipitamment à genoux devant eux et versa des larmes sans mot dire. Magoshichi, lui, avait toujours les yeux fermés. Osumi, le visage détourné, n'essaya même pas de regarder dans la direction d'Ogin.

— Père! Mère! Pardonnez-moi! dit Ogin qui, enfin, ouvrit la bouche.

« J'ai abandonné l'enseignement du Seigneur, car j'ai aperçu les branches de pin qui s'étendent là-bas en forme de dais. Mes parents qui dorment sous leur ombre, n'ayant pas connu la religion du Seigneur, sont maintenant en Enfer, je suppose. Comment, alors, pourrai-je me justifier auprès d'eux et me présenter, toute seule, aux portes du Paradis? C'est pourquoi je préfère finalement aller au fond de l'Enfer à la suite de mes parents. Père! Mère! Vous, allez, je vous prie, aux côtés de Jésus et de la Vierge Marie, mais moi, puisque j'ai abandonné la foi, je ne peux plus survivre... »

Ogin, après avoir dit cela en suffoquant, s'effondra en sanglots. Cette fois, ce fut Joanna Osumi qui se mit à verser des larmes sur le bûcher. Comme il n'est pas digne pour un fidèle de s'abîmer dans des plaintes inutiles au moment d'entrer au Paradis, Joan Magoshichi, grimaçant, se tourna vers elle et lui reprocha d'une voix courroucée :

— Toi aussi, tu es possédée par le diable? Renie la foi, si tu veux, mais moi je mourrai seul dans les flammes.

— Oh! non! non! Je te suivrai, mais cela... que faire, mon Dieu!

Réprimant ses larmes, Osumi ajouta, presque en criant :

— Mais ce n'est pas parce que je tiens à aller au Paradis, c'est seulement pour vous suivre...

Magoshichi resta longtemps silencieux. Son visage devenait tantôt pâle, tantôt rouge, et la sueur se mit à perler sur son front. Il contemplait sa propre âme que l'ange et le diable se disputaient. Si, du moins, à cet instant, Ogin n'avait pas levé vers lui son visage inondé de larmes... mais elle avait levé son visage. Ses yeux mouillés de larmes où se lisait un reflet mystérieux se fixaient sur Magoshichi. Ce qui étincelait au fond de ses yeux, ce n'était pas seulement l'âme d'une petite innocente, c'était aussi l'âme des « enfants d'Ève, exilés du ciel », l'âme de tous les mortels.

— Père! allons en Enfer! Mère! toi aussi, et moi aussi! mon vrai père! ma vraie mère! Laissons-nous tous ensemble entraîner par le diable!

Et ce fut la chute de Magoshichi.

Cette histoire, parmi d'autres histoires de martyrs de notre pays, a été transmise à la postérité comme un spécimen de scandale des plus honteux. On rapporte que lorsque les trois suppliciés abjurèrent enfin, tous les assistants, même ceux qui ignoraient ce qu'était *Deus*, les haïrent sans exception. Cette haine, sans aucun doute, était due au dépit de ces gens qui ne pouvaient assister à ce supplice du feu qu'ils attendaient avec impatience. On rapporte encore que le diable, fou de joie, se transforma en un gros livre et survola, toute la nuit durant, le champ d'exécution. Mais l'auteur se demande avec scepticisme si le succès du diable méritait réellement une joie si folle.

(Août 1922.)

XI

L'illumination créatrice

I

Voici ce qui s'est passé un matin de la neuvième lune de la deuxième année de Tempô. Déjà, comme à l'accoutumée, les bains populaires « Matsu no Yu » (Bains du Pin) qui se trouvaient au quartier Dôbô à Kanda, regorgeaient de clients. L'aspect des bains que Shikitei Samba [1] avait décrit dans un livre burlesque publié des années auparavant : « les bains de ce monde flottant — quel mélange! prêtres shintoïstes, moines bouddhistes, amoureux, gens résignés de tout enfin »; cela n'avait en rien à être modifié. Un vieillard [2] au chignon noué par les mains de sa femme fredonnait dans la baignoire l'air du « Moine Ermite », un « chignon classique » noué à la Samouraï égouttait sa serviette sur le dallage, un *chignon ginko* au large front faisait rincer son dos tatoué, un « chignon Yoshibei » ne se lassait pas depuis un moment de se laver le visage, un « crâne rasé », assis devant la grande cuve, s'aspergeait d'eau fraîche à plusieurs reprises, des enfants, oubliant tout, s'amusaient avec des poissons rouges en terre cuite dans un baquet de bambou. Sur le dallage étroit, estompés par les vapeurs qui, dans les rayons du soleil matinal tournoyaient vers le plafond, se mouvaient les corps mouillés et lisses de gens de toutes conditions. Et quel vacarme! Bruits de l'eau chaude que l'on versait, des seaux qui se heurtaient, bavardages, chants, chocs des baguettes au comptoir... Aux abords de la « bouche-de-grenade [2] », on se serait vraiment cru sur un champ de bataille. Des marchands et des mendiants venaient sans cesse écarter le store de l'établissement, sans compter les clients qui entraient et sortaient. Voici ce qui se passa dans ce vacarme...

Se tenant modestement à l'écart de cette agitation, dans un coin un vieillard[3] faisait tranquillement ses ablutions. Il paraissait avoir un peu plus de soixante ans. Non seulement les cheveux de ses tempes étaient jaunis et peu soignés, mais ses yeux semblaient malades. Cependant la charpente solide de son corps amaigri révélait une constitution plutôt robuste. Ses bras et ses jambes, bien que la peau en fût déjà relâchée et ridée, indiquaient une certaine vigueur qui résistait encore au vieillissement. On aurait pu en dire autant de son visage où une énergie animale, presque menaçante, et aussi vivace que s'il eût été jeune encore, se devinait aux joues puissamment tirées vers le bas par la saillie des os maxillaires inférieurs et à la bouche relativement large, aux lèvres fermes.

Le vieillard après avoir soigneusement lavé le haut de son corps, sans même se servir de l'eau chaude claire contenue dans un seau, passa tout·de suite à la toilette du bas. Mais la serviette de soie noire servant à se savonner avait beau frotter la peau desséchée, striée de petites rides, il n'y avait pour ainsi dire plus rien à décrasser. Un sentiment de tristesse, sentiment en harmonie avec cette arrière-saison, aurait pu traverser son cœur; le vieillard, ayant frotté une jambe, arrêta soudain le mouvement de son bras comme si la force en lui fût épuisée, et abaissa son regard sur le seau. L'eau trouble reflétait, au-delà de la fenêtre, le ciel sur lequel se détachaient, par-dessus l'angle d'un toit couvert de tuiles, les fruits rouges d'un plaqueminier suspendus en chapelet aux branches nues et clairsemées.

Un instant, l'ombre de la mort effleura son cœur. Mais cette mort était dégagée de tous les maléfices dont elle l'avait menacé dans le passé. On aurait pu la comparer, cette mort, à ce ciel que reflétait l'eau du seau : reflet calme et nostalgique du *Nirvâna* dans une conscience apaisée. « Si, une fois libéré des tracas quotidiens, je pouvais me reposer dans les bras de la « Mort » et y somnoler sans cauchemar comme un enfant innocent, quel heureux aboutissement ne serait-ce pas pour moi! se dit-il. Je suis las, soupira-t-il, non pas seulement de vivre, mais aussi de gémir sous le poids de la création qui ne cesse de m'oppresser, et cela depuis quelques dizaines d'années. »

Le vieillard leva ses yeux vagues. Autour de lui, parmi les conversations et les rires, les corps nus grouillaient toujours à travers les vapeurs. A l'air du « Moine Ermite » que quelqu'un fredonnait dans la « bouche-de-grenade » se joignirent les airs populaires de *Meriyasu* et de *Yoshikono*. Ici, bien entendu, dans ce tumulte, il n'y avait aucun écho de ce qui plonge hors du temps, de tout ce qui venait de traverser son cœur.

— Tiens! monsieur! Quelle surprise! Je ne m'attendais vraiment pas à voir le maître *Kyokutei*[4] aux bains du matin!

Cette exclamation inattendue saisit le vieillard. A côté de Bakin, un *chignon ginko* assis derrière son seau, sa serviette mouillée sur l'épaule, souriait de bonne humeur. Il était mince, de taille moyenne et avait le teint frais. Sorti de la baignoire, il s'apprêtait à se doucher.

— Vous êtes toujours joyeux! Bravo! répondit avec une légère ironie, en lui rendant son sourire, Takizawa Sakichi, autrement dit Bakin.

II

— Pas du tout, monsieur, je ne mérite nullement vos compliments! A propos, quelle merveille! votre *Hakkenden*[5]*!* On va de surprise en surprise, l'action se déroule merveilleusement bien! C'est plutôt vous qui méritez les félicitations!

Prenant la serviette qu'il avait sur l'épaule, et la trempant dans le seau, le *chignon ginko* se mit à parler, sa voix dominant tous les bruits.

— La prostituée Funamushi, déguisée en joueuse aveugle de Shamisen, tente de tuer Kobungo[6]; elle est arrêtée et torturée, puis finalement sauvée par Sôsuke. L'intrigue à cet endroit est vraiment géniale! Je ne puis mieux la qualifier. Et tout cela fournit l'occasion d'une rencontre inespérée entre Sôsuke et Kobungo. Veuillez m'excuser d'insister. Moi, Omiya Heikichi, je ne suis qu'un épicier, je le sais bien. Mais, pour les romans de ce genre, je suis un vrai connaisseur. Le *Hakkenden* du maître ne prête pas à la moindre critique, même pour moi. Je m'incline tout simplement.

Bakin, sans mot dire, reprit le lavage interrompu de son autre jambe. Naturellement, il avait toujours de la sympathie pour ses lecteurs en proportion de leur admiration. Mais cela n'exerçait aucune influence, favorable ou défavorable, sur les jugements qu'il portait sur eux. Conséquence bien naturelle de sa forte intelligence. Inversement, chose assez rare, ses jugements sur ses lecteurs n'avaient non plus aucune influence sur cette sympathie. Aussi, lui était-il souvent arrivé de ressentir à la fois du mépris et de la sympathie à l'égard d'une même personne. C'était le cas, par exemple, pour Omiya Heikichi, qui lisait ses ouvrages.

— Achever un tel ouvrage, j'imagine que c'est vraiment du travail. Aujourd'hui, on pourrait dire que vous êtes, sans conteste, le *Ra-kan-chû*[7] du Japon. Mais excusez-moi, je suis peut-être indiscret, poursuivit Heikichi.

Et il éclata de rire. Peut-être cela choqua-t-il un *chignon ginko* de petite taille, à la peau basanée, et qui louchait, s'aspergeant à côté d'eux. Il se tourna vers Heikichi et Bakin et, les dévisageant tour à tour, cracha sur le dallage, en grimaçant.

— Dîtes, êtes-vous toujours noyé dans le *haïku*[8]? lança Bakin qui, ainsi, changea habilement le sujet de leur conversation.

Ce n'est pas qu'il eût été influencé par la grimace de l'homme qui louchait. Les yeux de Bakin étaient heureusement trop affaiblis pour la distinguer.

— Votre question me fait honneur, mais je suis confus. Moi, je suis un simple amateur qui ne fait que s'amuser. En effet, je vais un peu partout, aujourd'hui à telle séance, demain à telle autre. Mais peine perdue, le vers ne germe pas pour autant. A propos, Maître, que pensez-vous du *tanka*[9] ou du *haïku?* N'avez-vous pas une préférence particulière dans ce domaine?

— Oh non! Je ne suis pas fait pour cela, ce n'est pas mon genre. Je ne nie tout de même pas avoir essayé un moment mais...

— Vous plaisantez, Maître.

— Non! Je parle sincèrement. Il paraît que cela ne convient pas du tout à mon tempérament. Je ne peux que tâtonner.

Bakin insista particulièrement sur ces paroles : « Ça ne convient pas du tout à mon tempérament. » En vérité, il ne se croyait pas incapable de faire un *tanka* ou un *haïku* et par conséquent, il avait la prétention d'avoir approfondi ces disciplines. Mais il opposait toujours une sorte de mépris à ces arts. La raison en était que ni le *tanka* ni le *haïku* n'avaient assez d'envergure pour qu'il pût s'y donner tout entier. Un *tanka* ou un *haïku*, quelle que soit leur ingéniosité, pouvaient à peine égaler quelques petites lignes d'une de ses œuvres, tant dans le domaine de la psychologie que dans celui de la description. Ils n'étaient, pour lui, que des arts mineurs.

III

L'insistance avec laquelle Bakin disait : « Ça ne convient pas du tout à mon tempérament » voilait un mépris tel que, malheureusement, il échappa complètement à l'intelligence de son interlocuteur. Ce dernier, tout en se frottant la peau à la faire rougir avec sa serviette tordue, dit d'un air un peu gêné :

— Il en est donc ainsi? Personnellement, je m'imaginais qu'un grand maître comme vous était certainement capable de réussir en tout. Décidément, c'est avec raison que l'on dit : « Le ciel est avare de ses dons. »

Mais pour l'orgueil de Bakin, il était avant tout insupportable que cet épicier ait pris à la lettre ses paroles de modestie et le ton gêné de Heikichi ajoutait à son mécontentement. Ayant donc lâché sur le dallage les deux serviettes dont il se servait, il se releva à moitié et répliqua en grimaçant :

— Mais je me crois quand même de taille à égaler les poètes ou les maîtres du *haïku* d'aujourd'hui !

Cependant, à peine eut-il dit cela qu'il eut honte de son amour-propre un peu puéril. Il n'avait pas été particulièrement flatté des louanges hyperboliques avec lesquelles l'épicier avait encensé son *Hakkenden*. Par conséquent, si son interlocuteur l'avait cette fois considéré comme incapable de composer un *tanka* ou un *haïku*, il n'aurait pas dû avoir plus de motifs de s'en plaindre. Cette réflexion faite, il s'empressa de se verser de l'eau chaude sur l'épaule, comme s'il eût voulu cacher sa confusion.

— J'avais donc raison! Sinon, comment auriez-vous pu écrire un tel chef-d'œuvre! J'étais donc pleinement en droit de penser que vous étiez capable de faire aussi bien des *tanka* que des *haïku*. Oh! pardonnez-moi, je suis trop fier de ma cuisine.

Il éclata de rire à nouveau. L'homme qui louchait n'était plus là. Son crachat aussi avait été emporté par l'eau dont Bakin s'était aspergé. Mais le romancier était cette fois au comble de la confusion. Ne pouvant plus rester dans cette situation gênante, il dit :

— Tiens! je m'oubliais à bavarder. Je vais prendre un bain.

Puis, agacé contre lui-même, il se releva lentement pour quitter ce brave homme de lecteur. Mais il semblait que ses vantardises eussent eu pour effet de mettre Heikichi, son lecteur, dans un sentiment de supériorité. Il lança vers Bakin qui s'éloignait :

— Dites, Maître, me feriez-vous l'honneur de me donner un de vos récents *tanka* ou *haïku?* Vous voudrez bien? Je vous prie de ne pas l'oublier... Moi aussi, je vais partir. A propos, si vous voulez me rendre visite... Je sais bien que vous êtes très occupé. Je passerai aussi chez vous, si cela ne vous dérange pas trop.

Après avoir encore une fois rincé sa serviette, il jeta un dernier coup d'œil sur l'écrivain qui se dirigeait du côté de la « grenade ». Puis il se mit à réfléchir au ton qu'il devait prendre, de retour chez lui, pour raconter à sa femme cette rencontre.

A l'intérieur de la « grenade », il faisait sombre comme si ce fut le soir. Une buée plus épaisse que le brouillard alourdissait l'air. Bakin, dont la vue était affaiblie, écartant à tâtons les autres baigneurs, finit par trouver une place dans un coin et plongea son corps ridé dans l'eau chaude.

La température du bain lui parut un peu plus élevée que d'habitude. En sentant la chaleur pénétrer le bout de ses doigts, il respira profondément et promena lentement son regard autour de lui. Sept ou huit têtes émergeaient dans la pénombre. Les uns bavardaient, les autres chantonnaient, tous plongés dans l'eau chaude qui clapotait paresseusement et dont la surface était irisée par la graisse humaine qui y fondait sous les rayons troubles venus de l'entrée de la « grenade ». Les forts effluves piquaient le nez.

L'imagination de Bakin tendait toujours au romantisme. Dans la vapeur, il vit apparaître, comme dans un rêve, une scène qu'il voulait décrire dans un de ses romans. Sur le bateau, il y avait une lourde bâche. A l'extérieur, sur la mer, au coucher du soleil, on eût dit que le vent allait se lever. Les vagues heurtaient lourdement la coque, comme si on secouait un tonneau d'huile. Le claquement des voiles semblait provoqué par les battements d'ailes de chauves-souris... Un matelot, comme attiré par le bruit, épiait par-dessus bord. Sur la mer couverte de brume, le croissant rouge répandait sa clarté lugubre. Juste à cet instant...

Sa rêverie fut brusquement interrompue. Car, dans la « grenade », quelqu'un critiquait ses romans; cela parvint à ses oreilles. La voix, le ton, tout révélait la nette intention de lui faire entendre ce qu'on disait. Bakin, qui s'apprêtait une fois encore à sortir du bain, décida de rester et tendit l'oreille vers la conversation.

— Il s'appelle bien Maître Kyokutei ou « Hôte de la Maison des Livres », comme s'il s'agissait d'un grand personnage. Mais les œuvres de Bakin? Ce ne sont que des pastiches! Prenons par exemple le *Hakkenden*. N'est-ce pas une imitation du *Suikoden* [10] et rien de plus? Mais, il y a tout de même une circonstance atténuante. L'original vient de Chine. Peut-être pourrait-on apprécier le fait qu'il ait pu lire le texte. Mais il n'a fait qu'une pâle imitation de Kyôden [11]! C'est trop ridicule pour se mettre en colère!

Bakin épia de son regard affaibli cette mauvaise langue. Malgré la buée qui l'empêchait de confirmer son impression, il crut reconnaître l'individu « qui louchait » et qu'il avait vu tout à l'heure à côté de lui. Tout portait donc à faire penser que ce personnage, agacé par les louanges de Heikichi pour le *Hakkenden*, avait l'intention d'en vexer l'auteur.

— D'abord, disait-il, ce qu'il écrit n'est qu'un jeu superficiel de la plume. Car, dans le fond, il n'a rien à dire, à l'exception de ces enseignements desséchés tirés des « Quatre Livres et des cinq Canons [12] », que pourrait donner un moine-maître d'une petite école dépendant du temple. Il en résulte qu'il reste totalement ignorant de tout ce qui se passe dans la vie. En voulez-vous une preuve? Tout ce qu'il a écrit concerne le passé. Ne pouvant reproduire telle qu'elle est l'histoire de « Osome et Hisamatsu [13] », il en fait un plagiat sous le titre désuet : *Histoire d'amour*, histoire en sept chapitres portant chacun le nom des sept fleurs de l'automne[14]. Pour parler comme le grand maître Bakin : « Les exemples de ce genre abondent. »

Lorsque deux parties s'affrontent, si l'une d'elles a une nette conscience de sa supériorité, tout motif de haine disparaît forcément, quelle que soit son animosité. Ainsi Bakin, tout en étant agacé par la parole de son détracteur, ne pouvait aller jusqu'à ressentir une véritable haine envers lui. Il voulait seulement jeter son mépris à la face de cet individu. Mais il eut la sagesse, peut-être due à son âge, de ne pas céder à ce mouvement.

— Sur ce point Ikku [15] et Samba sont extraordinaires, poursuivit le jeune critique. De leurs œuvres se dégagent, sans être déformés, des sentiments vraiment humains. Qu'ils sont loin de ces manipulations artificielles ou de ces connaissances mal digérées! A côté d'eux, qu'est donc ce prétendu ermite Saryûken [16]?

Par expérience, Bakin savait qu'entendre dénigrer ses œuvres était pour lui plus néfaste que désagréable. Il ne s'agissait pas tant du découragement que l'auteur en ressentirait, mais plutôt d'un certain aspect artificiel qu'il introduirait dans ses œuvres futures pour réagir contre cette critique. Cette motivation étrangère à l'art pourrait souvent faire courir à l'auteur le risque de déformer son œuvre du point de vue purement littéraire. Mis à part ceux qui veulent plaire au public, les auteurs qui ont une personnalité plus ou moins forte tombent souvent dans ce travers. C'est la raison pour laquelle Bakin, jusqu'à cet âge, s'était prudemment éloigné des critiques malveillantes de ses œuvres. Ce qui ne l'empêchait pas pour autant d'être souvent tenté de les lire. A s'être laissé entraîner à écouter dans les Bains cette mauvaise langue .qu'était le « petit chignon », il avait à moitié cédé à cette tentation.

Prenant rapidement conscience de son laisser-aller, Bakin se reprocha de flâner ainsi dans le bain. Tout en laissant la voix du « petit chignon » grincer derrière son dos, il enjamba, d'un pas décidé, le seuil de la « grenade ». Dans le hall, à travers la buée, il aperçut par-delà la fenêtre le ciel bleu et les fruits de plaqueminier chaudement éclairés par la lumière du soleil. Assis devant le bassin d'ablution, il s'aspergea tranquillement d'eau chaude.

Le jeune homme, croyant sans doute encore que Bakin se trouvait à ses côtés, poursuivait sa violente « philippique » :

— De toute manière, c'est un escroc. Vive le *Ra-kan-chû* du Japon!

Peut-être ses yeux qui « louchaient » l'avaient-ils empêché de voir Bakin passer le seuil de la « grenade ».

Quand il sortit de l'établissement de bains, il était d'humeur sombre. En cela au moins, la critique virulente de l'homme « qui louchait » avait atteint le but escompté. Tout en cheminant dans les rues de Edo par ce beau temps d'automne, il passa attentivement au crible de son sens critique les paroles malveillantes qu'il avait entendues au bain. Il ne tarda pas à se convaincre que les arguments présentés étaient dénués de tout fondement. Mais cela ne lui permettait pas pour autant de retrouver rapidement son calme.

D'un œil morne, il regarda les magasins qui bordaient la rue. Les habitants, étrangers à son humeur morose, vaquaient à leurs occupations quotidiennes. C'est donc avec un regard distrait qu'il voyait passer devant lui en une file banale les enseignes publicitaires, le rideau ocre de la maison qui vendait les thés de marques de toutes les régions, l'enseigne en forme de peigne jaune du marchand de buis, le « bras lumineux » des porteurs de palanquin, la bandelette ornée de bâtonnets annonçant le cabinet d'un devin...

« Pourquoi suis-je frappé à ce point par ces critiques que je méprise cependant? pensa-t-il. Ce qui m'indispose, c'est le fait que cet homme « qui louche » éprouve de mauvais sentiments à mon égard. Ce fait, à lui seul, indépendamment des raisons qui pourraient le motiver, m'est désagréable. Alors, il n'y a rien à faire. »

Il eut honte de sa sensibilité excessive. Peu d'hommes bravaient comme lui l'opinion des autres, mais en même temps, peu d'hommes étaient aussi sensibles que lui à leurs sentiments hostiles. Il n'ignorait d'ailleurs pas depuis longtemps que ces deux attitudes, contradictoires sur le plan de l'action, provenaient d'une seule et même cause : son extrême nervosité.

« Mais ce n'est pas tout, il y a encore autre chose qui m'agace : c'est de me trouver abaissé au même niveau que cet homme. Je n'ai jamais aimé me trouver dans une telle situation. C'est pour cette raison que je me suis tenu éloigné du jeu. »

Il poussait toujours plus loin son analyse, quand un changement inattendu se produisit dans son humeur. Ses lèvres pincées jusque-là se desserrèrent soudain.

« Enfin, le fait que celui qui m'a abaissé ainsi n'était autre que cet homme qui « louche » ajoute certainement à mon malaise. Eût-il été un homme de qualité, j'aurais sans doute réagi pour surmonter ce sentiment d'humiliation. Mais comme il s'agit de cet homme « qui louche », quoi d'étonnant à ce que je reste complètement désarmé? »

Ricanant, il regarda le ciel d'où le cri sonore des milans retombait avec les rayons du soleil. Son humeur maussade commençait à s'éclairer.

« Tout ce que peut la critique méchante de cet homme, c'est seulement me faire de la peine. Sans plus..., se dit-il. Le cri d'un rapace, si fort soit-il, ne pourra arrêter la course du soleil. Mon *Hakkenden*, de même, ne peut que suivre son cours jusqu'à son achèvement. Ce jour-là, le

Japon possédera un chef-d'œuvre littéraire incomparable dans son histoire. »

Plein d'attention pour sa fierté d'auteur à peine retrouvée, il tourna tranquillement au coin d'une rue et s'engagea dans le passage qui conduisait à sa demeure.

De retour chez lui, Bakin trouva dans le hall d'entrée une paire de chaussures à lacets tressés rangée sur la marche. Cela lui rappela tout de suite le visage plat et lisse du visiteur. Et il pensa avec irritation à la perte de temps que cette visite ne manquerait pas de lui causer.

« Encore une matinée de perdue! » se dit-il.

Il posait le pied sur l'avancée aux planches du vestibule quand Sugi, la servante, accourut au-devant de lui. Les deux mains à plat sur la natte, elle annonça, levant son visage vers lui :

— Le patron de la Maison Izumiya vous attend.

Approuvant de la tête, Bakin remit à la servante ses serviettes encore humides. Mais une certaine hésitation l'empêcha de passer tout de suite dans la pièce où le visiteur l'attendait. Et il demanda :

— Où est O-hyaku?

— Madame est allée au temple, lui répondit la servante.

— Avec O-michi?

— Oui, Monsieur, elles sont parties ensemble et l'enfant est allé avec elles.

— Où est mon fils?

— Il est chez M. Yamamoto.

Toute la famille était donc absente. Il ressentit une légère déception. Ne pouvant faire autrement, il ouvrit la porte de la chambre qui faisait suite au vestibule.

Au centre de la pièce, une fine pipe d'argent aux lèvres, était assis, dans une position correcte, un homme à la peau luisante et au teint blafard, qui affectait un air impénétrable. Le cabinet de travail de Bakin était dénué de tout ornement digne de ce nom, si ce n'est un paravent recouvert entièrement de lithographies et un double rouleau accroché au mur de l'alcôve où étaient peintes des feuilles d'érable, écarlates, et des fleurs dorées de chrysanthèmes. Plus de cinquante boîtes à livres aux bois vieillis de paulownia s'alignaient sobrement le long des murs. Les papiers des cloisons semblaient avoir déjà passé un hiver.

Sur ces vieux papiers rapiécés çà et là de petits morceaux de papier blanc tout neufs, se projetait obliquement l'ombre énorme et mouvante d'un aréquier aux feuilles lacérées qu'éclairait un soleil d'automne. La mise recherchée du visiteur s'harmonisait donc assez mal avec le décor. Le visiteur s'exclama aussitôt :

— Vous voilà enfin, Maître!

Lorsque la porte coulissante s'ouvrit, le visiteur parla avec volubilité et baissa respectueusement la tête. C'était Izumiya Ichibei, l'éditeur, qui avait publié le *Kin-pei-bai* [17], dont le succès égalait presque celui du *Hakkenden*.

— Désolé de vous avoir fait attendre. Je suis allé aux bains ce matin. D'ailleurs j'y vais rarement à cette heure-ci, dit Bakin en esquissant malgré lui une grimace et, selon son habitude, il vint poliment s'asseoir face au visiteur.

— Vraiment, Maître! Aux bains du matin?

Le visiteur poussa un cri d'admiration. Peu de gens savaient admirer, ou plutôt feindre l'admiration comme lui pour des choses insignifiantes. Aspirant lentement la première bouffée de sa pipe, Bakin, comme à l'ordinaire, en vint sans tarder aux affaires. Il n'aimait guère le ton admiratif d'Izumiya.

— Alors, quel est l'objet de votre visite aujourd'hui? lui demanda-t-il.

Izumiya, de son côté, faisant tourner sa pipe entre ses doigts, lui répondit d'une voix onctueuse presque féminine :

— C'est-à-dire..., oui, pouvez-vous me confier d'autres manuscrits?

Cet homme avait un caractère bizarre. Ses gestes, dans la plupart des cas, ne correspondaient pas à ses intentions. Que dis-je, ses gestes leur étaient plutôt toujours opposés. Par suite, quand il avait pris une décision bien arrêtée, sa voix s'adoucissait d'autant plus que sa volonté s'affermissait.

Au ton de cette voix, Bakin, malgré lui, fit à nouveau la grimace.

— Des manuscrits? Impossible.

— Vous êtes peut-être fort occupé?

— Je suis même débordé. Cette année, je me consacre

aux romans. Donc, pas question d'écrire des contes illustrés.

— Je comprends, je comprends, dit Ichibei. Vous êtes très pris.

Sur ces paroles, il frappa sa pipe sur le bord du cendrier. Avec ce petit manège bruyant, il paraissait avoir oublié l'affaire pour laquelle il était venu. Et brusquement, il se lança dans le récit de Nezumikozô Jirôdayû [18].

IV

Nezumikozô Jirôdayû, voleur célèbre, avait été arrêté au mois de mai de cette année-là et exécuté à la mi-août. Il avait l'habitude de pénétrer dans les demeures des seigneurs et de distribuer tout l'argent volé ainsi aux pauvres. C'est pourquoi on lui avait donné le surnom bizarre de « brigand au cœur généreux ». Le peuple l'applaudissait.

— Savez-vous, monsieur, lui dit l'éditeur, que, d'après ce qu'on raconte, soixante-seize résidences ont été cambriolées et que la somme volée s'élève à trois mille cent quatre-vingt-deux *ryô* deux *bu* [19] ! Bien entendu, c'est un voleur, mais il ne s'agit pas là de vols ordinaires.

La curiosité de Bakin fut éveillée. Quand Ichibei commençait des récits de ce genre, il avait toujours la prétention de fournir des thèmes à l'auteur. Cette prétention, certes, agaçait Bakin qui, cependant, ne pouvait retenir sa curiosité de s'éveiller. Il était d'autant plus sujet à tomber dans le piège qu'il était artiste.

— Hum! le chiffre est vraiment énorme, dit-il. On m'en a cité quelques-uns. Mais je ne pensais pas que cela pouvait atteindre une telle somme.

— N'est-il pas un héros parmi les brigands! J'ai entendu dire qu'il s'était engagé dans l'escorte d'Arao, seigneur de Tajima, ou quelque chose de ce genre. C'est ainsi qu'il a pu connaître en détail l'intérieur des résidences seigneuriales. D'après ceux qui l'ont vu conduire en prison, c'était un homme sympathique et plutôt grassouillet. A ce moment-là, il était vêtu d'une robe de soie blanche à un seul pli, doublée d'une cotte de soie en crêpe bleu d'Echigo. Ne dirait-on pas un personnage de vos romans ?

Bakin, approuvant évasivement, alluma une nouvelle pincée de tabac. Mais Ichibei n'était pas homme à se laisser décourager par une réponse peu chaleureuse.

— Qu'en pensez-vous ? continua-t-il. Pourquoi ne pas introduire ce personnage dans votre *Kin-pei-bai ?* Vous êtes occupé, je le reconnais, mais si vous acceptiez de prendre la plume...

De l'histoire du brigand, l'éditeur revint tout à coup à la demande de manuscrits. Mais Bakin, habitué à cette façon de procéder, ne broncha pas. Mieux encore, sa mauvaise humeur redoubla, car il se sentit joué, ne fût-ce qu'un instant, par le manège d'Ichibei qui avait réussi à piquer sa curiosité.

Fumant sa pipe d'un air maussade, Bakin fit l'observation suivante :

— D'abord, si je m'astreignais à écrire, le résultat ne serait pas fameux. La vente s'en ressentirait, il va sans dire. Ce n'est guère intéressant pour vous non plus. Ne croyez-vous pas en fin de compte qu'il vaut mieux, pour nous deux, ne pas insister ?...

— Si telle est votre opinion... Mais ne pourriez-vous pas faire un effort ? Qu'en pensez-vous ?

En insistant ainsi, Ichibei « caressa » du regard le visage de Bakin (c'est le mot avec lequel Bakin qualifia le mouvement du regard d'Ichibei). Et, par bouffées, il rejeta la fumée de sa pipe par les narines.

— C'est impossible. Même si je le voulais, je n'en aurais pas le temps. Non, vous dis-je, je n'en puis plus, déclara Bakin.

— Cela me met dans un profond embarras, répondit l'autre qui, de nouveau, changea brusquement de sujet de conversation.

Tenant toujours sa fine pipe d'argent entre ses lèvres minces, il se lança cette fois dans des histoires personnelles sur les écrivains.

V

— J'ai appris, dit Ichibei, qu'un nouveau livre de Tanehiko [20] allait paraître. Sûrement un livre « précieux » et sentimental. Tout ce qu'il écrit a quelque chose d'inimitable. C'est mon impression.

On ne sait pourquoi, mais Ichibei avait l'habitude de nommer les auteurs sans citer leurs titres honorifiques. Chaque fois que Bakin entendait son éditeur parler ainsi, il se disait qu'en son absence cet homme devait l'appeler « Bakin » tout simplement. « Pourquoi confierais-je mes manuscrits à un homme aussi superficiel et aussi vaniteux qui considère les auteurs comme ses ouvriers et surtout ose les nommer sans aucun respect ? » Quand il était agacé, les réflexions de ce genre l'exaspéraient souvent contre son interlocuteur. Aujourd'hui encore, au nom de Tanehiko lancé par Ichibei, sa grimace prit une expression plus amère. Mais l'autre n'eut point l'air de s'en émouvoir. Il continuait :

— Et puis nous avons le projet de publier *Shunsui* [21]. Il n'est pas à votre goût, je le sais, mais son genre est du niveau des profanes.

— Vous croyez cela ?... dit Bakin.

Et sa mémoire lui rappela, exagérément avili par son imagination, le visage de Shunsui qu'il avait entrevu quelque part. « Je ne suis pas un auteur, avait l'habitude de répéter cet écrivain. Je suis un simple ouvrier qui se contente de fournir des lectures galantes au bon plaisir de mes clients. » Depuis longtemps, Bakin avait entendu parler de ces prétentions de Shunsui. Aussi avait-il un profond mépris pour cet auteur qui n'était pas digne de son nom. Néanmoins, le manque de respect avec lequel Ichibei venait de glisser le nom de Shunsui dans la conversation provoqua en lui des sentiments pénibles, difficiles à réprimer. Mais l'autre poursuivit :

— De toute façon, il est sans égal dans son genre. De plus, il est de notoriété publique qu'il a une grande puissance de production.

En disant cela, Ichibei jeta rapidement vers Bakin un coup d'œil qu'il ramena prestement vers sa pipe d'argent tenue entre ses lèvres. L'expression de son visage trahissait à cet instant quelque chose de terriblement vulgaire, du moins, Bakin le sentait ainsi...

— Pour écrire des ouvrages en telle quantité, sa plume, m'a-t-on dit, court d'un seul trait, sans s'arrêter avant d'avoir achevé deux ou trois chapitres. A propos, Maître, vous aussi, vous écrivez vite? insinua Ichibei.

Bakin se sentit aussi agacé que menacé par cette question. Que la rapidité de sa plume fût comparée à celle de Shunsui ou de Tanehiko était naturellement peu agréable à son vif amour-propre, d'autant qu'il était plutôt lent à écrire. Il s'en était souvent désolé, croyant voir là une preuve de son incapacité. Mais il avait également pensé que sa lenteur au travail était à considérer, croyant pouvoir mesurer par là le degré de sa probité d'artiste. En tout cas, indépendamment de toutes ces réflexions, il ne voulait aucunement laisser discuter les profanes sur ce point. Tournant alors son regard vers le rouleau aux érables écarlates et aux chrysanthèmes dorés qui ornait l'alcôve, il lança d'un ton méprisant :

— Cela dépend des circonstances. J'écris tantôt vite, tantôt avec lenteur...

— Ha! ha! cela dépend des circonstances! C'est le mot!

Pour la troisième fois, Ichibei manifesta son admiration affectée. Mais bien entendu, il ne se contenta pas d'être simplement admiratif. Sans lâcher prise, il attaqua :

— J'en suis persuadé. Mais les manuscrits? Excusez-moi d'insister. Vous dites toujours que vous ne pouvez pas accepter, Shunsui, par exemple...

— Je ne suis pas M. Tamenaga! interrompit Bakin.

Quand il était froissé, il avait l'habitude de tirer sa lèvre inférieure vers la gauche. A cet instant, il la tira très fortement vers la gauche et dit :

— Eh bien, il ne me reste plus qu'à m'excuser... — Et appelant sa servante, il demanda : — Sugi, as-tu disposé les chaussures de M. Izumiya?

VI

S'étant enfin débarrassé d'Izumiya, Bakin, solitaire, adossé à un pilier de la véranda, promenant son regard sur le petit jardin, s'efforçait de calmer ses nerfs encore bien irrités.

Dans le jardin éclairé par les rayons du soleil, les feuilles fendues des aréquiers, les platanes presque dénudés formaient un coin intime où régnait l'automne roux tacheté du vert des cyprès et des bambous. Les fleurs de lotus qui ornaient la vasque d'eau pour la toilette étaient déjà fanées. Mais les oliviers odorants de l'autre côté d'une petite haie à claire-voie répandaient encore à profusion leur doux parfum. Du firmament lointain tombait de temps en temps, semblable au son d'une flûte, le cri d'un milan.

Devant cette harmonie de la nature, il ressentit d'autant plus vivement la vulgarité des hommes. Le malheur de ceux qui s'y mêlent est, sous l'influence irrésistible de cette bassesse même, de se voir dégrader, à leur tour, jusqu'au même niveau. Lui, il venait de chasser Izumiya Ichibei. Se débarrasser de quelqu'un n'est pas, assurément, un geste très noble! Mais la vulgarité de l'éditeur l'avait contraint à faire ce geste peu honorable. Il l'avait fait et, ce faisant, s'était avili autant que l'autre. Cela signifiait qu'il était tombé aussi bas qu'Ichibei.

Cette réflexion lui rappela un événement analogue qui s'était produit assez récemment. L'année précédente, au printemps, un nommé Nagashima Masabei, homme de la province de Sagami, habitant de Kamishinden, du district de Kuchiki, lui avait écrit une lettre pour lui demander de le prendre comme disciple.

D'après cette lettre, cet homme, devenu sourd à l'âge de vingt et un ans, avait pris la décision de se faire un nom dans les activités littéraires. Il s'était donc absorbé jusqu'à l'âge de vingt-quatre ans à écrire des romans. Il était, évidemment, un lecteur assidu du *Hakkenden* et du *Juntôki*[22]. Mais perdu dans la campagne et ne pouvant guère apprendre le métier d'écrivain, il lui était venu l'idée de se faire adopter gratuitement chez Bakin comme pensionnaire. Par ailleurs, il possédait, disait-il, six cahiers de manuscrits qu'il voulait faire corriger par Bakin et publier, grâce à son appui. Telle était la substance de sa lettre. Il va sans dire qu'aux yeux de Bakin ses demandes paraissaient trop égoïstes. Mais la surdité de cet homme lui avait inspiré une certaine compassion, car lui-même souffrait des yeux. La réponse qu'il lui fit, en le priant de l'excuser de ne pouvoir agréer sa demande, fut, contrairement à son habitude, d'un ton exceptionnellement courtois. Mais la réponse de l'autre ne contenait que des reproches immérités.

« J'ai eu la patience, écrivait ce dernier, de lire vos romans aussi ennuyeux... que le *Hakkenden* et le *Juntôki*. Mais vous vous êtes refusé à parcourir mes manuscrits qui, eux, ne dépassent pas six cahiers. Cela n'est-il pas une preuve de votre égoïsme ? »

La lettre, qui avait commencé par ces phrases blessantes, se terminait par des reproches sur l'avarice de Bakin qui avait refusé, lui un aîné, de prendre en pension un cadet. Bakin, furieux, ne tarda pas à riposter, déclarant qu'il aurait honte jusqu'à la fin de sa vie d'avoir eu un lecteur aussi indigne. Puis il n'entendit plus parler de lui. Continuait-il à écrire ? Rêvait-il encore d'être lu un jour par tout le Japon ? En évoquant ce souvenir désagréable, Bakin ne put s'empêcher de ressentir du dépit, tant contre soi que contre ce Nagashima Masabei.

Il sombra dans une tristesse indicible. Mais les rayons du soleil tombaient, innocemment, dans l'air que parfumaient les fleurs d'oliviers odorants. Les feuilles des aréquiers et les branches des aulnes restaient immobiles, silencieuses. Le cri du milan se faisait encore entendre, pur et clair. « Ah ! cette nature et... de tels hommes... » Il s'adossa, la tête vide, comme en rêve, au pilier de la véranda, jusqu'à ce que, dix minutes plus tard, la servante Sugi vînt lui annoncer que le déjeuner était servi.

VII

Ayant achevé son déjeuner solitaire, Bakin s'enferma enfin dans son cabinet de travail. Voulant dissiper son malaise mêlé d'amertume, il ouvrit le *Suikoden*, qu'il n'avait pas relu depuis longtemps. Ses regards tombèrent par hasard sur le passage du « Sanctuaire du Dieu des montagnes » où était dépeint *Hyôshitô Rinchu* qui, par une nuit de vent et de neige, contemplait l'incendie d'un grenier à foin. La lecture de cette scène dramatique lui rendit son enthousiasme habituel. Mais après un certain temps, sans qu'il sût pourquoi, son exaltation fit de nouveau place à un trouble intérieur.

Sa famille qui était allée au temple n'était pas encore de retour. Le silence régnait dans la maison. Devant le roman chinois ouvert, la mine sombre, il fumait sans plaisir particulier. Avec les volutes de fumée, une question qu'il se posait depuis longtemps tournoyait dans sa tête.

Question due à une contradiction qui ne cessait de l'obséder, en lui qui était à la fois moraliste et artiste. Il n'avait jamais mis en doute l'autorité de la « Voie des Sages Monarques ». Son roman n'en était, comme il le disait lui-même, qu'une manifestation artistique. Aussi, tant qu'il restait sur ce plan, n'y avait-il aucune contradiction. Néanmoins, il existait en fait un écart sensible entre la valeur que cette « Voie » accordait à l'art et celle que sa sensibilité esthétique voulait réaliser par ce dernier. En lui, le côté « moraliste » approuvait la première comme le côté « artiste » le faisait, bien entendu, pour la seconde. Il est superflu de dire que, pour sortir de cette situation, il s'essayait au moins à trouver un compromis, d'ailleurs assez banal. De fait, il lui était parfois arrivé de tenter de cacher au public sa position ambiguë vis-à-vis de l'art derrière une vague théorie d' « harmonie préétablie ».

Le public pouvait bien s'y tromper, mais non lui-même. Tout en niant la valeur intrinsèque des romans qu'il considérait comme un « instrument d'édification », il devenait inquiet dès qu'un enthousiasme artistique s'emparait de lui. A cette raison d'ordre intérieur était dû, à vrai dire, l'effet inattendu qu'un passage du *Suikoden* produisait sur lui.

Bakin était trop prudent dans ce domaine pour en pousser les conséquences jusqu'au bout. Fumant sa pipe en silence, il essaya de tourner sa pensée vers sa famille absente. Mais le *Suikoden* était sous ses yeux. L'inquiétude qui s'en dégageait le hantait, quand, heureusement, Watanabe Noboru, autrement dit Kazan [23], vint lui rendre visite. Bakin ne l'avait pas vu depuis longtemps. En *haori* et *hakama* [24], un paquet de toile violette sous le bras, le visiteur semblait rapporter les livres qu'il avait empruntés.

Bakin, ravi, alla lui-même jusqu'au vestibule pour l'accueillir. Celui-ci, une fois dans le cabinet de travail, lui dit, comme il s'y attendait :

— Je suis venu aujourd'hui pour vous rendre vos livres. En outre, j'ai quelque chose à vous montrer.

En effet, en plus du paquet de toile, il portait quelque chose qui avait tout l'air d'être un rouleau de soie peinte enveloppé dans du papier.

— Puis-je vous montrer ceci, à moins que cela ne vous dérange ? dit-il.

— Assurément pas, je brûle de le voir ! lui répondit Bakin.

Kazan, ébauchant exprès un sourire qui cherchait, semblait-il, à modérer l'émotion qui l'exaltait, déploya le rouleau de soie. Dans le tableau, entre les arbres clairsemés, les uns proches, les autres lointains, tous austères et dépouillés, deux hommes étaient debout l'un à côté de l'autre; ils causaient d'un air amusé, en frappant dans leurs mains. Des corbeaux s'ébattaient parmi les branches, le sol était jonché de feuilles couleur d'or. Du tableau tout entier se dégageaient les frissons de l'automne.

Le regard de Bakin, tombé sur les silhouettes sobrement dessinées de Kanzan et Jittoku [25], se mit à luire, prenant une expression de plus en plus attendrie.

— Vous êtes toujours merveilleux ! s'exclama-t-il. Ce tableau me rappelle les strophes suivantes de Wang Ma-k'i [26] :

Au son du gong, les oiseaux descendent de leur nid,
Sous les pas qui errent, les feuilles mortes bruissent.

VIII

— J'ai terminé hier ce tableau qui me plaît; il m'est venu à l'idée de vous l'offrir, à condition naturellement qu'il vous plaise, à vous aussi, dit Kazan, d'un air satisfait, caressant de la main son menton bien rasé.

« J'ai dit : ce tableau me plaît, continua le peintre, c'est évidemment par rapport à ceux que j'ai peints jusqu'ici. Je n'arriverai jamais à atteindre la perfection.

— Je suis très heureux. Seulement, je suis désolé d'être toujours votre obligé, remercia Bakin comme s'il murmurait, absorbé qu'il était dans la contemplation du tableau.

A cet instant, l'idée de son propre travail encore inachevé effleura son esprit. Kazan, de son côté, semblait poursuivre ses pensées sur ses propres œuvres.

— Comment ont-ils pu si bien faire? reprit-il, c'est une obsession dès que je me trouve devant les tableaux des Anciens. Arbres, pierres, personnages ne sont jamais rien d'autre qu'eux-mêmes, arbres, pierres, personnages. Et cela n'empêche pas l'âme des Anciens de s'en dégager librement; ils sont vraiment inimitables. Sur ce point, je suis moins qu'un enfant.

Bakin, souriant, taquina son interlocuteur, ce qui était assez rare chez lui, disant : « Mais les Anciens n'ont-ils pas dit : La postérité est à redouter? » et, avec un sentiment mêlé de jalousie, il regardait son ami absorbé dans son art.

— La postérité est à redouter, oui, cela aussi est vrai, dit le peintre; donc, pris entre les Anciens et les générations futures, nous sommes poussés en avant, bousculés de part et d'autre. Ce n'est pas seulement vrai pour nous. Il en était ainsi pour les Anciens et il en sera de même pour l'humanité de demain.

— En vérité, si nous ne nous laissons pas pousser en avant, nous serons d'un moment à l'autre écrasés. L'important, c'est, me semble-t-il, de ne pas relâcher nos efforts pour faire toujours un pas en avant.

— Oui, c'est l'essentiel, lui répondit Bakin.

Émus de leurs propres paroles, les deux artistes se turent un instant, comme s'ils écoutaient le silence d'un calme jour d'automne.

— Votre *Hakkenden* avance-t-il toujours bien? demanda bientôt Kazan, amorçant ainsi un autre sujet de conversation.

— Il m'est pénible de constater qu'il n'avance pas. Là aussi, ce sont les Anciens qui semblent nous dépasser.

Mais Kazan rétorqua :

— Vous êtes notre aîné; vous ne devez pas parler ainsi. Quel embarras pour nous, sinon!

— Si quelqu'un est embarrassé, c'est bien moi. Cependant, on a beau faire, il faut poursuivre le plus longtemps possible dans cette voie. Dans cet ordre d'idées, je suis fermement décidé d'ores et déjà à livrer bataille au *Hakkenden*, au prix même de ma vie.

Bakin rit amèrement, comme confus, et il continua :

— Je me dis que le roman n'est qu'un simple « divertissement », mais, en réalité, ce n'est pas facile à écrire.

— Il en est de même pour ma peinture. Une fois l'œuvre entreprise, je voudrais aller jusqu'au bout, dit l'autre.

— Nous n'aurons peut-être pas d'autre issue que de périr dans la lutte.

Tous d'eux éclatèrent de rire. Mais à ce rire se mêlait un sentiment de solitude auquel ils étaient seuls sensibles. Et l'hôte et le visiteur puisèrent un enthousiasme dans cette solitude même.

— J'envie les peintres. Ils sont au moins à l'abri de la censure, dit Bakin, et ce fut lui, cette fois, qui changea le sujet de la conversation.

IX

— Cet ennui nous est épargné. Mais vos œuvres ne sont-elles pas également dégagées de ce genre de souci? poursuivit Kazan.

— Bien au contraire! répliqua Bakin.

Et il cita, comme exemple de la mesquinerie de la censure, l'ordre qu'il avait reçu de refondre un de ses ouvrages dont un chapitre relatait la corruption de fonctionnaires. Il y ajouta cette critique :

— N'est-il pas amusant de voir les censeurs se trahir eux-mêmes, et cela d'autant plus qu'ils accusent les vices des autres? C'est parce qu'ils sont corrompus qu'ils veulent, par mauvaise foi, faire refondre les livres qui font état de la corruption. Ils sont avides des choses scabreuses, aussi déclarent-ils incompatibles avec les bonnes mœurs tous les livres qui traitent des sentiments d'amour. Ils se rendent ridicules en se croyant plus sensibles à la moralité que les auteurs. Ils sont semblables à ces singes qui grincent des dents devant leur propre image reflétée dans une glace. Ils enragent contre leur laideur.

Voyant Bakin se lancer avec tant d'ardeur dans ces comparaisons, Kazan ne put s'empêcher de sourire.

— La majeure partie de ce que vous dites est certainement vraie. Mais la refonte ordonnée ne tournerait pas nécessairement à votre désavantage. Les bons livres, indépendamment de l'avis du censeur, restent ce qu'ils sont.

— Mais cela n'empêche que ces gens-là dépassent trop souvent la mesure. Oui, une fois déjà, j'ai été obligé de supprimer quelques lignes pour avoir raconté une histoire d'envoi de vivres aux prisonniers — tout en disant cela, Bakin lui-même fut gagné par le rire de Kazan.

— Mais d'ici cinquante ou cent ans tout au plus, les censeurs auront disparu, tandis que le *Hakkenden* restera, affirma Kazan.

— La survie du *Hakkenden* mise à part, j'ai l'impression que les censeurs pourraient bien résister, répondit Bakin.

— Vous croyez? demanda Kazan; je ne peux partager votre avis.

— Les censeurs eux-mêmes auront peut-être disparu, mais leurs semblables ne cesseront jamais d'exister. Le fait de mettre au bûcher des livres et d'enterrer vifs des savants n'est pas seulement... de l'histoire ancienne, bien au contraire [27]..., ajouta Bakin.

— Vous êtes notre aîné. Et ces derniers jours, vous ne dites que des choses décourageantes, remarqua Kazan.

— Mais ce n'est pas moi qui rends les choses peu rassurantes. La société où les censeurs font ce qu'ils veulent est elle-même peu rassurante, constata Bakin.

— Alors, vous n'avez qu'à travailler davantage, dit le peintre.

— C'est en effet la seule issue...

— Nous périrons donc ensemble dans cette lutte?

Cette fois, ni l'un ni l'autre ne rirent. Ce n'est pas tout. Bakin, le visage un peu durci, jeta un coup d'œil vers Kazan. Car les paroles apparemment facétieuses de celui-ci cachaient une épine singulièrement acérée.

— Les jeunes doivent d'abord penser à survivre. Quant à mourir, on le peut toujours, soupira Bakin après quelques instants de silence.

Car la prise de position politique de Kazan, qu'il connaissait, lui inspirait à cet instant une certaine inquiétude. Mais le peintre, lui, se contenta de sourire sans répondre.

X

Kazan l'ayant quitté, Bakin se remit au travail, voulant profiter de l'enthousiasme suscité par cette visite pour continuer la composition du *Hakkenden*. Il avait depuis longtemps l'habitude de relire ce qu'il avait écrit la veille avant d'aller plus loin. Ainsi, ce jour-là encore, il relut lentement et attentivement les feuilles de son manuscrit dont chaque ligne était chargée de corrections à l'encre rouge. Il ne comprenait pas pourquoi les phrases résonnaient mal. Quelques désaccords cachés entre les mots rompaient l'harmonie de l'ensemble. Au début, il l'attribua à sa nervosité à peine calmée, se disant : « C'est qu'aujourd'hui je ne suis pas en bonne forme. Quant à ce que j'ai écrit, je l'ai écrit, je crois, jusqu'à l'épuisement de mes moyens. » Sur ce, il reprit sa lecture. Mais le ton discordant restait inchangé. Il fut affolé malgré son âge.

« Comment trouverai-je ce que j'ai écrit l'avant-veille? » se dit-il.

Il relut. Les feuilles fourmillaient de phrases mal construites. Il remonta à ce qui précédait et ainsi de suite...

Au fur et à mesure qu'il lisait, les phrases mal ordonnées et la composition peu sûre se déroulaient sous ses yeux. Il y trouva des descriptions dénuées de toute image, des exclamations étrangères à tout enthousiasme et des raisonnements auxquels manquait toute logique. Tous ces manuscrits auxquels il avait consacré plusieurs jours de labeur ne lui parurent alors qu'un amas de bavardages inutiles. Cela lui causa une grande peine.

— Il ne me reste plus qu'à tout recommencer! s'écria-t-il.

Et, repoussant dédaigneusement les manuscrits, il s'étendit sur le *tatami* [28], la tête appuyée sur un coude. Mais l'air toujours soucieux, il ne détachait pas ses regards de son bureau, de ce bureau sur lequel il avait écrit le *Yumiharizuki*, le *Nanka no Yume* et où, cette fois, il écrivait le *Hakkenden*. Écritoire de jade de *Tankei* [29], presse-papiers de *Sonri* [30], burette de bronze en forme de crapaud, petit paravent pour l'encrier en émail bleu orné de dessins de lions et de gardénias, vase à pinceau en bambou ciselé de fleurs d'orchidées, tous ces objets étaient des familiers de son labeur de création. Les contemplant, il s'abîma dans une inquiétude néfaste comme si son échec eût jeté une ombre sinistre sur ses œuvres de l'avenir, comme si sa qualité d'écrivain eût été fondamentalement mise en cause.

« Je me croyais capable, se dit-il, de donner à mon pays un chef-d'œuvre sans égal. Mais peut-être n'était-ce qu'une prétention bien banale. »

Cette inquiétude faisait naître en lui un sentiment de solitude âpre, presque insupportable. Il n'oubliait jamais cette règle de précepte de rester modeste devant les génies de son pays et de la Chine qu'il adorait. Mais, il en était venu à se montrer d'autant plus orgueilleux et même insolent à l'égard des petits écrivassiers de son temps. Comment donc pourrait-il reconnaître facilement qu'il n'était pas en fin de compte plus qualifié qu'eux, qu'il était lui-même ce méprisable « porc de *Liao-toung* [31] »?

Et, d'autre part, son robuste « moi » bouillonnait avec trop d'effervescence pour se réfugier dans la sagesse et la résignation.

Toujours étendu devant son bureau, il luttait en silence contre l'immensité de son désespoir, regardant ses manuscrits ratés avec l'œil désolé d'un capitaine en détresse qui voit son bateau sombrer dans les flots. Il se serait certainement enfermé dans son humeur noire, si, juste à ce moment, la porte coulissante de son cabinet de travail ne s'était brusquement ouverte derrière lui, et si aux mots : « Grand-père, me voilà ! » des petits bras tendres et potelés n'étaient venus s'enrouler autour de son cou. Son petit-fils Tarô, auquel la porte avait livré passage, se précipitait vers lui et sautait d'un bond sur ses genoux avec l'audace et la franchise des enfants.

— Grand-père, me voilà ! s'écria-t-il

— Oh ! Tu as bien fait de revenir vite !

A cette parole, sur le visage ridé de l'auteur du *Hakkenden*, une joie se répandit rapidement, comme s'il se transformait en une autre personne.

XI

De la salle à manger parvenaient la voix nerveuse de sa femme O-hyaku et celle, plus timide, de sa bru O-michi. Le ton grave qui s'y mêlait annonçait le retour de son fils Sôhaku. A cheval sur les genoux du grand-père, comme s'il écoutait attentivement ces conversations, Tarô, le visage sérieux, regardait le plafond. Ses joues qui avaient été exposées à l'air frais du dehors étaient roses, les ailes de son petit nez frémissaient avec la respiration.

« Écoute ! Grand-père ! » dit soudain Tarô. Il portait un *haori* noir frappé des armes familiales en réduction composées de fleurs de châtaignier et de prunier. Ses efforts pour ordonner ses pensées et retenir son rire faisaient alternativement apparaître et disparaître les petites fossettes sur ses joues. Cela suscita spontanément le sourire de Bakin.

— Il faut, tous les jours, bien..., commença Tarô.

— Oui ? Il faut, tous les jours, bien... ? répéta Bakin.

— Travailler ! dit le petit.

Bakin ne put retenir son rire et poursuivit :

— Et alors?

— Et..., attends..., il ne faut pas se mettre en colère, tu entends ? continua Tarô.

— C'est tout ? dit Bakin.

— Non, Grand-père, il y a autre chose...

Ayant dit cela, Tarô, renversant en arrière sa tête coiffée en un petit chignon, se mit à rire, lui aussi. A le voir plisser les yeux, montrer ses dents blanches et rire en creusant les fossettes sur ses joues, comment pouvait-on imaginer qu'il aurait un jour, lui aussi, ce visage misérable des adultes ? pensa Bakin, inondé de bonheur. Il fut de plus en plus ému.

— Tu as encore quelque chose à me dire ? demanda le grand-père.

— Oh ! des tas de choses... fit l'enfant.

— Quelles choses donc ?

— Attends..., comme Grand-père deviendra un jour un plus grand homme encore...

— Je deviendrai un plus grand homme ?

— Donc, il faut être très patient, tu entends ? dit Tarô.

— Je suis toujours très patient.

La voix de Bakin, malgré lui, prit un ton sérieux.

— Il faut donc, ajouta l'enfant, être très, très patient.

— Mais qui t'a dit cela ? demanda Bakin, intrigué.

— C'est... et Tarô épia le visage de son grand-père d'un air espiègle.

— Devine ! Grand-père.

— Puisque tu étais au temple, cela doit être le moine ?

— Non ! Grand-père...

Tarô secoua fortement sa tête et, soulevant à moitié sa hanche, tendant son menton un peu en avant, il dit :

— C'est...

— C'est... qui ?

— C'est *Kannon* [32], à *Asakusa*, qui me l'a dit.

Ce disant, Tarô rit à faire retentir toute la maison. Et de peur d'être saisi par son grand-père, il le quitta d'un bond et se sauva précipitamment vers la chambre des femmes, battant frénétiquement dans ses petites mains, apparemment satisfait d'avoir « eu » son grand-père.

A cet instant, quelque chose de sublime éclaira le cœur de Bakin. Ses lèvres s'entrouvrirent en un sourire radieux. Mais ses yeux se mouillèrent de larmes. Pour lui, il ne fut pas question de savoir qui avait été l'inventeur de cette plaisanterie : l'enfant lui-même ou la mère qui l'avait chargé de la faire. Il fut frappé du fait que, juste au plus fort de sa crise, ces paroles eussent été prononcées par la bouche de son petit-fils.

« Kannon a dit cela. Travaille bien, ne te laisse pas aller à un accès de colère, et sois très patient ! »

Le vieil artiste sexagénaire, riant et pleurant à la fois, approuva comme un enfant.

XII

Voici ce qui se passa la nuit même qui suivit ce jour.

Sous la lueur de la lanterne ronde, Bakin reprenait la composition de son *Hakkenden*. Pendant son travail, personne n'osait entrer dans son cabinet. Les menus crépitements de la mèche à huile et le chant des grillons faisaient ressortir le silence de la longue nuit d'automne.

Au début de son travail, un point lumineux, presque imperceptible, remuait dans la tête de Bakin. Dix lignes..., vingt lignes..., à mesure que son pinceau avançait, ce petit point lumineux augmentait de volume. Sa longue expérience le mit en garde contre ce qui allait se passer. Il veilla donc scrupuleusement à la marche de son pinceau. Il en est de l'enthousiasme comme d'une flamme. Si l'on ne sait pas l'entretenir, une fois brûlé, il s'éteint en un instant.

« Ne te presse pas ! Conduis ta pensée plus profondément encore ! » chuchota Bakin à plusieurs reprises en retenant son pinceau qui risquait de devancer sa pensée.

Mais, dans sa tête, cet éclat céleste de tout à l'heure, bien plus grand déjà, se mit à se transformer en une coulée lumineuse, plus rapide qu'un fleuve. Redoublant de force à chaque instant, ce torrent l'entraînait malgré lui.

Déjà ses oreilles n'entendaient plus le chant des grillons. Ses yeux ne se plaignaient plus de la faible clarté de la lanterne. Son pinceau glissait maintenant souple et rapide. Dans une attitude de lutte contre le Géant divin, il écrivait avec acharnement.

Semblable à la galaxie traversant le firmament noir, le courant lumineux, on ne sait d'où, jaillissait continuellement.

Cette force du courant de l'inspiration l'effraya. « Si mes forces physiques, débordées, venaient à me trahir... », se demanda-t-il, soucieux. Serrant fortement le pinceau dans sa main, il s'adressa à lui-même à maintes reprises :

« Écris jusqu'à la limite de tes forces. Peut-être écriras-tu maintenant ce que tu ne pourras jamais plus écrire. »

Mais le courant lumineux ne ralentit point. Inondant tout dans son vertigineux soulèvement, il pénétrait tout son être comme une vague énorme et écumante. Maintenant, il avait complètement submergé l'esprit de l'écrivain. Dans l'oubli de tout, Bakin se lançait rageusement dans la direction où se ruaient les flots. Son pinceau galopait comme une tempête.

Que reflétait, à cet instant, son regard souverain? Ni intérêt, ni amour, ni haine. Le respect humain avait depuis longtemps disparu du fond de ses yeux. Seule y demeurait une joie indicible, ou un enthousiasme tragique qui l'emportait jusqu'à l'extase. Ceux qui sont étrangers à cet enthousiasme, comment pourraient-ils saisir cette illumination? Comment pourraient-ils comprendre l'âme ingénue de celui qui crée? Ici, la « Vie », purifiée de ses déchets, ne luit-elle pas, magnifique comme un métal vierge aux yeux de l'auteur?

Pendant ce temps, dans la chambre des femmes, sous la lumière d'une lanterne, O-hyaku, sa femme et O-michi, sa bru, faisaient leurs travaux de couture en tête à tête. Tarô était déjà endormi, semblait-il. Un peu à l'écart, Sôhaku, qui paraissait malade, s'occupait à préparer des pilules.

— Père est encore éveillé? bougonna O-hyaku, passant son aiguille dans ses cheveux pour la rendre plus glissante.

— Il travaille certainement, oubliant tout, répondit O-michi sans détacher les yeux de son aiguille.

— Quelle tête obstinée il a..., pour une besogne qui ne rapporte pas.

Ce disant, O-hyaku regarda son fils et sa bru, Sôhaku feignit de ne rien entendre. Il ne répondit pas. O-michi non plus. Silencieuse, elle faisait travailler son aiguille. Ici comme dans le cabinet de travail, les grillons chantaient interminablement la longueur d'une nuit d'automne.

(Novembre 1917.)

XII

Chasteté d'Otomi

C'était l'après-midi du 14 mai de la première année de Meiji, (1868) ce même après-midi où le communiqué suivant fut publié : « L'armée du gouvernement attaquera demain, dès l'aube, la bande de *Shôgi* [1] retranchée dans le Tôeizan. Il est instamment recommandé aux habitants d'Ueno de procéder à l'évacuation de leur quartier et de gagner n'importe quel lieu. » A la deuxième section du quartier de Shitaya, dans la boutique de la mercerie que venait de quitter Kogaya Seibei, un gros chat au pelage de trois couleurs était couché, tranquille, le dos rond, devant la coquille d'ormier dans un coin de la cuisine.

A l'intérieur de la maison aux portes toutes closes, il faisait sombre malgré l'heure. Nul signe de présence humaine. Seule, la pluie qui ne cessait de tomber depuis plusieurs jours crépitait. Quelquefois, les averses tombaient plus fort sur le toit invisible, puis s'affaiblissaient et, sans qu'on s'en aperçût, remontaient vers le ciel. Chaque fois que le bruit s'intensifiait, les yeux d'ambre du félin s'agrandissaient. Dans la cuisine obscure, où l'on n'aurait pu même distinguer le fourneau, s'allumaient à ces moments-là des lueurs lugubres et phosphorescentes. Assuré que rien d'insolite ne se produisait hormis les bruits de plus en plus violents de la pluie, le chat demeura immobile, la pupille de ses yeux s'amincissant jusqu'à devenir comme un fil.

Après avoir recommencé plusieurs fois, l'animal, s'étant enfin assoupi, n'ouvrit plus les yeux. Cependant, la pluie, tantôt drue, tantôt légère, continuait à tomber. Huitième heure, huitième heure et demie [2]..., le jour, suivant le rythme des averses, approchait de plus en plus de sa fin.

Sept coups allaient sonner lorsque le chat, comme s'il eût été surpris par quelque chose, écarquilla les yeux. Il dressa en même temps les oreilles. Mais la pluie était déjà beaucoup moins forte. On n'entendait que les voix des porteurs de palanquin courant dans la rue... Rien d'autre... Il y eut quelques secondes de silence; la cuisine, où l'obscurité avait jusqu'alors régné, commença à s'éclairer, il est difficile de dire à quel moment. Le fourneau qui encombrait la petite pièce au plancher nu, une cruche luisante sans couvercle, du bois de pin offert à la divinité du fourneau, la cordelette qui pendait au vasistas, tous ces objets se révélèrent un à un. Le chat de plus en plus inquiet fixa l'orifice de la conduite d'eau qui s'ouvrait, et souleva lourdement son corps.

C'était un clochard trempé jusqu'aux os qui, à cet instant, avait ouvert la porte. Et il faisait glisser la porte coulissante dont la partie inférieure était lambrissée. Sa tête qu'enveloppait une serviette usée tendue en avant, il épia quelques instants, prêtant l'oreille, l'intérieur silencieux de la maison. S'étant assuré qu'il n'y avait personne, il monta doucement dans la cuisine, traînant derrière lui une natte récemment mouillée, la seule chose neuve qu'il eût. Rabattant les oreilles, le chat recula de deux ou trois pas. Le mendiant, qui ne se troubla pas outre mesure, ayant refermé la porte sans se retourner ôta lentement la serviette qui enveloppait sa tête. Sur son visage envahi par la barbe, deux ou trois morceaux de pansement étaient collés. Ses traits couverts de crasse ne donnaient pas cependant une impression de vulgarité.

— Miké! Miké!

Égouttant ses cheveux et essuyant son visage mouillé, il appela le chat à voix basse. L'animal connaissait-il cette voix? Miké redressa les oreilles. Et sans quitter sa place, il lança de temps à autre un regard méfiant vers le visage de l'intrus. Entre-temps, celui-ci, ayant posé la natte qu'il portait, s'était assis, les jambes repliées en avant, des jambes si couvertes de boue qu'on n'aurait pu apercevoir la moindre parcelle de peau.

— Sacré chat! Qu'est-ce que tu as? Il n'y a personne ici... Tu as donc été abandonné?

Riant tout seul, le mendiant caressa de sa main vigoureuse la tête de l'animal. Ce dernier parut un instant prêt à s'enfuir. Mais, au lieu de bondir en arrière, il resta immobile et referma les yeux. Le clochard, cessant de caresser le chat, sortit, cette fois, du revers de son vieux *yukata* [3], un pistolet luisant de graisse et, dans l'incertitude de la pénombre, commença à examiner le fonctionnement de la gâchette. Un clochard maniant un pistolet dans la cuisine d'une maison déserte où flotte une atmosphère de guerre, c'était certes un spectacle romanesque et inhabituel. Mais le chat, les yeux mi-clos, le dos toujours arrondi, ne bougeait pas, aussi imperturbable que s'il avait été dans le secret.

— Attends demain, Miké! Les balles de fusil pleuvront ici aussi, tu entends? Si tu es touché par une de ces balles, tu ne manqueras pas de crever. Donc, demain, malgré tout ce remue-ménage, je te conseille de te cacher sous le plancher de la véranda toute la journée...

Tout en vérifiant son arme, il s'adressait au chat de temps à autre.

— Vraiment, nous sommes de vieilles connaissances, toi et moi! Mais aujourd'hui, c'est notre dernier jour, te rends-tu compte? Pour toi aussi, demain sera un jour de malheur. Pour moi, ce sera peut-être la mort. Mais, même si je suis épargné, je ne fouillerai plus jamais avec toi dans les poubelles. Tu en seras ravi!

Un moment, le bruit de la pluie redoubla d'intensité. Les nuages semblaient s'appesantir sur le toit jusqu'à en estomper les tuiles cornières. La pénombre qui régnait dans la cuisine augmenta encore. Mais le clochard, sans même lever la tête, chargeait attentivement le pistolet qu'il avait fini de vérifier.

— Au moins, auras-tu quelque regret? Non! On a raison de dire : cet animal de chat oublie même les bienfaits qu'il a reçus pendant trois ans; on ne peut donc compter sur toi, j'ai bien peur... Mais ça m'est égal. Seulement, si j'étais mort, alors...

Brusquement, il se tut. Quelqu'un semblait du dehors approcher de la conduite d'eau. Cacher le pistolet, se retourner, furent, pour le clochard, deux actes simultanés. Simultanée aussi fut l'ouverture rapide de la porte coulissante devant la conduite d'eau. Se décidant sur-le-champ à faire face à toute éventualité, le clochard fixa les yeux sur celui qui entrait.

Dès que la personne qui avait ouvert la porte eut entrevu l'image du clochard, elle lâcha un petit cri de surprise : « Ah! » C'était une femme encore jeune, les pieds nus, portant un parapluie *Daikoku*[4]. Presque instinctivement, elle faillit s'enfuir précipitamment sous la pluie. Mais, le premier mouvement de surprise à peine passé, elle reprit courage et regarda fixement l'intrus dans la pénombre.

Ce dernier, étonné, semblait-il, une jambe levée sous le pan de son vieux *yukata*, la dévisageait. Mais il avait perdu son air méfiant. Pendant quelques instants, dans le silence, leurs regards se croisèrent.

— Tiens! C'était toi, Shinkô?

Ayant retrouvé un peu son calme, elle s'adressa ainsi au clochard. Celui-ci, riant niaisement, s'inclina deux ou trois fois.

— Excusez-moi! Comme l'averse était trop forte, je me suis glissé chez vous en votre absence. Je n'avais d'ailleurs aucune mauvaise intention... Non! Je ne me suis pas fait cambrioleur.

— Tu me surprends vraiment! Tu as beau affirmer ne pas être cambrioleur, l'impudence a des limites, bougonna-t-elle en égouttant son parapluie. Allons! Sors par ici que j'entre!

— Oui, oui! je sors! Pas la peine de me l'ordonner. Vous n'avez donc pas été évacuée?

— Si, j'ai été évacuée, bien sûr que j'ai été évacuée, mais... est-ce que ça te regarde?

— Alors, vous avez oublié quelque chose... Entrez donc d'abord par ici. Vous êtes en train de vous mouiller.

Sans répondre, elle s'assit, toujours de mauvaise humeur, sur le seuil de la cuisine où s'ouvrait la conduite d'eau. Puis, elle se mit à verser de l'eau à flots sur ses jambes couvertes de boue, qu'elle avait allongées dans le *nagashi*[5]. Sans se laisser intimider, le clochard, assis en tailleur, caressait son menton enfoui dans la barbe, tout en regardant avidement la silhouette de la jeune femme. C'était une personne de petite taille, d'apparence campagnarde, au teint légèrement bruni avec de petites taches de rousseur autour du nez. Ses vêtements, appropriés à sa condition de servante, consistaient seulement en une robe de coton tissée à la main, nouée d'une ceinture d'étoffe de *Kokura* [6]. Mais les lignes nettes de son visage et la robustesse de son corps évoquaient la beauté d'une pêche ou d'une poire fraîchement cueillies.

— Si vous êtes vraiment revenue au milieu de ce vacarme, c'est certainement pour prendre quelque chose d'important. Qu'est-ce que c'est? Qu'avez-vous oublié, mademoiselle? Dites-le-moi, mademoiselle Otomi.

— Est-ce que ça te regarde? Je te demande de sortir sans tarder et de ne pas te mêler de mes affaires.

La réponse d'Otomi fut brutale mais, brusquement soucieuse, elle leva son regard vers le visage de Shinkô et se mit à l'interroger sérieusement.

— Shinkô! Ne sais-tu pas où est Miké, le chat de la maison?

— Miké? Miké était ici tout à l'heure... Tiens, où est-il allé?

Le clochard regarda autour de lui. Le chat, sans qu'on s'en aperçût, s'était installé sur l'étagère. Entre la terrine et la casserole de fer, il faisait le gros dos. En même temps que Shinkô, Otomi l'aperçut. Rejetant vivement la louche en bois et oubliant la présence du clochard, elle se mit debout sur le plancher nu. Et, souriant gaiement, elle appela le chat.

Shinkô, l'air intrigué, promenait son regard du chat à Otomi.

— C'était le chat, mademoiselle, que vous aviez oublié?

— Pourquoi ne serait-ce pas un chat?... Miké! Miké! Allons, descends!

Shinkô se mit à rire soudainement. Son rire, mêlé au son de la pluie, retentit, presque menaçant. Otomi, les joues rouges de colère, cria encore une fois, sans ménagement, à Shinkô :

— De quoi ris-tu? La patronne n'est-elle pas devenue comme folle, répétant qu'elle avait oublié le chat? Ne pleure-t-elle pas sans répit, disant : « Que deviendrai-je si le chat se fait tuer? » Moi, prise de pitié, je suis revenue exprès par ce temps de pluie...

— Bien, je ne rirai plus!

Shinkô, continuant à rire, interrompit Otomi :

— Oui, je ne rirai plus, mais réfléchissez un peu. Dès demain, la « bataille » va commencer, dit-on. Et dans ces conditions, s'occuper d'un chat ou deux... Toute réflexion faite, ça ne colle pas. Excusez-moi de vous le dire, mais il n'y a personne au monde qui soit moins intelligente et plus pingre que votre patronne. Réfléchissez; faire chercher ce Miké, par exemple...

— Tais-toi! Je ne veux pas écouter des calomnies sur ma patronne!

Otomi trépignait de rage ou presque. Mais le clochard, contrairement à ce qu'on eût pu attendre, ne se laissa pas impressionner par cette explosion de colère. Ce n'est pas tout. Il fixa sur elle un regard impudent : à ses yeux, la figure de la jeune femme était l'image même d'une beauté sauvage. Son kimono et sa jupe mouillés par la pluie, plaqués sur tout son corps accusaient nettement ses formes, des formes jeunes qui témoignaient clairement de sa virginité. Shinkô, le regard toujours rivé sur elle, continua à parler en riant :

— Mais cela est évident, puisqu'elle vous envoie chercher Miké. N'êtes-vous pas d'accord avec moi? A cette heure-ci, dans tout le quartier d'Ueno, il n'y a pas de maison qui ne soit évacuée. Bien que les maisons soient toujours là, ce quartier est un véritable désert. Et même si les loups ne font pas leur apparition, on ne sait quels risques on va courir. Voilà à peu près où nous en sommes, n'est-ce pas?

— Au lieu de te tracasser inutilement, attrape vite le chat, je t'en prie. La « guerre » n'éclatera sans doute pas. Quel danger y a-t-il?

— Ne plaisantez pas. Si maintenant la promenade solitaire d'une jeune femme n'était pas périlleuse, je ne vois pas quand elle pourrait l'être. Parlons franchement. Ici, nous sommes seuls, vous et moi. Et si par hasard quelque idée bizarre me prenait, mademoiselle, que feriez-vous?

Dans le ton de Shinkô, la plaisanterie se confondait de plus en plus avec la menace. Mais dans le regard assuré d'Otomi ne passa même pas l'ombre de la peur.

Seulement, ses joues parurent plus rouges qu'auparavant.

— Que dis-tu, Shinkô? Veux-tu m'intimider ainsi?

Otomi, menaçante elle aussi, fit un pas vers lui.

— Vous intimider? Si c'était seulement pour vous intimider, où serait le mal? Même avec des épaules chargées de galon, les gens de mauvaises mœurs ne manquent pas dans le monde. A plus forte raison... moi qui suis clochard... comprenez-vous? Qui sait si je me contente de vous intimider? Si une envie bizarre me prenait?...

Avant qu'il eût terminé sa phrase, il reçut un coup très fort sur la tête. Sans qu'il s'en aperçut, Otomi avait levé sur lui son parapluie *Daikoku*.

— Ne dis pas d'impertinence!

De nouveau, Otomi abaissa, de toutes ses forces, son parapluie sur la tête de Shinkô qui essaya de s'écarter rapidement. Mais déjà le parapluie avait frappé d'un coup violent son épaule drapée du vieux *yukata*. Le chat, affolé par ce vacarme, faisant dégringoler une casserole de fer, sauta de l'étagère consacrée à la divinité du fourneau, ce qui fit tomber la branche de pin et le lampion luisant d'huile sur la tête de Shinkô. Avant qu'il pût se relever en trébuchant, plusieurs coups de parapluie lui furent encore assenés.

— Bougre d'imbécile! Bougre d'imbécile!

Otomi brandissait toujours le parapluie. Mais tout en recevant des coups, Shinkô finit par le lui ravir. L'abandonnant immédiatement, il se jeta férocement sur Otomi. Les deux adversaires s'empoignèrent pendant quelque temps dans la pièce étroite au plancher nu. Au paroxysme de la lutte, la pluie recommença à tambouriner plus fort sur le toit de la cuisine. Au fur et à mesure que le bruit de la pluie s'intensifiait, la clarté diminuait rapidement. Sans tenir compte des meurtrissures et des égratignures que lui faisait Otomi, Shinkô cherchait à la maintenir sur le plancher coûte que coûte. Après plusieurs échecs, il parut réussir à la maîtriser, mais brusquement, comme renvoyé par un ressort, il recula d'un bond vers la conduite d'eau.

— Garce!...

Devant la porte coulissante, Shinkô dévisageait Otomi d'un regard pesant. Assise sur le plancher nu, cette dernière, les cheveux dénoués, tenait dans sa main un rasoir ouvert qu'elle devait avoir caché dans la doublure de sa ceinture. Féroce et provocante à la fois, il y avait en elle quelque chose de semblable au chat qui arrondissait son dos sur l'étagère. Pendant un instant, les deux adversaires s'épièrent sans mot dire, le regard plongé dans les yeux de l'autre. Puis Shinkô, ébauchant un sourire moqueur, tira du revers de son vêtement son pistolet.

— Maintenant, ne bouge pas, sinon je tire.

Le canon de l'arme s'orienta lentement vers la poitrine d'Otomi. Cependant, sans rien dire, elle continua à regarder haineusement le visage de Shinkô. Celui-ci, ayant remarqué son sang-froid, comme pris d'une idée subite, tourna le canon du pistolet vers le haut, là où les yeux d'ambre du félin luisaient dans la demi-obscurité.

— Je peux tirer, mademoiselle Otomi ?

Il fit entendre une voix vibrante de rire, comme s'il voulait agacer l'autre.

— Si je tire avec ce pistolet, le chat dégringolera la tête la première ! Il en sera de même pour toi ! Regarde !

Le coup faillit partir.

— Shinkô ! cria soudain Otomi. Non, ne tire pas !

Shinkô déplaça son regard vers Otomi. Mais le canon du pistolet restait toujours braqué sur le chat.

— Inutile de me dire de ne pas tirer !

— Ne tire pas sur la pauvre bête ! Laisse-lui la vie sauve, au moins ! Je t'en supplie !

L'attitude d'Otomi avait changé du tout au tout. Le regard inquiet, elle montrait la double rangée de ses dents délicates entre ses lèvres qu'agitait un tremblement presque imperceptible. Shinkô, à la fois railleur et curieux, contempla le visage d'Otomi et finit par rabaisser le canon du pistolet. Une expression de soulagement se répandit sur la face d'Otomi.

— Je vais épargner la vie de ce chat. En revanche... lança Shinkô avec impertinence, en revanche, tu me donneras ton corps.

Otomi détourna vite son regard. En un instant, dans son cœur, haine, colère, dégoût, tristesse, tous ces sentiments parurent bouillonner. Shinkô, surveillant attentivement tout ce qui se passait en elle, se dirigea obliquement derrière Otomi et ouvrit vivement la porte coulissante du salon, lequel était plus sombre encore que la cuisine. Malgré l'évacuation, on pouvait encore y voir des commodes et un brasero de forme oblongue. Shinkô, debout dans le salon, abaissa son regard sur le cou d'Otomi légèrement humide de sueur, semblait-il. Peut-être le sentit-elle? Tournant le buste, elle leva les yeux sur Shinkô. Sur le visage de la femme, de vives couleurs étaient revenues, ses couleurs habituelles. Mais Shinkô, clignant étrangement des yeux, comme affolé, de nouveau pointa brusquement le canon du pistolet vers le chat.

— Non, ne tire pas, je te dis...

Otomi, tout en retenant Shinkô, lâcha sur le plancher de bois le rasoir qu'elle avait à la main.

— Si tu ne veux pas que je tire, va par là!

Sur le visage de Shinkô passa une expression railleuse.

— Tu me dégoûtes! murmura dédaigneusement Otomi, mais, se levant immédiatement, elle entra sans hésiter dans le salon comme une effrontée. Devant cette rapide résignation, Shinkô eut l'air un peu étonné. A ce moment-là, le bruit de la pluie s'atténua. Peut-être, entre les nuages, les rayons du soleil couchant firent-ils leur apparition, car la cuisine si sombre jusqu'alors s'éclaircit. Toujours debout, Shinkô prêtait l'oreille au moindre bruit venant du salon : le froissement de la ceinture de *Kokura* qui se dénouait, la chute du corps sur la natte. Ce fut tout. Le salon fut de nouveau plongé dans le silence.

Après une courte hésitation, Shinkô entra dans le salon qu'éclairait une lumière diffuse. Au milieu de la pièce, Otomi, couvrant son visage d'une manche de son vêtement, était étendue de tout son long, immobile. Dès qu'il l'eut aperçue, Shinkô retourna furtivement à la cuisine. Une expression bizarre, inqualifiable, s'esquissa sur tout son visage. On aurait pu croire à du dégoût ou à de la honte. Sitôt rentré dans la cuisine, tournant toujours le dos au salon, il se mit à rire péniblement :

— Je plaisantais, mademoiselle Otomi! Ce n'était qu'une plaisanterie! Veuillez venir ici...

Quelques minutes plus tard, Otomi portant le chat dans le revers de sa robe, le parapluie déjà à la main, bavardait nonchalamment avec Shinkô assis sur une natte usée.

— Mademoiselle! J'ai une chose à vous demander.

Encore confus, il détournait son regard du visage d'Otomi.

— Qu'est-ce que c'est?

— Quelque chose d'indéfinissable. Offrir son corps est une chose très grave dans la vie d'une femme. Mademoiselle Otomi, vous vouliez l'échanger contre la vie d'un chat... Étant donné ce que vous êtes, n'était-ce pas un peu imprudent?

Shinkô se tut un instant. Otomi, elle, se contenta de sourire et de caresser le chat.

— Aimez-vous ce chat à ce point?

— J'aime bien ce chat, mais...

Otomi fit une réponse vague.

— Ou alors... Vous êtes réputée dans le quartier pour être une fidèle servante. Si le chat avait été tué, comment vous seriez-vous excusée auprès de votre maîtresse? Était-ce là votre inquiétude?...

— J'aime Miké, bien sûr, et je dois être fidèle à ma maîtresse, tout cela est vrai, mais moi...

Otomi, la tête légèrement inclinée, eut l'air de regarder dans le lointain.

— Comment dirai-je? C'est seulement qu'à ce moment-là je n'aurais pu me pardonner si je n'avais agi comme je l'ai fait. C'est tout.

Quelques minutes encore plus tard, Shinkô, resté seul, les bras autour de ses genoux enveloppés du vieux *yukata*, était assis rêveur dans la cuisine. La pénombre crépusculaire approchait de plus en plus, tandis que le bruit de la pluie semblait s'éloigner. La cordelette du vasistas, la cruche d'eau au bord du *nagashi*, tous ces objets, un à un, devinrent invisibles. Déjà, le son grave de la cloche d'Ueno, s'enfonçant à chaque coup dans les nuages de pluie, commençait à résonner dans l'air. Comme surpris par ce son, Shinkô regarda l'espace silencieux qui l'entourait. Puis, tâtonnant, il descendit jusqu'au *nagashi* et remplit d'eau la louche.

— Moi, Murakami Shinzaburo Shigemitsu, du clan Minamoto[7], aujourd'hui, pour une fois, je me suis fait avoir.

Tout en murmurant cela, il but de bon cœur l'eau du crépuscule.

Le 26 mars de la vingt-troisième année de Meiji... Otomi, en compagnie de son mari et de ses trois enfants, se promenait dans l'avenue Hirokôji d'Ueno. Ce jour-là, on célébrait l'inauguration de la troisième exposition nationale à Takenodai. Enfin, dans le quartier de Kuromon, les cerisiers étaient presque épanouis. Aussi, sur l'avenue Hirokôji, les passants se bousculaient-ils. Venant d'Ueno, les voitures à cheval et les pousse-pousse qui semblaient rentrer de la cérémonie d'inauguration, arrivaient en cortège ininterrompu. Maeda Masana, Taguchi Ukichi, Shibusawa Eiichi, Tsuji Shinji, Okakura Kakuzo, Shimojo Masao, on reconnaissait ces figures célèbres parmi les clients des voitures à cheval et des pousse-pousse. Le mari d'Otomi, son second fils de cinq ans dans les bras, son premier fils accroché à la manche de sa robe, louvoyait dans le flot étourdissant de la circulation. Quelquefois, il se retournait, l'air soucieux vers Otomi qui le suivait. Alors, cette dernière, qui conduisait sa fille aînée par le bras, lui rendait un beau sourire. Bien entendu, vingt années lui avaient apporté la vieillesse. Mais le pur éclat de ses yeux n'avait presque pas changé. Elle avait épousé, la quatrième année de Meiji, son mari actuel, neveu de Kogaya Sêbei. A cette époque, son mari tenait à Yokohama une petite horlogerie; maintenant, il en a une dans le quartier de Ginza.

Le hasard fit qu'Otomi leva les yeux. Dans la voiture tirée par deux chevaux qui s'engageait devant elle juste à cet instant-là, dignement installé il y avait Shinkô. C'était bien Shinkô en effet. Mais maintenant il était presque tout couvert de galons dorés, de décorations aux formes multiples, de médailles d'honneur, qui lui donnaient l'air solennel. Il portait un casque orné d'une aigrette de plume d'autruche. Mais la figure rouge à la barbe grisonnante, tournée vers elle, n'était autre que celle du clochard de jadis. Instinctivement, Otomi ralentit le pas. Chose curieuse, elle n'éprouva aucun étonnement. Shinkô n'était pas un simple clochard... Elle ne pouvait expliquer pourquoi, mais elle l'avait toujours su. A cause de son visage ? de ses paroles ? du pistolet qu'il tenait ? Qu'importe, elle l'avait su quand même. Otomi, sans sourciller, fixa son regard sur Shinkô. L'autre aussi, volontairement ou par hasard, observa le visage de la femme. Le souvenir d'un jour de pluie d'il y a vingt ans s'éveilla en elle à cet instant, net, presque douloureusement net. Ce jour-là, Otomi, pour sauver un chat, allait s'offrir à Shinkô, sans réfléchir. Pour quel motif ? Elle ne l'avait su. Shinkô, de son côté, ne s'était pas permis de toucher, même du bout du doigt, le corps qu'elle était prête à lui abandonner dans de telles circonstances. Pour quelles raisons ? Cela non plus, elle ne l'avait su. Mais en dépit de cette ignorance, aux yeux d'Otomi, tout avait été naturel, bien naturel. En croisant la voiture, elle sentit son cœur se dilater.

Après le passage de Shinkô, son mari, bousculé par la foule, se retourna de nouveau vers elle. Elle lui répondit par un sourire comme si de rien n'était, pleine de vie, pleine de tendresse...

(Août. 1922.)

XIII

Villa Genkaku

... C'était une maison d'apparence coquette avec une porte discrète. Il faut cependant ajouter que dans le voisinage, les maisons du même genre n'étaient pas rares. Seulement, la plaque où s'inscrivaient les caractères *Genkaku Sanbo*, les arbres du jardin que l'on apercevait par-dessus la haie attestaient des soins qu'on apportait à cette maison plus qu'aux autres.

Le propriétaire de cette villa, Horikoshi Genkaku, était d'ailleurs assez connu comme peintre. Sa richesse était cependant due au brevet qu'il détenait pour la fabrication de sceaux en caoutchouc ou aux transactions foncières dont il s'était occupé après l'obtention de ce titre. Ainsi, un terrain qu'il avait acquis dans la banlieue était si aride que l'on ne pouvait même pas y cultiver le gingembre. Et maintenant ce terrain se trouve transformé en un *bunka-mura* [1] où s'alignent des habitations modernes aux tuiles rouges ou vertes...

Bref, la villa de Genkaku était une maison d'apparence coquette avec une porte discrète. Ainsi, les paillassons dont on venait récemment d'entourer les pins afin de les protéger contre les dégâts de la neige, ces pins qu'on pouvait apercevoir par-dessus la haie, les fruits rougis des cédrats plantés devant le porche tapissé d'aiguilles sèches de pin contribuaient à rendre cette villa encore plus élégante. Ce n'est pas tout. La ruelle bordant cette maison était presque toujours déserte. Même le marchand de pâte de soja, quand il passait par là, déposant sa charge sur la grand-route, se contentait de la parcourir simplement en soufflant dans sa trompette.

— La villa de Genkaku? Qu'est-ce que cela signifie, Genkaku? avait demandé un étudiant-peintre, aux cheveux longs qui, par hasard, se trouvait devant cette maison, sa longue boîte de couleurs sous le bras, à un autre étudiant-peintre vêtu de l'uniforme d'universitaire à boutons dorés.

— Je me le demandais, moi aussi; je parierais à mille contre un que ce n'est tout de même pas un jeu de mots (Genkaku signifie aussi sévérité.)

Tous deux, insouciants, étaient passés en riant devant la maison. Après leur passage, sur le chemin tout gelé, d'un reste de *Golden-Bat* que l'un d'eux avait jeté s'élevait un mince filet de fumée, imperceptiblement bleu.

II

Dès avant de devenir le gendre de Genkaku, Jûkichi avait travaillé dans une banque. C'est pourquoi il ne rentrait chez lui que lorsque les lumières commençaient à s'allumer. Depuis quelques jours, dès qu'il pénétrait dans la cour, il sentait une odeur bizarre. C'était la mauvaise haleine de Genkaku alité à cause d'une phtisie, maladie assez rare chez les vieillards. Cette odeur n'allait pas jusqu'à se répandre au-dehors, bien entendu... Aussi, Jûkichi, vêtu d'un pardessus, sa serviette sous le bras, s'acheminant sur les dalles de la cour, ne pouvait-il que soupçonner ses nerfs d'être malades.

Le lit de Genkaku était installé dans une chambre isolée. Lorsqu'il n'était pas étendu de tout son long, il appuyait son buste contre draps et chemises de nuit empilés. Chaque soir, après avoir enlevé son pardessus et son chapeau, Jûkichi avait l'habitude de passer la tête par la porte pour dire à son beau-père : « Comment allez-vous? » ou bien : « Je suis rentré. » Mais il ne franchissait que très rarement le seuil de la « chambre ». D'une part, il avait peur de la contagion, et, d'autre part, la mauvaise haleine du malade lui répugnait. Genkaku, quand il voyait le visage du gendre, se contentait de répondre : « Ah! » ou bien : « Bonjour! » Sa voix était si faible qu'elle ne se distinguait guère d'un simple souffle. A cette réponse, Jûkichi ne pouvait parfois s'empêcher de se reprocher son propre manque d'affection. Néanmoins, une certaine inquiétude le retenait de pénétrer plus avant dans la pièce.

Ensuite, il rendait visite à sa belle-mère O-tori, également couchée dans la chambre voisine du salon. Bien avant que son mari fût alité — depuis sept ou huit ans déjà —, O-tori était paralysée, incapable même d'aller aux toilettes. Suivant les rumeurs, Genkaku l'avait épousée parce qu'outre le fait qu'elle était la fille de l'intendant d'un grand seigneur, il raffolait des belles femmes. Il ne s'était pas trompé. Malgré son âge, elle gardait encore une certaine fraîcheur dans le regard. Mais à la voir, assise sur son lit, raccommoder avec soin des chaussettes blanches, on ne pouvait s'empêcher d'éprouver l'impression de se trouver en face d'une momie. Jûkichi, lui ayant lancé, à elle aussi, brièvement : « Comment allez-vous, Mère? » entra dans le salon.

Quant à sa femme à lui, O-suzu, lorsqu'elle n'était pas au salon, elle accomplissait quelques travaux dans l'étroite cuisine avec sa bonne O-matsu, venue de la province de Shinano. Évidemment, le salon arrangé avec coquetterie et la cuisine même où l'on avait installé une cuisinière *Bunka*, étaient beaucoup plus familiers à Jûkichi que les chambres à coucher de ses beaux-parents.

Il était le second fils d'un politicien, qui avait été préfet pendant un certain temps. C'était un jeune homme brillant, plus proche, par sa nature, de sa mère, poétesse de la vieille école, que de son père aux allures de matamore. Cela se devinait à ses yeux affectueux et à son menton pointu. Une fois entré dans le salon, il échangeait son veston contre un kimono, et, assis à l'aise devant un brasero de forme oblongue, il fumait des cigares bon marché ou taquinait son fils unique, Takeo, qui venait d'entrer à l'école primaire.

Jûkichi avait coutume de prendre ses repas avec O-suzu et Takeo sur une petite table basse. Leurs repas étaient animés. Mais, ces derniers temps, un peu de gêne s'y mêlait. C'était à cause d'une infirmière nommée Koono, qui était venue pour soigner Genkaku. La présence de Mlle Koono n'empêchait cependant nullement Takeo de faire mille enfantillages. Elle l'y poussait plutôt. Quelquefois, O-suzu, le sourcil froncé, regardait fixement Takeo qui se livrait à de folles gesticulations. Mais ce dernier, feignant de ne s'apercevoir de rien, faisait exprès d'ingurgiter, à grandes bouchées, le riz de son bol. Jûkichi, amateur de romans, devinant le « mâle » dans cette excitation joyeuse, n'était pas particulièrement content. Cependant, la plupart du temps, il souriait tout simplement, poursuivant son repas sans mot dire.

A la villa de Genkaku, les nuits étaient calmes; sans parler de Takeo qui sortait le matin de bonne heure, le couple Jûkichi aussi se couchait très souvent avant dix heures. Passé cette heure, seule Koono, l'infirmière, assurant son service de nuit, restait éveillée. Les mains au-dessus du brasero rougeoyant, elle s'asseyait sans jamais somnoler au chevet de Genkaku. Il arrivait que le malade se réveillât. Mais il ne parlait presque pas, sauf pour dire que sa « gourde à eau chaude » s'était refroidie, ou bien que sa compresse s'était desséchée. Dans la chambre isolée, seul le murmure des feuilles de bambous plantés en futaie venait troubler le silence. Dans cette froide tranquillité, Koono, observant Genkaku avec attention, pensait à diverses choses. A la psychologie des gens de cette maison, à son propre avenir...

III

Un après-midi que le beau temps succéda à la neige, une femme de vint-quatre ou vingt-cinq ans, traînant par la main un maigre garçonnet, se présenta à la cuisine des Horikoshi, où le ciel bleu paraissait au travers d'une lucarne. Jûkichi n'était pas chez lui, bien entendu. O-suzu était en train de travailler sur sa machine à coudre; elle se sentit un peu embarrassée, bien que cette visite ne fût pas tout à fait inattendue pour elle. Cependant, ne pouvant plus hésiter, elle quitta la machine et, contournant le brasero, alla à la rencontre de la visiteuse. Cette dernière, une fois dans la cuisine, déposa ses chaussures et les souliers du garçon qui portait une jaquette blanche. Ce geste suffit à montrer qu'elle éprouvait un sentiment d'infériorité. Et pour cause... C'était O-yoshi, une ancienne bonne de Genkaku qu'il entretenait ouvertement comme maîtresse depuis cinq ou six ans dans une localité près de Tôkyô.

O-suzu s'aperçut, en regardant la visiteuse, que cette dernière avait vieilli beaucoup plus qu'elle ne s'y attendait. Ce n'était pas seulement son visage qui avait vieilli. Quatre ou cinq ans auparavant, elle avait des mains bien potelées. Mais l'âge avait même amaigri ses mains à tel point qu'on pouvait aisément y suivre le tracé des veines. Les accessoires qu'elle portait, eux aussi... A la bague bon marché passée au doigt d'O-yoshi, O-suzu devina avec tristesse l'usure causée par une vie pénible.

« Mon frère m'a chargée d'offrir ceci à Monsieur. » L'air de plus en plus intimidée, O-yoshi posa discrètement un paquet enveloppé de vieux journaux dans un coin de la cuisine, avant de s'agenouiller au salon. A cet instant, O-matsu qui commençait à faire la lessive, sans interrompre son ouvrage, tourna furtivement son regard vers O-yoshi aux cheveux fraîchement noués en *Ichôgaeshi*[2]. Mais, à la vue de ce paquet entouré de papier journal, sa physionomie se fit encore plus hostile. De fait, ce paquet dégageait une odeur désagréable qui s'accordait mal avec la cuisinière *Bunka* et avec les assiettes et les vases élégants. O-yoshi, bien qu'elle n'aperçût pas O-matsu, parut remarquer quelque chose d'insolite sur le visage d'O-suzu. Elle expliqua : « C'est de l'ail », puis elle dit à son enfant qui se rongeait les ongles : « Venez... Monsieur! saluez Madame! » Le garçon s'appelait Buntaro. C'était, bien entendu, l'enfant qu'O-yoshi avait eu de Genkaku. Entendre O-yoshi appeler ce garçon « Monsieur » apitoya profondément O-suzu. Mais son bon sens démentit immédiatement ce sentiment en lui suggérant qu'une femme de cette condition doit se résigner à pareille chose. Feignant de ne pas être autrement émue, O-suzu offrit à la mère et au garçonnet, assis dans un coin du salon, du thé et des gâteaux et se mit à parler de la maladie de Genkaku, à amuser Buntaro...

Depuis qu'il avait pris O-yoshi comme maîtresse, Genkaku, ne tenant aucun compte des convenances, allait chez elle au moins une ou deux fois par semaine. Au début, ce manque de tact de la part de son père dégoûta O-suzu : « Si mon père voulait bien, ne serait-ce qu'un peu, penser aux sentiments de ma mère... » se répétait-elle souvent. Cependant, O-tori semblait être tout à fait résignée. Encore plus saisie de pitié, lorsque son père se rendait chez sa maîtresse, O-suzu mentait sciemment à sa mère, lui disant par exemple : « Aujourd'hui, c'est réunion de poésie. » Elle n'ignorait pas la futilité d'un pareil mensonge. A la vue, cependant, d'un rire moqueur qui naissait sur les lèvres de sa mère, elle éprouvait, plutôt qu'un regret de lui avoir menti, une déception mêlée de pitié envers cette paralytique qui ne voulait même pas partager son sentiment plein d'attention.

Il arrivait parfois qu'après avoir accompagné son père qui sortait, elle cessât d'actionner sa machine à coudre pour réfléchir sur sa famille. Même avant d'avoir une maîtresse, Genkaku n'était pas un « père digne » à ses yeux. Mais tout cela était chose insignifiante pour la fille pleine d'affection qu'elle était. La seule chose qui l'inquiétait, c'était que son père ne se gênait pas pour emporter peintures, rouleaux de calligraphie et divers objets d'art à la maison de sa maîtresse. O-suzu n'avait jamais considéré O-yoshi comme une mauvaise femme depuis le temps que cette dernière était sa bonne. Elle la croyait plus timide que les autres femmes. Mais on ne pouvait savoir quelles machinations ourdissait son frère qui vendait du poisson dans un faubourg de Tôkyô. Il lui apparaissait en effet comme un homme plein de ruse. Parfois, elle faisait part de ses inquiétudes à Jûkichi. Mais celui-ci se moquait d'elle. « Il ne faut pas en parler à père », disait-il. O-suzu, à cette réplique, était obligée de se taire.

— Père ne pense certainement pas qu'O-yoshi puisse

apprécier les peintures chinoises, disait quelquefois Jûkichi à O-tori au cours d'une conversation. Mais O-tori, levant les yeux vers Jûkichi, répondait dans un rire forcé :

— Ça, c'est le caractère de Père... c'est un homme qui me demande, même à moi : « Que penses-tu de cette écritoire de pierre? »

Mais, maintenant, tous ces soupçons se révélaient sans fondement. Genkaku, qui, depuis l'hiver précédent, ne pouvait plus fréquenter la maison de sa maîtresse à cause de la brusque aggravation de sa maladie, accepta, et sur les conseils de Jûkichi, plus docilement qu'on ne s'y était attendu, de rompre avec sa maîtresse. (A vrai dire, les conditions de rupture avaient été élaborées plutôt par O-tori et O-suzu que par Jûkichi.) Il en fut de même avec le frère d'O-yoshi. Ce dernier ne contesta guère les conditions proposées selon lesquelles O-yoshi recevant mille yen en compensation de la rupture, rentrerait chez ses parents, sur une plage de Kazusa et toucherait mensuellement une certaine somme pour élever Buntaro. Ce n'est pas tout. Il vint restituer, sans même qu'on le lui eût demandé, les ustensiles de thé que Genkaku avait soigneusement gardés et qu'il avait emportés chez sa maîtresse. O-suzu éprouva donc envers lui des sentiments d'autant plus reconnaissants qu'elle s'était auparavant méfiée de ses intentions.

— A propos, avait dit le frère d'O-yoshi, ma sœur voudrait venir soigner Monsieur si par hasard vous aviez besoin d'aide supplémentaire.

Avant de répondre à cette proposition, O-suzu consulta sa mère paralysée. C'était, sans aucun doute, une erreur. Dès cet instant, en effet, O-tori ne lui fit que conseiller de faire venir, le lendemain même, O-yoshi et Buntaro. Alors, O-suzu, sans parler des sentiments d'O-tori, craignant que l'atmosphère de la famille ne s'envenimât, essaya à plusieurs reprises de la faire changer d'avis. Néanmoins, et vu sa situation d'intermédiaire entre son père et le frère d'O-yoshi, elle n'était tout de même pas disposée à laisser tomber la proposition de ce dernier. Mais O-tori ne voulut pas écouter sa fille sans arrière-pensée.

— Si vous ne m'en aviez parlé, vous auriez pu décider

autrement, dit-elle. Je ne veux pas essuyer un affront devant O-yoshi.

Faute de mieux, O-suzu fit entendre au frère d'O-yoshi qu'elle acceptait la proposition. Peut-être cette décision, maladroite, fut-elle due à son ignorance de la vie. En effet, quand Jûkichi, rentré de la banque, apprit la chose de la bouche d'O-suzu, entre ses sourcils gracieux comme ceux d'une femme, des plis de désapprobation s'ébauchèrent un instant. « Naturellement, l'aide est précieuse... Mais, tu aurais dû demander avis à Père. Si Père n'avait pas voulu, tu aurais été exempte de responsabilité », alla-t-il même jusqu'à dire. O-suzu, sombre comme elle ne l'avait jamais été, répondit : « C'est vrai. » Mais consulter Genkaku, ce Genkaku en agonie et qui, bien entendu, était encore entiché d'O-yoshi, se révélait, même en cette circonstance, une chose dont elle était incapable.

Tout en s'occupant d'O-yoshi et de son fils, O-suzu se rappelait ces histoires. Sans même oser étendre ses mains au-dessus du feu du brasero, O-yoshi parla, s'arrêtant plusieurs fois, de son frère et de Buntaro. Son langage avait toujours cet accent provincial qui lui faisait prononcer le mot « sorewa » comme « srya », ainsi qu'elle le faisait quatre ou cinq ans auparavant. O-suzu comprit que cet accent lui avait apporté insensiblement une sorte d'aise. En même temps, elle éprouva une vague inquiétude, sentant l'existence silencieuse de sa mère, O-tori, qui ne toussait même pas de l'autre côté d'une porte coulissante en papier.

— Alors, tu dis pouvoir rester environ une semaine?

— Oui, Madame, si vous avez besoin de moi.

— Mais tu devrais avoir au moins quelques habits de rechange.

— Cela, mon frère m'a dit qu'il me les ferait parvenir à la nuit tombante.

Tout en répondant ainsi, elle sortit du revers du vêtement qui lui couvrait la poitrine un caramel et le donna à Buntaro qui avait l'air de s'ennuyer.

— Je vais annoncer votre arrivée à Père. Il s'est affaibli. Son oreille du côté de la porte coulissante est gercée.

Avant de s'éloigner du brasero, elle rectifia la position de la casserole de fer sans aucune raison d'ailleurs.

— Mère!

O-tori répondit vaguement. Une voix empâtée annonçait qu'elle venait de s'éveiller à l'appel de sa fille.

— Mère, O-yoshi est là!

O-suzu, comme soulagée, se hâta de se lever du brasero de façon à ne pas voir le visage d'O-yoshi. Puis, traversant la chambre voisine, elle annonça à nouveau : « Mlle O-yoshi... »

O-tori, couchée sur le côté, rentrait le menton dans sa chemise de nuit. Mais, dans ses yeux levés vers O-suzu, se reflétait un certain sourire caché au fond des prunelles. Elle répondit : « Tiens, déjà? » O-suzu, sentant distinctement dans son dos O-yoshi qui la suivait du regard, se précipita, comme traquée, vers la chambre isolée, le long de la véranda donnant sur le jardin enneigé.

Aux yeux d'O-suzu, qui pénétra soudain du couloir clair dans la chambre isolée, celle-ci parut plus sombre qu'elle ne l'était réellement. A ce moment, Genkaku, le corps à demi relevé, était en train d'écouter Koono lire les journaux. Mais, se tournant vers O-suzu, il l'interpella : « Est-ce O-yoshi? » Sa voix était rauque, curieusement haletante, dont le ton était presque réprobateur. O-suzu, debout près de la porte, répondit machinalement : « Oui, Père. » Ensuite... Personne n'osa continuer la conversation.

— Je vous l'envoie tout de suite.

— Bon, est-elle seule?

— Non...

Genkaku acquiesça, sans mot dire.

— Mademoiselle Koono, venez par ici.

O-suzu, sans attendre qu'elle s'avançât, s'en alla, à petits pas pressés le long du couloir. Et, à cet instant précis, sur une feuille de palmier où il restait encore un peu de neige, une bergeronnette levait et abaissait sa queue. Mais O-suzu, préoccupée, ne la vit pas, obsédée par cette crainte qu'une ombre inquiétante ne la poursuivît, surgissant de la chambre isolée qui sentait le malade.

IV

Après l'arrivée d'O-yoshi, l'atmosphère de la famille devint visiblement tendue. Tout d'abord, Takeo se mit à persécuter Buntaro. Celui-ci ressemblait plus à O-yoshi, sa mère, qu'à Genkaku, son père. O-suzu ne paraissait pas dépourvue de compassion envers lui, mais il semblait parfois qu'elle le considérât comme un enfant trop facile.

L'infirmière Koono, sa profession aidant, regardait assez froidement ce drame de famille banal. On pourrait même dire qu'elle s'en amusait. Son propre passé était sombre et obscur. Parce qu'elle avait eu des relations avec certains de ses employeurs ou avec des médecins d'hôpitaux, elle avait tenté, on ne sait combien de fois, de s'empoisonner en prenant du cyanure. Ce passé éveillait spontanément dans son cœur un goût morbide pour les souffrances d'autrui. Quand elle vint travailler chez Horikoshi, elle remarqua qu'O-tori, paralysée, ne se lavait pas les mains après avoir accompli ses fonctions naturelles. « La fille de cette maison doit être une personne très intelligente, elle semble apporter de l'eau à la malade sans que je le soupçonne. » Cette réflexion flotta un certain temps dans son esprit méfiant. Mais quatre ou cinq jours plus tard, elle découvrit que si O-tori ne se lavait pas les mains, la faute en était à O-suzu, cette fille gâtée. Elle éprouva, à cette découverte, quelque chose qui ressemblait à un sentiment de satisfaction et elle apporta de l'eau dans un bassin chaque fois qu'O-tori accomplissait « ses besoins ». « Mademoiselle Koono, grâce à vous, je peux me laver les mains comme les autres. » O-tori pleura de joie, en joignant les deux mains. Sa joie ne fit nulle impression sur Koono qui resta froide. Mais elle goûta un plaisir cruel de voir qu'O-suzu, après cet incident, fut obligée de transporter de l'eau au moins une fois sur trois. Pour Koono, avec ce caractère, les disputes des enfants n'étaient donc pas absolument dénuées d'intérêt. Auprès de Genkaku, elle feignit d'avoir de la sympathie pour O-yoshi et son fils. Dans le même temps, en face d'O-tori, elle se livrait à certains gestes où elle laissait soupçonner sa malveillance envers eux.

Environ huit jours après l'arrivée d'O-yoshi et de son fils, Takeo se querella encore une fois avec Buntaro. Il s'agissait de savoir laquelle est la plus grosse de la queue d'un porc ou de celle d'un bœuf. Takeo accula Buntaro, plus faible que lui, dans un coin de sa chambre de travail, une pièce de quatre nattes [3] et demie avoisinant le vestibule, et lui assena force coups de poing et de pied. O-yoshi, que le hasard amena là, prit Buntaro dans ses bras — il ne pouvait même pas pleurer — et se mit à gronder Takeo, disant :

« Monsieur Takeo, il ne faut pas torturer les faibles », sur un ton acerbe qu'on rencontrait assez rarement chez cette femme discrète. Takeo, affolé devant la véhémence d'O-yoshi, pleurant à son tour, se sauva vers le salon où était O-suzu. Sur ce, cette dernière, furieuse, sembla-t-il, abandonnant son travail sur la machine à coudre qu'elle actionnait à la main, entraîna de force Takeo qui s'agitait et se débattait vers l'endroit où se tenaient O-yoshi et son fils.

— C'est toi d'ailleurs qui es égoïste et sans gêne, cria-t-elle. Fais tes excuses à Mlle O-yoshi. Demande-lui pardon en posant respectueusement tes mains sur la natte !

Devant O-suzu, qui avait adopté une telle attitude, O-yoshi n'eut rien d'autre à faire que de protester avec mille excuses, versant elle aussi des larmes avec Buntaro. Chaque fois qu'un tel incident se renouvelait, c'était toujours l'infirmière Koono qui servait d'arbitre. Freinant de toutes ses forces O-suzu qui devenait rouge de colère, Koono imaginait les sentiments d'une autre personne, de ce Genkaku qui devait suivre cette dispute, l'écoutant, incapable de bouger, et en secret le méprisait froidement. Bien sûr, jamais elle ne se trahit ni par ses gestes, ni par sa physionomie.

Néanmoins, ce n'était pas les seules querelles des enfants qui provoquaient un malaise dans la famille. Il arriva qu'insensiblement O-yoshi ranimât la jalousie d'O-tori qui avait paru complètement éteinte. Il faut cependant dire que cette dernière n'avait jamais directement prononcé de paroles de rancune devant O-suzu. ((Il en était allé ainsi cinq ou six ans auparavant, lorsque O-yoshi vécut dans la chambre de bonne.) Seulement, elle s'aigrissait à tout propos contre Jûkichi qui n'en pouvait mais. Il s'en moquait. O-suzu, désolée, s'excusa pour sa mère. Mais, chaque fois, avec un sourire vexé. il essayait de détourner la conversation, disant : « Toi, au moins, garde-toi de l'hystérie! »

Koono s'intéressait aussi à la jalousie d'O-tori. Elle comprenait parfaitement, non seulement cette jalousie, mais aussi l'aigreur d'O-tori à l'encontre de Jûkichi. Plus encore, elle-même en était venue à éprouver, elle ne savait depuis quand, une sorte de jalousie à l'égard du couple Jûkichi-O-suzu. O-suzu représentait à ses yeux « quelqu'un de bien ». Jûkichi aussi... Il était, sans aucun doute, un homme éduqué et comme supérieur au commun des mortels. Mais, en même temps, c'était un de ces mâles dont elle se moquait. Le bonheur dont ce couple jouissait lui paraissait une injustice. Pour la rectifier, elle se mit à manifester une certaine familiarité envers Jûkichi. Cette attitude ne touchait certainement pas ce dernier, mais c'était une bonne occasion d'irriter O-tori. Son habit en désordre, laissant à découvert ses genoux, elle infligea à Jûkichi des propos acerbes : « Jûkichi, tu n'es pas satisfait de ma fille, fille d'une pauvre paralysée? » Mais O-suzu ne paraissait pas pour autant se méfier de Jûkichi. Plus encore, il semblait qu'elle plaignît véritablement Koono. Celle-ci, non seulement en ressentit du mécontentement, mais fut portée à mépriser O-suzu qui n'était en fait qu'une bonniche. Koono fut bien aise de voir Jûkichi commencer à l'éviter et plus encore de le voir, malgré tout, attiré vers elle par une curiosité de mâle. Auparavant, il ne se gênait pas pour se dénuder devant Koono même avant d'entrer dans la salle de bains contiguë à la cuisine. Mais ces derniers temps, il ne se montrait plus à Koono avec autant de naturel. Il lui était sans doute venu une honte de son pauvre corps qui ressemblait à un coq déplumé. Koono, le voyant ainsi changé (et de plus, le visage de Jûkichi était couvert de taches de rousseur), se moquait de lui en secret et se demandait qui donc, à part O-suzu, pourrait devenir amoureuse de lui.

Par un matin nuageux et froid, Koono, assise devant la glace installée dans la pièce de trois nattes du vestibule devenue sa propre chambre, nouait ses cheveux peignés en arrière.

C'était la veille du départ d'O-yoshi pour la campagne. Ce départ semblait réjouir le couple Jûkichi, mais irriter d'autant plus O-tori. Tout en nouant ses cheveux, Koono entendit la voix aiguë d'O-tori s'exaspérer et cela lui rappela l'histoire d'une femme, histoire qu'une de ses amies lui avait racontée. Cette femme, qui habitait Paris, se trouva gagnée par une violente nostalgie de son pays, au fur et à mesure que son séjour se prolongeait. Rejoignant un ami de son mari qui allait partir pour le Japon, elle s'embarqua avec lui. Le long parcours ne paraissait pas lui être très pénible. Mais, lorsque son navire s'engagea au large de l'ancienne province de Ki, elle commença à devenir nerveuse pour une raison inconnue et finit par se jeter dans la mer. Plus elle s'était approchée du Japon, plus sa nostalgie s'était intensifiée... Koono, essuyant lentement ses mains couvertes d'huile, pensa que dans la jalousie d'O-tori, aussi bien que dans la sienne, opérait une force mystérieuse de ce genre.

— Mais, Mère! que faites-vous? Sortie jusqu'ici en rampant? Mère! Mademoiselle Koono, voulez-vous venir?

La voix d'O-suzu paraissait provenir du couloir, du côté de la chambre isolée. Quand Koono l'entendit, face à la glace vierge de toute tache, elle ébaucha un rire cynique. Puis, comme si elle eût été surprise, elle répondit : « Me voilà! j'arrive! »

V

Genkaku dépérissait. Les souffrances dues à sa maladie qui durait depuis de longues années, les douleurs provoquées par le frottement de son corps contre le lit et qui s'étendaient jusqu'aux hanches, devenaient insupportables. Parfois il poussait des grognements, qui trahissaient ses souffrances. Cependant ses tortures ne se limitaient pas à des douleurs physiques. Pendant le séjour d'O-yoshi chez lui, il goûta un peu de consolation, mais, en revanche, il fut sans cesse tourmenté par la jalousie d'O-tori et les querelles des enfants. Plus encore! Quand O-yoshi fut partie, il éprouva un sentiment poignant de solitude et ne put qu'évoquer sa longue vie.

Dans cette situation, la vie paraissait à Genkaku absolument répugnante. Certes, quand il avait obtenu le monopole du brevet pour les sceaux en caoutchouc..., quand il avait passé ses journées à jouer aux cartes et à boire du saké, tout cela, c'était une époque relativement peu sombre de sa vie. Mais, cependant, la jalousie des concurrents, sa propre agitation qui s'était exacerbée pour ne pas laisser échapper l'avantage, l'avaient tourmenté sans répit. Surtout, après qu'il eut commencé d'entretenir O-yoshi comme maîtresse, outre les troubles de son ménage, la peine qu'il s'était donnée pour amasser de l'argent lui avait lourdement pesé. Mais, ce qui paraissait particulièrement ignominieux était que, tout en étant attiré par O-yoshi plus jeune que lui, il ne savait plus combien de fois, durant ces dernières années du moins, il avait secrètement souhaité la mort de sa maîtresse et de son fils.

« Infâme?... Mais, réflexion faite, ce n'est pas seulement moi qui le suis! »

La nuit surtout, il poursuivait ses réflexions et se rappelait en détail la vie de ses parents et de ceux qu'il connaissait. Le père de son gendre, simplement « pour défendre la démocratie », avait discrédité aux yeux de la société nombre de ses amis moins malins que lui. Un antiquaire entre deux âges, qui avait été son ami intime, avait eu des relations secrètes avec la fille de sa première femme. Un avocat avait détourné des fonds en dépôt. Enfin, un graveur... Mais leurs crimes ne pouvaient apaiser ses douleurs. Au contraire, ils étendaient sur sa vie elle-même une ombre plus grande.

« Sacré nom d'un chien! Cette douleur ne durera pas longtemps. Une fois fichu... »

C'était la seule consolation qui lui restait. Pour essayer d'oublier les multiples douleurs qui oppressaient son corps et son âme, il voulut revoir d'agréables souvenirs. Mais sa vie était pleine d'ignominie : s'il existait une toute petite part de sa vie pure de toute souillure, c'était dans sa première enfance, lorsqu'il était encore tout innocent. Plusieurs fois, dans un demi-rêve, il revit le village abrité dans une vallée de la province de Shinano où ses parents avaient habité et, entre autres images, le toit en bois sur lequel on posait des pierres, le tas de feuilles de mûrier qui sentait les vers à soie. Mais l'éveil de ses souvenirs ne durait pas longtemps. Quelquefois, entre les grognements qu'il poussait, il essayait de réciter le soûtra Kannon et de fredonner de vieilles chansons. Mais de chantonner *Kappore, kappore* [4] après avoir récité *Myô on Kanzenon, Bon on Kaichoon* [5], lui sembla, cela peut paraître ridicule, un blasphème!

« Dormir, c'est le paradis! Dormir, c'est le paradis... »

Pour tout oublier, il eut envie de dormir comme un mort. Alors Koono, en dehors des somnifères qu'elle lui administrait, lui fit des piqûres d'héroïne. Mais, pour lui, le sommeil lui-même n'était pas toujours apaisant. Parfois, dans ses rêves, il rencontrait O-yoshi et Buntaro. C'était pour lui, qui rêvait, réconfortant (une nuit, dans un rêve, il bavardait avec une carte encore neuve, « numéro vingt de la fleur de cerisier », et cette carte avait le visage d'O-yoshi, son visage de quatre ou cinq ans auparavant). Mais, au réveil, il se sentait d'autant plus misérable. De plus en plus, Genkaku en vint à considérer le sommeil avec une inquiétude frisant la peur.

Un après-midi, on n'était pas loin du dernier jour de l'an, Genkaku, étendu sur le dos, interpella Koono qui était à son chevet :

— Mademoiselle Koono, il y a longtemps que je n'ai pas mis ma ceinture de toile autour des hanches. Faites acheter six shaku de toile de coton blanche.

Mais, en fait, il ne fut pas nécessaire, pour en avoir, d'envoyer O-matsu, la bonne, en acheter exprès à la mercerie du voisinage.

— Je me serrerai moi-même dans la ceinture. Laissez-la ici bien pliée.

Il pensait utiliser cette ceinture de toile pour s'étrangler et mourir. Et il passa non sans peine une longue demi-journée. Mais dans l'état où il se trouvait, ayant besoin d'aide même pour soulever à demi son corps, il ne put facilement trouver une occasion pour exécuter son dessein. Et puis, en face de la mort, il eut peur, lui aussi. Dans la lumière sombre de la lampe électrique, contemplant le rouleau de calligraphie où s'étirait une phrase extraite du soûtra d'Obaku[6], il se moqua de lui-même, lui qui s'accrochait de toutes ses forces à la vie.

— Mademoiselle Koono! Aidez-moi à me relever! C'était vers dix heures du soir.

— Je vais faire un petit somme. N'hésitez pas à prendre du repos, je vous prie.

Koono, dévisageant Genkaku avec curiosité, répondit sèchement :

— Non, je ne dormirai pas. C'est mon devoir.

Genkaku sentit qu'elle avait deviné son projet. Mais, acquiesçant légèrement sans rien ajouter, il feignit de s'endormir. Koono, feuilletant au chevet du malade le numéro du Nouvel An d'une revue féminine, avait l'air absorbée dans sa lecture. Genkaku, pensant toujours à la toile posée à côté de son lit, observait Koono à travers ses cils mi-clos. A un certain moment, il ressentit inopinément une brusque envie de rire.

— Mademoiselle Koono!

Koono, à la vue du visage de Genkaku, ne parvint pas, sembla-t-il, à cacher un tressaillement. Appuyé contre la montagne que faisaient les draps empilés, il donnait libre cours à son fou rire.

— Qu'est-ce que vous avez? demanda-t-elle.

— Peu importe... Il n'y a vraiment rien de drôle... Mais, toujours riant, il brandissait son bras droit amaigri.

— Tout à l'heure, je ne sais pourquoi, j'ai eu envie de rire... Maintenant, aidez-moi à m'étendre de tout mon long.

Une heure environ s'écoula. Genkaku s'était endormi. Cette nuit-là, il fit un songe terrifiant. Il se tenait debout sous une futaie et épiait l'intérieur d'une pièce qui semblait être une chambre pour le thé, à travers un interstice des cloisons coulissantes dont la partie inférieure lambrissée était assez haute. Dans la chambre, un enfant tout nu, la face tournée vers lui, était couché. Bien qu'il fût tout petit encore, son visage était sillonné de rides comme celui d'un vieillard. Genkaku faillit crier. Il s'éveilla couvert de sueur.

Dans la chambre isolée, il n'y avait personne, sauf lui. Il faisait encore sombre. « Je suis toujours en vie! » se dit-il. Consultant sa pendulette, il sut qu'il était à peu près midi. Son cœur, soudain soulagé, un instant s'allégea, mais aussitôt après le malade sombra dans son habituel état de dépression. Couché sur le dos, il compta le nombre de fois qu'il respirait. Il eut l'impression, en agissant ainsi, d'être harcelé par quelqu'un : « Maintenant c'est l'heure! » Sans faire de bruit, il rapprocha la toile, l'entoura autour de son cou et tira fortement les deux bouts en écartant ses mains l'une de l'autre. A ce moment précis, Takeo, chaudement habillé, telle une boule d'étoffe, apparut: « Tiens, regarde le grand-père! Il en fait une drôle de chose! »

Poussant un cri, il s'en alla, courant tout droit vers le salon.

VI

A une semaine de là environ, Genkaku, entouré de sa famille, mourut de phtisie. Ses obsèques furent splendides (seule O-tori, paralytique, ne put assister à la cérémonie). Les gens qui se rassemblèrent chez le mort, après avoir présenté leurs condoléances au couple O-suzu-Jûkichi, brûlèrent de l'encens devant le cercueil recouvert de satin blanc. Mais, repassé le seuil de la porte, la plupart des gens avaient déjà oublié le défunt. Exception faite bien entendu, pour ses vieux amis. « Ce vieillard avait sans doute été satisfait de sa vie. Une maîtresse jeune, une petite fortune confortable! » Tout le monde s'entretenait de choses de ce genre.

Une voiture à cheval, chargée du cercueil, se dirigea, suivie d'une autre, vers le four crématoire, passant par des rues de fin d'année, sous le ciel d'hiver où le soleil se cachait derrière des nuages. Jûkichi et son cousin s'installèrent dans la voiture à cheval, tout usée, qui venait après le corbillard. Son cousin, étudiant d'université, agacé par le cahotement de la voiture, n'échangeait que peu de paroles avec Jûkichi; il était absorbé dans un livre de petit format. C'était une traduction anglaise des *Souvenirs de Liebknecht*. Jûkichi, fatigué par la nuit de veille, tantôt somnolait, tantôt regardait de nouveaux quartiers qui se déroulaient l'un après l'autre, monologuant sans entrain : « Ces parages ont complètement changé d'aspect. »

Les deux voitures, après avoir longtemps suivi des chemins rendus boueux par le dégel, arrivèrent au bâtiment du four crématoire. Quelques places de la seconde étaient libres. Cela leur était égal. Mais Jûkichi, plus pour ménager les susceptibilités d'O-suzu que par respect pour son beau-père défunt, négocia de toute son ardeur avec un employé à travers le guichet en forme de demi-cercle. « A parler franchement, monsieur, dit Jûkichi, comme mon beau-père est mort parce qu'il a été soigné trop tard, nous voudrions au moins, par acquit de conscience, le brûler en première classe. » Il usa même de ce mensonge qui eut plus d'effet qu'il ne s'y attendait. « Alors, répondit l'autre, je vais procéder ainsi : la première classe étant complète, j'accepte de brûler votre défunt en classe spéciale, mais au tarif de la première. » Jûkichi, un peu confus, remercia l'employé à plusieurs reprises. Ce dernier, qui portait des lunettes à monture métallique, lui parut plein de gentillesse.

— Oh! non, ne me remerciez pas!

Après avoir scellé le four, ils s'en allèrent, sortirent du crématoire et s'installèrent à nouveau dans la vieille voiture. Chose inattendue! Debout, toute seule, devant le mur de briques, O-yoshi les salua d'un hochement de tête. Jûkichi, un peu affolé, allait ôter son chapeau. Mais leur voiture, déjà cahotant, courait sur le chemin bordé de peupliers dénudés.

— C'est elle? demanda le cousin de Jûkichi.

— Oui, c'est elle, mais était-elle déjà là-bas quand nous sommes arrivés ?

— Attendez ! Non, il n'y avait que quelques mendiants, à ce que je me souviens... Que deviendra-t-elle désormais ?

Jûkichi, allumant une cigarette de Shikishima, répondit le plus sèchement possible :

— Est-ce que je sais ?

Son cousin ne dit rien. Mais il se représentait en imagination le village de pêcheurs qui se trouvait sur une plage de Kazusa, où O-yoshi et son fils devaient vivre... Le visage soudain sévère, il se replongea dans Liebknecht, sous les rayons du soleil qui avait commencé à décliner sans qu'ils s'en aperçussent.

(Janvier 1927.)

XIV

Le mouchoir

Le professeur Kinzô Hasegawa, de la Faculté de Droit de l'Université de Tôkyô, assis dans un fauteuil de rotin sous sa véranda, lisait la *Dramaturgie* de Strindberg.

Le professeur était un spécialiste des questions de politique coloniale et le lecteur pourrait donc être tant soit peu stupéfait d'apprendre qu'il lisait un livre de dramaturgie. Mais le professeur, connu comme enseignant aussi bien que comme savant, s'appliquait à parcourir, ne fût-ce qu'une fois, au gré de ses loisirs, les livres qui intéressaient d'une façon ou d'une autre les étudiants d'aujourd'hui par rapport à leurs idées ou à leurs sentiments, même si cette lecture n'était pas nécessaire aux études de sa spécialité. Ainsi, tout dernièrement, il s'était même donné la peine de lire les ouvrages d'Oscar Wilde intitulés *De Profundis* ou *Intentions* pour la seule raison qu'ils avaient la faveur des élèves d'une école professionnelle supérieure dont il était aussi le directeur. Dans ces conditions, personne ne s'étonnera désormais de le voir lire un ouvrage sur le théâtre et les acteurs de l'Europe moderne. En effet, parmi les étudiants dont il avait la charge, certains écrivaient des critiques sur Ibsen, Strindberg ou Maeterlinck, d'autres, à l'imitation de ces auteurs modernes, désiraient ardemment consacrer leur vie au théâtre.

Chaque fois qu'il terminait un de ces chapitres qui abondent en phrases mordantes, posant sur ses genoux le livre relié de toile jaune, il dirigeait ses regards absents vers la lanterne de *Gifu*[1] suspendue sous la véranda. Chose étrange certes, mais, toujours est-il que sa pensée se détacha rapidement de Strindberg et l'image de sa femme avec laquelle il était allé acheter cette lanterne se présenta à son esprit. C'est pendant son séjour aux États-Unis qu'il l'avait épousée. Elle était donc Américaine. Mais l'amour de cette jeune femme pour le Japon et le peuple de ce pays ne le cédait en rien à celui de son mari. En particulier, les objets artisanaux d'une technique consommée qu'on trouve au Japon plaisaient énormément à Mme Hasegawa. La lanterne de *Gifu* suspendue sous la véranda peut donc être considérée plutôt comme une manifestation de son goût personnel pour l'art japonais que comme expression du sens esthétique de son mari.

Chaque fois qu'il s'arrêtait dans sa lecture, le professeur laissait errer sa pensée de sa femme à la lanterne de *Gifu*, de celle-là à la civilisation qu'elle représentait. Nul doute, à ses yeux, que le Japon n'eût accompli, au cours du dernier demi-siècle, des progrès assez considérables sur le plan matériel. Mais, sur le plan spirituel, les progrès étaient relativement médiocres. En un sens même, au contraire, la civilisation avait rétrogradé. Remédier à cette dégradation s'imposait comme une tâche urgente aux penseurs modernes du Japon. Mais comment s'y prendre ? Une seule voie était offerte, celle du *Bushidô* [2] dont s'enorgueillit le Japon : la pensée de Hasegawa était bien arrêtée sur ce point. Le *Bushidô* ne doit jamais être considéré comme la morale étroite et rigide d'un peuple insulaire. Elle présente même quelques traits communs avec l'esprit du christianisme occidental. D'ailleurs, si le *Bushidô* est encore capable de donner à la vie des Japonais modernes une certaine consistance, le bénéfice ne s'en limitera pas à la civilisation spirituelle de leur pays. Il en résultera une meilleure compréhension réciproque entre les Occidentaux et les Japonais, ce qui pourra aussi contribuer à la cause de la paix internationale. — Ainsi pensait le professeur de droit. — Le vœu qu'il caressait de longue date était de jouer le rôle de pont entre l'Occident et l'Orient. Avec de telles dispositions, il ne lui déplaisait donc pas du tout que sa femme, la lanterne de *Gifu* et la civilisation japonaise qu'elle représentait formassent un tout harmonieux dans son esprit. Cependant, au fil des méditations dans lesquelles il se complaisait, il finit par s'apercevoir de l'écart qui se produisait entre ses pensées et le livre de Strindberg. Un peu renfrogné, et hochant la tête, il fit un effort pour concentrer de nouveau ses regards sur les menus caractères imprimés. Il tomba alors sur le passage suivant :

« Quand un acteur trouve une technique de représentation adéquate pour traduire un sentiment tout ordinaire et qu'elle lui assure le succès, peu à peu il s'habitue à s'en servir sans tenir compte des circonstances, soit à cause de la facilité routinière, soit à cause du succès qu'il lui apporte. C'est ce qu'on appelle " manière "... »

Le professeur, par nature et par formation, portait peu d'intérêt aux arts en général et moins encore à ceux de la scène. Il fréquentait si rarement le théâtre même de son propre pays qu'à son âge il aurait pu facilement compter combien de fois il y avait assisté. Il lui était arrivé jadis de rencontrer le nom de Baikô [3] dans un roman écrit par un de ses étudiants. Malgré les vastes connaissances dont il était si fier, ce nom lui était totalement inconnu.

Profitant d'une rencontre, il demanda à cet étudiant :

— Qui est donc ce Baikô?

L'étudiant, qui portait un *hakama* rayé, répondit respectueusement :

— Baikô? mais c'est un sociétaire du Théâtre impérial de Marunouchi. Il interprète en ce moment le rôle de Misao dans le dixième acte de la *Chronique de Taïkô* [4].

Aussi, le professeur n'avait-il aucune opinion personnelle sur toutes ces techniques de mise en scène que Strindberg critiquait d'une plume incisive. Elles ne l'intéressaient donc que dans la mesure où elles évoquaient pour lui quelques-unes des scènes qu'il avait vues pendant son séjour en Europe. Il était assez semblable, si l'on veut, à ces professeurs d'anglais de lycée qui ne s'intéressent à la lecture des pièces de Bernard Shaw que pour y découvrir des expressions usuelles. Mais cette digression n'exclut pas le fait qu'il y trouvât de l'intérêt.

Au plafond de la véranda pendait la lanterne de *Gifu* qu'on n'avait pas encore allumée. Installé dans son fauteuil, le professeur continuait la lecture de la *Dramaturgie* de Strindberg. Tout ce que je viens d'exposer permettra, je crois, aux lecteurs d'imaginer facilement qu'il s'agissait là d'un après-midi du début de l'été lorsque la nuit est si longue à venir. Ce qui ne veut pas dire pour autant que M. Hasegawa s'ennuyât. Ceux qui en douteraient donneraient une interprétation fausse, voire cynique, de la pensée de l'auteur.

Tout à coup, il dut interrompre sa lecture. Car la servante annonçant une visite inopinée vint troubler sa studieuse rêverie. On eût dit que les gens du monde cherchaient toujours l'occasion de le tracasser, même en cette saison où les journées étaient les plus longues.

Le professeur posa son livre et jeta un coup d'œil sur la carte de visite que la servante venait de lui présenter. Sur un bristol épais, il lut, imprimé en caractères élégants, le nom de Nishiyama Atsuko. Il lui sembla ne pas connaître cette personne. Quittant son fauteuil, M. Hasegawa, qui avait beaucoup de relations, repassa rapidement dans son esprit la liste de ses connaissances pour confirmer son impression. Il n'y trouva en effet aucun visage qui correspondît au nom en question. Alors, il inséra la carte de visite en guise de signet dans les pages de son livre qu'il posa sur le fauteuil de rotin. Et, rajustant en hâte sa robe de soie, il lança un regard à la lanterne suspendue devant son nez. En pareil cas, il est d'expérience universelle que la personne la plus impatiente est plutôt l'hôte qui fait attendre que le visiteur qui attend. Le caractère peu volage de M. Hasegawa me dispense d'ajouter ici qu'il n'échappait pas à cette loi, quand bien même son visiteur n'eût été, comme ce jour-là, une femme inconnue.

Ayant regardé l'heure, il ouvrit la porte du salon. A peine eut-il lâché la poignée de la porte que la visiteuse, qui paraissait avoir une quarantaine d'années, se leva de sa chaise. Cette femme était vêtue d'une très élégante robe de soie gris fer dont la qualité échappait à la compétence du professeur. Sur cette robe elle portait un *haori* noir de taffetas léger dont les deux bords laissaient à découvert sur sa poitrine un étroit décolleté où scintillait un frais saphir en forme de losange, qui soutenait sa ceinture. Le professeur, d'ordinaire peu attentif à ces détails, remarqua pourtant immédiatement que ses cheveux étaient coiffés en chignon. Elle avait le teint ambré et le visage rond typiquement japonais; c'était l'image même d'une parfaite mère de famille. Au premier coup d'œil, M. Hasegawa eut l'impression de l'avoir déjà vue quelque part.

Il la salua de bonne humeur.

— Très honoré, madame... professeur Hasegawa...

Car, s'ils s'étaient déjà rencontrés, pensa-t-il, elle ne manquerait pas de le lui rappeler... Alors, d'une voix claire, elle se présenta en lui rendant son salut respectueux :

— Je suis la mère de Nishiyama Kenichiro.

Nishiyama Kenichiro! Hasegawa s'en souvenait bien. C'était, lui aussi, un de ces étudiants qui écrivaient des articles sur Ibsen, Strindberg, etc. Il devait appartenir, comme étudiant, à la Section de Droit allemand. Après son admission à l'Université, il avait fréquemment rendu visite au professeur Hasegawa afin de le consulter sur le mouvement des idées. Au printemps dernier, atteint de péritonite, il était entré à l'hôpital où, incidemment, le professeur lui-même était allé le voir une ou deux fois. Son impression, celle d'avoir déjà vu cette femme, n'était donc pas le fait d'un pur hasard. Il y avait de quoi être stupéfait tant se ressemblaient — comme deux gouttes d'eau pour user de l'expression populaire — cette femme et le vigoureux jeune homme aux sourcils épais.

— Ah! oui, je vois. Vous êtes la mère de...

Se parlant presque à lui-même, Hasegawa l'invita à prendre place sur une chaise qui était de l'autre côté de la petite table.

— Je vous en prie, veuillez vous asseoir ici.

La dame, après s'être excusée, comme il se devait, de sa visite inopinée, salua de nouveau respectueusement le professeur et prit la chaise offerte. Au moment de s'asseoir, elle sortit de sa manche un objet blanc qui, aux yeux du professeur, parut être un mouchoir. Hasegawa, en voyant ce geste, lui offrit vivement un éventail de Corée et prit place à son tour sur une chaise vis-à-vis d'elle. La dame promena un peu son regard autour du salon et dit :

— Que vous êtes bien installé!

— Oui, c'est grand mais bien en désordre, répondit Hasegawa, accoutumé à ces paroles de circonstance.

Sa servante apporta les tasses de thé glacé; le professeur, alors, les fit disposer soigneusement entre sa visiteuse et lui-même, et amena peu à peu la conversation sur l'objet de la visite.

— Comment va Nishiyama? Y a-t-il du nouveau?

— Oui...

La dame s'interrompit un instant et discrètement posa ses mains l'une sur l'autre sur ses genoux. Puis elle reprit avec calme, sans s'émouvoir autrement, en ces termes :

— C'est bien au sujet de mon fils que je suis venue vous déranger aujourd'hui. Hélas! C'est fini. Il est mort. Je voudrais vous remercier de tout ce que vous avez bien voulu faire pour lui...

Le professeur, ayant pris pour un signe de timidité le fait que sa visiteuse n'ait pas encore touché à la tasse de thé, allait à ce moment-là porter la sienne à ses lèvres. Il s'était dit : « Plutôt que d'insister sans conviction, mieux vaut montrer l'exemple. » Mais, la tasse n'avait pas encore effleuré sa fine moustache que lui parvinrent tout à coup les mots qu'elle venait de prononcer. « Dois-je boire ou non? » hésita-t-il. Ces considérations, qui n'avaient rien à voir avec la mort du jeune homme, troublèrent un instant l'esprit du professeur. Mais, la tasse à la main, il ne pouvait prolonger éternellement cette indécision. Il vida d'un seul trait la moitié de sa tasse et, légèrement soucieux, d'une voix presque étouffée :

— Quelle nouvelle! dit-il.

— A l'hôpital, mon fils me parlait souvent de vous. C'est pourquoi je me suis permis de vous déranger pour vous informer de sa mort et pour vous remercier...

— Non, non! Je vous en prie! dit le professeur profondément touché, tout en posant sa tasse et s'emparant d'un éventail bleu dont les os étaient en vernis. C'est donc fini! Quel malheur! Il avait un bel avenir.
Mais, comme je ne vais pas souvent à l'hôpital, je me disais tout bonnement qu'il allait mieux. Ainsi... Quand est-il mort?

— Cela a fait huit jours hier.

— Et c'était à l'hôpital?

— Oui, Monsieur le Professeur.

— Je ne m'y attendais vraiment pas!

— Tous les soins lui ont été prodigués. Il ne me reste plus qu'à me résigner! Mais quand je pense qu'il a vécu jusque-là, malgré moi, je me révolte...

Au cours de cette conversation, le professeur s'aperçut d'une chose surprenante. C'est que ni l'attitude ni les gestes de cette femme n'étaient ceux d'une mère qui annonce la mort de son fils. Ses yeux étaient secs, sa voix avait une tonalité calme, et même un sourire s'ébauchait aux coins de sa bouche. Quiconque l'aurait vue sans l'entendre aurait pu croire qu'elle ne parlait que de banalités. Pour le professeur, c'était un mystère.

Bien longtemps avant cela, alors que le professeur séjournait à Berlin, Guillaume Ier, le père de l'actuel Kaiser, mourut. Il apprit cette nouvelle dans un café qu'il fréquentait. Il n'en fut d'ailleurs que modérément ému. Il revint à sa pension, la canne à la main, frais et dispos comme à l'ordinaire. Dès que la porte s'ouvrit, les deux enfants de l'hôtelier lui sautèrent au cou puis éclatèrent en sanglots. L'un d'eux était une fille, elle portait un tricot roux, l'autre, un garçon de neuf ans en culotte bleu marine. Le professeur, qui adorait ces enfants, ne comprenant pas ce qu'ils avaient, caressait leurs cheveux clairs et s'efforçait de les consoler, demandant : « Qu'y a-t-il? Qu'y a-t-il donc? » Mais les enfants n'arrêtaient pas de pleurer et, tout en refoulant leurs sanglots, ils lui dirent : « Il paraît que le vieil empereur est mort! »

Cela avait été étrange pour le professeur de voir la mort d'un chef d'État attrister à ce point même les enfants. Ce n'était pas seulement le lien d'affection entre la famille impériale et le peuple qui l'impressionnait. Depuis son arrivée en Europe, il avait été frappé on ne sait combien de fois par les manifestations impulsives de sentiments habituelles aux Occidentaux, et cette fois-ci encore il avait été stupéfait en son cœur de Japonais fidèle au *Bushidô*. Il n'avait jamais oublié ce choc psychologique où la sympathie se mêlait à l'étonnement. Aujourd'hui, il ne lui parut pas moins étrange qu'inversement cette mère ne pleurât point. Mais il ne tarda pas à faire une seconde découverte.

Le sujet de la conversation passa du souvenir du jeune défunt aux détails de sa vie, puis revint encore une fois à sa personne. Par on ne sait quel déclic, l'éventail de Corée s'échappa de la main du professeur et tomba sur le sol en mosaïque. La conversation, bien entendu, n'était pas aussi pressante qu'il ne put l'arrêter un instant. Le professeur, donc, se pencha, tendit la main vers le parquet. L'éventail était là, sous la petite table, près du pied recouvert d'un *tabi* blanc de femme, passé dans une pantoufle. Son regard aperçut par hasard les genoux de la femme, sur lesquels étaient posées ses deux mains et le mouchoir qu'elles étreignaient, ce qui, bien entendu, n'était pas en soi une découverte extraordinaire. Mais, aussitôt, le professeur s'aperçut du tremblement des mains qui serraient et tiraillaient le mouchoir si fortement qu'il risquait de se déchirer, tremblement qui était certainement dû à une agitation intérieure qu'elle essayait de réprimer de toutes ses forces. Il remarqua ce tremblement qui animait la bordure en dentelle du mouchoir de soie plusieurs fois plié entre les doigts souples de la femme. On eût dit qu'une brise le faisait frémir légèrement. En fait, la femme, tout en gardant le sourire sur son visage pleurait de tout son corps.

Le visage que le professeur, une fois l'éventail ramassé, releva à nouveau, avait une expression toute différente. Expression assez compliquée dans laquelle, au sentiment de respect et à la confusion qu'engendrait en lui le spectacle d'une chose qu'il n'aurait pas dû voir, à ces deux états, dis-je, quelque peu dramatisés, venait s'ajouter une certaine satisfaction due à la conscience même qu'il en prenait.

— Je n'ai pas d'enfant, mais je crois pouvoir partager votre chagrin, dit le professeur d'une voix basse et émue tout en renversant avec exagération la tête en arrière comme si une vive lumière l'éblouissait.

— Je suis très touchée de votre compassion. Mais, hélas! tout est fini! dit la mère en baissant légèrement la tête.

Mais son visage serein ébauchait toujours un sourire qui ne semblait pas forcé.

Deux heures plus tard, le professeur prit son bain, se fit servir à dîner, dégusta les cerises du dessert et se prélassa de nouveau dans son fauteuil de rotin. Dans ce crépuscule d'été, la pénombre n'en finissait pas. Sous la vaste véranda dont les portes vitrées étaient largement ouvertes, la nuit était encore loin. A la faveur des lueurs environnantes, le professeur, les jambes croisées, la tête appuyée sur le dos du fauteuil, regardait distraitement la houppe rouge attachée à la lanterne de *Gifu*. Le Strindberg, dans ses mains, ne paraissait plus l'intéresser... Et pour cause! L'attitude émouvante de Mme Nishiyama occupait toujours son esprit.

Tout à l'heure, au dîner, le professeur avait raconté à sa femme l'aventure de l'après-midi. Il avait admiré l'esprit du *Bushidô* chez cette dame japonaise. Sa femme qui aimait le Japon et les Japonais s'en était émue, il va sans dire. Le professeur avait été heureux d'avoir une auditrice sincère en la personne de sa femme. Cette dernière, la dame de tout à l'heure et la lanterne de *Gifu* se détachaient, dans sa conscience, sur un certain fond moral.

Le professeur se laissa aller quelque temps à ces évocations heureuses. Tout à coup, il se rappela la commande d'un article qu'une revue mensuelle lui avait passée. Cette revue avait ouvert une enquête sous le titre : « Conseils aux jeunes gens », demandant l'avis de diverses personnalités sur la morale de l'époque. Il se décida à y répondre sur-le-champ en rédigeant un article sur ses expériences de ce jour. Là-dessus, il se gratta légèrement la tête.

La main qui gratta fut celle qui avait tenu le livre. Cela lui rappela la lecture interrompue et pour un temps oubliée. Il ouvrit le livre à la page marquée par la carte de visite. Juste à ce moment, la servante vint allumer la lanterne suspendue au-dessus de sa tête, ce qui lui permit de continuer à lire sans difficulté malgré la petitesse des caractères imprimés. N'ayant point l'intention de faire une lecture particulièrement attentive, il laissa tomber un regard distrait sur la page ouverte juste à l'endroit où Strindberg écrivait : « Jeune encore, j'entendis parler du jeu du mouchoir (venu peut-être de Paris) de Mme Heiberg. Il s'agit d'un double jeu scénique qui consiste à déchirer un mouchoir en deux tout en arborant un sourire. Nous disons que ce jeu est de mauvais goût... »

Le professeur posa le livre sur ses genoux. Sur la page ouverte, la carte de Nishiyama Atsuko était toujours là. Mais l'esprit du professeur se détachait déjà de cette mère, de sa femme et de la civilisation japonaise. Son esprit était maintenant occupé par quelque chose de presque insaisissable qui semblait vouloir briser l'équilibre et l'harmonie établis entre ces termes. La critique de ce jeu de scène par Strindberg ne relevait pas, bien entendu, d'une critique morale. Mais les impressions que cette lecture venait de lui donner allaient bouleverser la paix intérieure du professeur Hasegawa, que le bain avait détendu. C'était un quelque chose qui allait ébranler sa conception du *Bushidô* et les pratiques qui en découlaient.

D'humeur assombrie, il hocha la tête deux ou trois fois et, levant son regard, il fixa longuement la claire lumière de la lanterne sur les parois de papier de laquelle se dessinaient les herbes de l'automne.

(Septembre 1916.)

XV

Les Kappa[1]

Prononcez *Kap-pa*, je vous prie.

PRÉFACE

Voici l'histoire que le malade nº 23 d'une clinique psychiatrique raconte à qui veut l'entendre. Il doit avoir passé la trentaine. A première vue, cependant, il est loin de paraître cet âge. Les expériences qu'il aurait eues au cours de la première moitié de son existence..., mais au fait, peu importe! Immobile, les bras autour des genoux, jetant de temps à autre un regard au-dehors (devant la fenêtre aux barreaux de fer, un chêne dépouillé même de feuilles mortes déployait ses branches vers le ciel assombri qui annonçait la neige), il continuait à faire au docteur S..., chef de la clinique, et à moi-même, son récit interminable. Ce qui n'allait évidemment pas sans gestes. Quand, par exemple, il disait : « Ça m'a étonné », il rejetait la tête en arrière, d'un mouvement brusque...

Je crois pouvoir affirmer que j'ai noté avec une précision suffisante ses propos qu'on va lire. Si par hasard quelqu'un n'était pas satisfait de ce que je rapporte, qu'il aille donc se renseigner lui-même à la clinique du docteur S..., au village de X..., dans la banlieue de Tôkyô. Le numéro 23, qui ne paraît pas son âge, s'inclinera profondément, lui désignant un siège sans coussin. Puis, avec un sourire mélancolique, tout calme, il racontera à nouveau son histoire. Enfin — je me souviens bien de l'expression que son visage prit au terme de son récit —, se relevant à peine, brandissant un poing crispé, il jettera à n'importe qui :

— Hors d'ici, scélérat! Toi aussi, tu es une bête sotte, mesquine, obscène, impudente, vaniteuse, égoïste et sans cœur! Hors d'ici, scélérat!

Voici ce qui s'est passé, un été, il y a trois ans. Je partis, sac au dos comme tout le monde, de l'auberge d'une station thermale de Kamikôchi [2], pour faire l'ascension du mont Hotaka. Comme vous le savez, il n'y a d'autre moyen d'accès au sommet de cette montagne que de remonter l'Azusa. Auparavant, j'avais déjà gravi une fois le mont Hotaka, et même le Yari-ga-take. Aussi, sans même prendre le soin de me faire accompagner d'un guide, remontai-je la vallée d'Azusa, que voilaient les brumes du matin.

Je remontai donc la vallée d'Azusa que recouvraient les brumes du matin, mais ces brumes ne paraissaient pas devoir se lever. Au contraire, elles allaient s'épaississant. Au bout d'une heure de marche environ, je me demandai si je ne ferais pas mieux de retourner à l'auberge. Mais, même pour rebrousser chemin, il eût fallu, de toute manière, attendre que la brume fût levée. Or, de minute en minute, elle ne devenait que plus dense. « Vas-y, grimpe toujours! » me dis-je à moi-même, et j'avançai, écartant les brousailles de bambous nains, me gardant de m'écarter de la vallée.

Cependant, la brume épaisse continuait à me masquer la vue. Cela ne m'empêchait tout de même pas d'apercevoir, de temps à autre, à travers la brume, les branches des hêtres ou des sapins chargées de feuilles vertes. Puis, soudain, surgirent devant moi des têtes de chevaux et de vaches dans les pâturages. Mais, aussitôt, ces animaux s'évanouirent à nouveau très vite dans la brume profonde. Bientôt mes jambes commencèrent à s'alourdir, mon estomac à ressentir la faim, et, pour couronner le tout, mon costume d'alpiniste et ma couverture de laine chargés d'humidité m'accablèrent de leur poids. Mon obstination céda. Je pris finalement la décision de descendre vers le lit de l'Azusa, me guidant d'après le bruit de l'eau qui se heurtait aux rochers.

Assis sur un roc au bord de l'eau, je commençai tout aussitôt à préparer mon repas. Ouvrir la boîte de *corned beef*, ramasser des branches mortes et y mettre le feu..., tout cela m'avait pris à peu près dix minutes. Cependant, le brouillard, obstinément malveillant jusque-là, s'était insensiblement mis à se dissiper. Tout en grignotant mon pain, je donnai un coup d'œil à mon bracelet-montre. Il était déjà plus d'une heure vingt. Mais ce qui me frappa davantage, ce fut une image répugnante dont le reflet tomba un instant sur le verre rond de ma montre. Surpris, je me retournai. Eh bien!... c'était la première fois que je voyais ce qu'on appelle un « kappa ». Sur le rocher derrière moi, un kappa tel qu'on le connaît par les dessins, entourant d'un bras le tronc d'un bouleau, une main levée horizontalement au-dessus des yeux, me regardait d'en haut, l'air intrigué.

Stupéfait, je restai un moment sans bouger. Le kappa, l'air étonné lui aussi, ne remuait même pas la main qu'il continuait à tenir dans la même position.

Là-dessus, je me levai d'un bond et m'élançai vers le kappa sur son rocher. Sur ce, celui-ci se mit à fuir, ou plutôt, fit mine de fuir. La vérité est qu'il s'écarta d'un bond et disparut soudain. De plus en plus étonné, je promenai mon regard autour de moi parmi les bambous nains. En effet, il était là, à deux ou trois mètres de distance, me regardant fixement, la tête tournée vers moi, prêt à s'enfuir. Jusque-là, rien de mystérieux. Mais ce qui me frappa, ce fut la couleur de son corps. Quand il me regardait du haut du rocher, il était entièrement couleur de cendre. Maintenant, tout son corps avait verdi. « Sale bête! » m'écriai-je, et je fonçai à nouveau sur lui. Il va sans dire qu'il se sauva. Pendant une demi-heure environ, traversant les broussailles de bambous nains, sautant de rocher en rocher, je le poursuivis à perdre haleine.

Pour ce qui est de l'agilité, le kappa ne le cède en rien au singe. Pendant cette poursuite frénétique, à plusieurs reprises, je faillis le perdre de vue et, plus d'une fois, mon pied glissant, je perdis l'équilibre et tombai. Mais quand nous atteignîmes un endroit où un grand châtaignier déployait ses branches robustes dans le ciel, un bœuf barra, tout heureusement, le chemin du kappa. C'était d'ailleurs un bœuf puissamment encorné, aux yeux injectés de sang. A sa vue, le kappa, poussant un cri affolé, plongea d'un bond léger dans une broussaille de bambous nains plus haute que les autres.

Je me dis : « Je le tiens », et je l'y poursuivis immédiatement. Peut-être y avait-il un trou béant que je n'avais pas aperçu ? A peine mes doigts eurent-ils touché le dos gluant du kappa, que je dégringolai la tête la première dans une profonde obscurité. Mais ne voit-on pas souvent l'esprit humain, dans un moment où tout est suspendu à un fil, en venir à penser des choses stupéfiantes ? C'est donc à cet instant précisément que surgit de ma mémoire le pont dit « des kappa », près d'une auberge de la station thermale de Kamikôchi. Ensuite..., je ne me souviens plus de ce qui se passa. Quelque chose comme un éclair, ce fut tout ce que je vis à cet instant. Et je perdis conscience.

II

Un certain laps de temps s'écoula avant que je revinsse de mon évanouissement. Allongé sur le dos, je me trouvai entouré d'une foule de kappa. Et agenouillé à côté de moi, un pince-nez sur son gros bec, il y avait un kappa qui appliquait son stéthoscope sur ma poitrine. S'apercevant que j'étais réveillé, il me fit un geste signifiant « du calme » et interpella un autre kappa qui se tenait derrière son dos : *Quax !... Quax !* Au même moment, surgirent d'un coin deux kappa portant une civière. J'y fus installé et je parcourus ainsi quelques centaines de mètres, silencieusement, entre deux haies de kappa. La rue par laquelle je passais ne différait en rien de l'avenue de Ginza. Ici aussi, des hêtres étaient plantés des deux côtés, les échoppes déployaient leurs stores, et, sur le chemin bordé de ces files d'arbres, roulaient d'innombrables automobiles.

Bientôt, la civière sur laquelle je reposais s'engagea dans une étroite rue latérale et fut transportée, toujours à bras, dans une maison. C'était, ainsi que je l'appris plus tard, la maison du kappa au pince-nez, un médecin nommé Chak. Celui-ci m'installa sur un lit propre, m'administra un verre de je ne sais quelle potion transparente. Étendu sur le lit, je laissais faire Chak. En vérité, les articulations me faisaient mal par tout le corps, au point que je ne pouvais quasiment pas bouger. Deux ou trois fois par jour au moins, Chak vint m'ausculter, sans jamais y manquer. En outre, tous les trois jours, le premier kappa que j'avais vu — un pêcheur nommé Bag — venait prendre de mes nouvelles. La connaissance que les kappa ont des hommes dépassse de loin celle qu'ont les hommes d'eux. Cela viendrait de ce que les hommes capturés par les kappa sont beaucoup plus nombreux que les kappa capturés par les hommes. « Capturer » est peut-être trop fort. Car, nous autres hommes, nous avons déjà parfois pénétré dans le pays des kappa. Bien mieux encore, il y en a, en assez grand nombre même, qui y ont passé leur vie entière. Savez-vous pourquoi? C'est que, le simple fait d'être hommes parmi les kappa, donne le privilège de vivre sans travailler. Selon Bag, il y eut entre autres un jeune cantonnier qui, conduit dans ce pays par le hasard, épousa une jeune kappa et y demeura jusqu'à sa mort. Ce qui n'empêche d'ailleurs pas que cette kappa femelle, la plus belle du pays, s'entendit étonnamment, dit-on, à tromper son mari, le cantonnier.

Environ une semaine plus tard, conformément aux lois du pays, on m'accorda, en tant que « résident spécialement protégé », un logis, voisin du celui de Chak. La maison que je devais habiter, malgré son exiguïté, avait belle apparence. Il faut ajouter que la civilisation de ce pays ne diffère guère des civilisations humaines, du moins de celle du Japon. Un piano de petite taille occupait l'angle du salon donnant sur la rue. Une gravure encadrée pendait au mur. Mais, à commencer par la maison elle-même, tables, chaises, tout était à la mesure des kappa. J'étais aussi gêné que si l'on m'avait mis dans une chambre d'enfant.

Tous les jours, à la tombée du jour, je recevais Chak, Bag et d'autres dans cette pièce et j'apprenais la langue des kappa. Ils n'étaient pas les seuls à venir me voir. Tout le monde était piqué de curiosité à l'égard du « résident spécialement protégé » que j'étais. Geer, directeur d'une compagnie de verrerie, qui allait jusqu'à recevoir chez lui Chak pour se faire prendre chaque jour sa pression artérielle, était une figure familière de mon salon. Mais je dois dire que celui avec qui je liai les plus amicales relations dans la première quinzaine, ce fut le pêcheur Bag.

C'était un crépuscule tiède. Bag, le pêcheur, et moi, nous nous trouvions de part et d'autre de la table. Je ne sais quelle idée lui vint à l'esprit, il se tut soudain, et, écarquillant encore davantage ses grands yeux, il me regarda. Moi, intrigué, je lui demandai : *Quax, Bag! Quo quel quan?* Ce qui veut dire : « Alors, Bag! Qu'est-ce que tu as? » Mais il ne répondit pas. Se dressant brusquement et tirant une longue langue vers moi, il s'apprêtait à sauter sur moi comme une grenouille. De plus en plus inquiet, me levant furtivement de ma chaise, j'allais me sauver d'un bond vers la porte, quand, par chance, Chak, le médecin, fit son apparition : « Hé! Bag! Que fais-tu là? » dit-il.

Son pince-nez ajusté comme toujours, il dévisageait Bag. Cette attitude parut impressionner Bag, qui, portant sa main à la tête à plusieurs reprises, bredouilla disant :

— Je vous supplie de m'excuser. La vérité est que je m'amusais à voir ce monsieur pris de panique. Je me livrais ainsi à une petite plaisanterie. Vous m'excuserez, monsieur.

III

Avant de continuer, il me reste à expliquer brièvement ce qu'est le kappa : un animal dont on met encore en question l'existence même. Mais ce doute est désormais exclu, puisque j'ai séjourné parmi eux. Alors de quelle sorte d'animal s'agit-il donc? Les poils courts de sa tête, non plus que ses mains et ses pieds palmés, ne s'éloignent tellement de ce qui est décrit dans le *Suiko kôryaku* [3]. Sa taille ne dépasse pas un mètre. Son poids, selon le docteur Chak, varie entre vingt et trente livres : il arrive, bien que rarement, dit-il encore, qu'on rencontre de gros kappa dont le poids atteigne une cinquantaine de livres.

Par ailleurs, il est coiffé, au sommet de la tête, d'une assiette en forme d'ellipse qui durcit progressivement avec l'âge, paraît-il. En effet, l'assiette du vieux Bag laisse à la main une sensation tout à fait différente de celle que donne l'assiette du jeune Chak. Mais, le plus étonnant, c'est la couleur de la peau du kappa. Elle n'est pas définie comme la nôtre, celle des êtres humains. Elle change, s'identifiant à la couleur du milieu, quel qu'il soit : à la couleur verte des herbes parmi lesquelles se trouve le kappa, à la couleur gris cendré de la roche sur laquelle il est juché. Il va sans dire que ce phénomène ne se constate pas seulement chez le kappa, mais aussi chez le caméléon. Peut-être le tissu cutané du kappa et celui du caméléon présentent-ils des constitutions voisines. La découverte de ce fait m'a rappelé un document folklorique selon lequel le kappa est vert dans les provinces de l'ouest, rouge dans le nord-est; je me suis souvenu aussi de la disparition subite de Bag au cours de ma poursuite. Enfin, le kappa paraît avoir une couche assez épaisse de graisse sous-cutanée. Malgré la température relativement basse de ce pays souterrain (à peu près 50° Fahrenheit), il ignore le vêtement. Il n'en reste pas moins vrai que tout kappa porte, me semble-t-il, lunettes, boîtes à cigares, porte-monnaie. Mais le kappa, ayant une poche sur le ventre comme le kangourou, n'est guère embarrassé quand il veut cacher tous ces objets aux yeux des autres. Il ne couvre pas la partie inférieure de son corps, ce qui m'a semblé fort comique.

Un jour, je demandais à Bag les raisons de cette habitude. Alors, s'étirant en arrière, il se laissa aller à un long rire bruyant. Et il me répondit : « Ce qui me paraît comique à moi, c'est que tu t'habilles. »

IV

J'en venais à comprendre de mieux en mieux la langue courante des kappa, et ainsi à me familiariser avec leurs coutumes. Ce qui m'étonnait le plus, c'était que les kappa trouvent amusant ce que nous considérons comme sérieux et qu'ils considèrent sérieusement ce qui nous amuse. Bref, c'est un monde renversé. Ainsi, par exemple, nous, les hommes, envisageons avec sérieux tout ce qui concerne la justice, l'humanité, etc. Autant de sujets bouffons pour les kappa ! Leur notion du comique paraît reposer sur une base entièrement différente de la nôtre. Il m'est arrivé un jour de m'entretenir avec le docteur Chak du contrôle des naissances. Le voilà pris d'un rire si énorme que ses lunettes en tombèrent. Je lui demandai ce qu'il y avait là de risible, il parut dépité de mon reproche. La réplique de Chak, je m'en souviens, fut à peu près celle-ci, bien que je puisse me tromper dans les détails, étant donné qu'à tout prendre je ne connaissais pas encore très bien la langue kappa.

« En fin de compte, n'est-ce pas contradictoire de ne penser qu'à la commodité des parents ? C'est trop égoïste, qu'en penses-tu ? »

Contrairement à ce qui se passe chez les hommes, il n'y a rien de plus drôle qu'un enfantement chez les kappa. Peu de temps en effet après cette conversation, j'assistai dans la petite maison de Bag à l'accouchement de sa femme. En cette circonstance, les kappa agissent de la même façon que les humains. Comme chez nous, on a recours aux soins d'un médecin ou d'une sage-femme. Mais à l'instant de la naissance, le père approche sa bouche de l'orifice, comme s'il s'agissait d'un téléphone, et demande à haute voix : « Veux-tu décidément naître dans le monde ? Réponds après avoir mûrement réfléchi ! » Bag lui aussi, agenouillé, répéta cette formule à plusieurs reprises. Ensuite, il se rinça la bouche avec un désinfectant liquide posé sur la table. A cette injonction, l'enfant qui était encore dans le ventre de sa mère, un peu gêné, me semblait-il, répondit d'une voix faible : « Je n'ai pas envie de naître. D'abord, la maladie mentale héréditaire de papa, à elle seule, me sera une grande charge. De plus, je suis convaincu que l'existence des kappa est un mal. »

A cette réponse, Bag se gratta la tête comme confus. Mais la sage-femme qui était là ne tarda pas à enfoncer dans l'orifice de la parturiente un gros tuyau de verre et y injecta un liquide. Alors, comme soulagée, la femme de Bag poussa un long soupir. En même temps, son ventre, enflé jusque-là, s'affaissa, tout ramolli, comme un ballon d'où s'échappe un gaz hydrogène.

Il est bien évident que l'enfant kappa, dès sa naissance, sait marcher et parler. Selon Chak, un enfant aurait donné une conférence sur l'existence de Dieu vingt-six jours après sa naissance. Il faut ajouter que cet enfant mourut deux mois plus tard, à ce qu'on m'a raconté.

A propos de la naissance, je m'en vais vous décrire une grande affiche que je vis par hasard au coin d'une rue, le troisième mois après mon entrée dans ce pays. Au bas de cette affiche, étaient dessinés une douzaine de kappa dont les uns jouaient du clairon et les autres tenaient des sabres. En haut, on avait inscrit, serrés les uns contre les autres, des caractères en forme de spirales semblables à des ressorts de montre, à savoir ceux qu'utilisent les kappa. La traduction de ces caractères en forme de spirale donnait à peu près ceci. Je n'en garantis pas tous les détails qui pourraient ne pas être correctement rendus. Mais, en tout cas, j'ai noté une à une les paroles d'un étudiant nommé Rapp qui m'accompagnait et qui lisait à haute voix l'affiche :

Recrutement de volontaires pour un commando eugénique ! ! !
Kappa sains, mâles et femelles ! ! !
Pour détruire les hérédités néfastes,
Épouser les kappa mâles ou femelles en mauvaise santé !

Naturellement, je signalai à Rapp l'impossibilité d'une telle tentative. Là-dessus, non seulement Rapp, mais tous les kappa qui étaient près de l'affiche éclatèrent de rire.

— Impossible? mais, d'après vos dires, je crois savoir que vous agissez comme nous. Pour quelle raison pensez-vous donc que, chez vous, un fils de famille s'entiche de la bonne, ou qu'une demoiselle bien élevée s'éprenne du chauffeur? N'est-ce pas pour détruire inconsciemment les hérédités fâcheuses? Coupons court. En comparaison de ces expéditions de volontaires de chez vous, humains, que vous m'avez racontées — je veux dire ces massacres pour vous emparer d'une ligne de chemin de fer —, en comparaison de ces commandos, dis-je, notre commando de volontaires me paraît avoir une mission bien plus noble.

Tandis que Rapp parlait d'un air sérieux, un rire réprimé soulevait des ondes sur son ventre. Moi, loin de rire, j'essayais d'attraper au vol un kappa, car je m'étais aperçu que, profitant de mon inattention, il m'avait volé mon stylo. Mais le kappa, dont la peau est gluante, échappe facilement à la prise. Et mon voleur, glissant d'un bond preste hors de ma main, fila, son corps frêle de moustique lancé en avant presque à l'horizontale.

V

Rapp ne montrait pas moins d'attention à mon égard que Bag. Et ce qui reste pour moi inoubliable, c'est qu'il m'ait présenté à un nommé Toc, poète de ce monde de kappa. Le poète kappa a des cheveux longs, tout comme le poète humain. Parfois, pour tuer le temps, je rendais visite à Toc. Celui-ci, dans sa chambre étroite où s'alignaient des plantes alpestres en pots, vivait vraiment à l'aise, m'a-t-il semblé, écrivant des poèmes et fumant du tabac. Dans un coin de la chambre, une kappa (Toc, partisan de l'union libre, ne s'était pas marié) tricotait, ou s'occupait à quelque ouvrage de dame kappa. Toc, en me voyant, ne manquait de me dire avec un sourire (j'avoue que le sourire du kappa n'est pas tellement agréable; au début du moins, je le trouvais inquiétant) : « Vous êtes le bienvenu! Prenez donc cette chaise! »

Il arrivait souvent à Toc de me raconter la vie des kappa, leurs activités artistiques... A son avis, il n'y a rien de plus absurde que la vie ordinaire des kappa. Parents et enfants, maris et femmes, frères et sœurs, tous vivent pour le seul plaisir de se torturer réciproquement. En particulier, la structure de la famille est tout ce qu'il y a de plus stupide.

Un jour, Toc, pointant un doigt vers la fenêtre, cracha et dit : « Regardez! Quelle déraison! »

Devant la fenêtre, un kappa, encore tout essoufflé, marchait dans la rue; sept ou huit kappa, mâles et femelles, parmi lesquels il semblait y avoir ses parents, s'accrochaient à son cou. Touché de l'esprit de sacrifice du jeune kappa, je louais quant à moi son courage :

— Tenez! Vous avez droit à cité dans ce pays... A propos, êtes-vous socialiste?

Il va sans dire que je répondis *Qua* (dans la langue kappa, cela signifie : « Oui »).

— Alors, vous ne devez pas hésiter à sacrifier de bon cœur un génie à cent imbéciles.

— Mais vous, de quel parti êtes-vous? (Quelqu'un m'avait dit que la doctrine de Toc était l'anarchisme...)

— Moi? je suis surhomme (littéralement : *Surkappa*), déclara Toc, avec fierté.

Il se faisait une idée personnelle de l'art. D'après lui, l'art est dispensé de tout contrôle. L'art existe pour l'art même. Un artiste doit donc, avant tout, être un surhomme, indépendant de toute morale.

J'avoue que cette opinion n'était pas exclusivement sienne. Il me semblait que les poètes de son cénacle la partageaient dans l'ensemble.

Je citerai un fait qui confirme mes dires.

Je fréquentais le « club des surhommes » en compagnie de Toc. Là, se réunissaient poètes, dramaturges, critiques, peintres, musiciens, sculpteurs, artistes amateurs..., tous des « surhommes ». Dans un salon éclairé à l'électricité, ils s'entretenaient comme habituellement les uns avec les autres, gaiement. Et par-dessus tout, ils affectaient des manières de « surhommes ». Ainsi, un sculpteur, se saisissant d'un kappa encore jeune parmi des pots de fougères géantes, ne cessait de s'en amuser comme d'un giton. Une romancière, debout sur une table, ayant parié qu'elle ingurgiterait soixante bouteilles d'absinthe, se livrait à sa démonstration. Il faut cependant ajouter que la soixantième bouteille vidée, elle s'écroula sous la table et ne tarda pas à y expirer.

Par un beau clair de lune, nous rentrions, Toc et moi, du « club des surhommes », bras dessus, bras dessous. Contrairement à son habitude, Toc, assombri, se taisait. Chemin faisant, nous passâmes devant une petite fenêtre éclairée derrière laquelle deux kappa, mâle et femelle — apparemment le mari et la femme —, étaient attablés pour dîner avec deux ou trois petits kappa. A cette vue, Toc soupira et me dit à brûle-pourpoint :

— Il est vrai qu'en amour, je me considère comme un surhomme. Mais, à la vue d'un tel ménage, je ne peux m'empêcher d'être jaloux.

— Mais enfin, lui répliquai-je, ne trouves-tu pas que c'est contradictoire ?

Cependant, les bras toujours croisés, Toc, immobile, au clair de lune, contemplait à travers la petite fenêtre la table où mangeaient cinq paisibles kappa. Au bout d'un moment, il me répondit :

— De toute manière, l'omelette qui est là-bas me semble plus saine qu'un amour !

VI

A vrai dire, l'amour chez les kappa est assez différent de l'amour chez l'homme. La femelle du kappa, dès qu'elle aperçoit un mâle plus ou moins attirant, ne s'embarrasse pas du choix des moyens pour le capturer. La plus naïve se contente de se lancer à sa poursuite. J'ai vu de mes yeux une femelle poursuivre éperdument un mâle. Et de plus, parents et frères eux aussi participent à cette chasse. C'est le mâle qui est à plaindre. Le fait est que même s'il parvient à échapper de justesse à la capture, après avoir cherché refuge de tous côtés, il doit garder le lit pendant deux ou trois mois !

Un jour, je lisais le recueil poétique de Toc quand Rapp, l'étudiant, fit irruption chez moi. Il s'écroula dans ma chambre, et gisant sur le plancher me dit haletant :

— Grand Dieu ! Elle m'a embrassé !

Sans perdre une seconde, je jetai le livre, fermai la porte à clé.

Par le trou de la serrure, je vis une kappa de taille médiocre, le visage saupoudré de soufre, rôder encore devant la porte. Rapp dut rester couché quelques semaines dans mon lit. Pire encore, son bec, comme tout entier insidieusement gagné par la gangrène, s'ébrécha.

En réalité, il peut arriver parfois qu'un mâle se mette à poursuivre une femelle. Mais, c'est que la femme agit de telle façon que le mâle ne puisse résister à cette tentation de la poursuivre. J'ai vu moi-même un mâle, éperdu lui aussi, courir après une femelle. Tout en fuyant, elle s'arrêtait parfois, intentionnellement semblait-il et se mettait ostensiblement à quatre pattes. Puis, le moment venu, elle se laissa facilement attraper, comme épuisée. Le mâle que je regardais roula par terre pendant quelque temps, enlaçant la femelle.

Enfin, il se releva avec une tête pitoyable. Déception? Repentir? Quoi qu'il en fût, il était difficile de le dire. Passe encore... Mais, parmi les scènes auxquelles j'assistai, il y en eut une bien particulière :

Un mâle, petit de taille, traquait une femelle qui, comme à l'habitude, y allait de sa fuite provocante. A ce moment précis, de l'autre côté de la rue, venait vers eux un énorme mâle grognant. Le hasard fit que la femelle l'aperçut. Elle lui lança un cri aigu :

— Au secours! Au secours! Ce petit veut me tuer!

Aussitôt, le gros mâle attrapa le petit qu'il plaqua au sol, au milieu de la rue. Le petit, crispant deux ou trois fois ses mains palmées en l'air, succomba enfin. Déjà, la femelle, souriant niaisement, s'était accrochée au cou de l'énorme kappa.

Tous les mâles que je connaissais, comme s'ils s'étaient concertés, avaient la même expérience, celle d'être poursuivis par les femelles. Il va sans dire que Bag, père de famille, n'échappait pas à la règle commune. Bien pis, il fut attrapé deux ou trois fois. Seul, Mag, le philosophe, ne fut jamais victime d'une capture (c'est le voisin du poète Toc). Peut-être était-ce dû à sa rare laideur. D'ailleurs, il restait chez lui à longueur de journée, cloîtré. Je lui rendais souvent visite pour bavarder avec lui. Mag lisait toujours de gros livres dans sa chambre mal éclairée, sur une table aux pieds très hauts, sous une lanterne vitrée de sept couleurs. Avec ce Mag, il m'arriva un jour de discuter de l'amour chez les kappa.

— Pour quelles raisons, lui demandai-je, le gouvernement ne réglemente-t-il pas plus strictement la poursuite des mâles par les femelles ?

— L'une des raisons est, me répondit-il, que les femelles sont en minorité chez les fonctionnaires. Les femelles sont plus jalouses que les mâles. De fait, d'augmenter le nombre des fonctionnaires femelles pourrait seul mettre à l'abri les mâles de la poursuite. Mais le résultat en serait assez mince. Réfléchissez ! Voyons ! Même fonctionnaires, les femelles ne poursuivront-elles pas les mâles ?

— Voulez-vous dire alors que vivre ainsi que vous le faites est le sort le plus heureux ? lui demandai-je.

Sur ce, Mag, se levant de son fauteuil, ses mains serrant les miennes, soupira, et répondit :

— Puisque vous n'êtes pas kappa comme nous autres, il est naturel que vous ne compreniez pas. Car, malgré tout, il nous arrive parfois d'avoir envie d'être poursuivis par ces terribles femelles.

VII

J'allais quelquefois au concert avec le poète Toc. Celui où nous nous rendîmes pour la troisième fois reste encore gravé dans ma mémoire. A la vérité, l'aspect de la salle ne différait guère de celui d'une salle au Japon. Sur des sièges disposés, ici aussi, en gradins, deux ou trois centaines de kappa, mâles et femelles, recueillis, le programme à la main, étaient tout à la musique.

Lors de ce troisième concert, je tombai sur le philosophe Mag, en plus de Toc et de sa compagne. Je pris place au premier rang. A la fin d'un solo de violoncelle, un kappa aux yeux curieusement étroits, monta sur l'estrade sans plus de cérémonie, la partition sous son bras. Inutile de consulter le programme : c'était le célèbre compositeur Kraback ! Comme il était membre du « club des surhommes » auquel appartenait Toc, je le connaissais de vue. *Lied-Kraback*. (Dans ce pays aussi, le plus souvent, le programme était en allemand.) Kraback, salué de vifs applaudissements, se dirigea avec calme vers le piano. Puis, il se mit à jouer, comme toujours, avec désinvolture, un « lied » de sa composition. Selon les propres paroles de Toc, Kraback était un génie sans égal parmi les musiciens vivants et morts de ce pays. Portant de l'intérêt, non seulement à sa musique, mais encore à ses poèmes — son violon d'Ingres —, j'étais tout ouïe pour les flots d'harmonie que déversait le grand piano en forme d'arc. Quant à Toc et à Mag, leur extase était peut-être plus grande encore que la mienne. Mais, à la différence des autres auditeurs, la femelle de Toc, belle aux dires des mâles, crispant sa main, comme irritée, sur le programme, tirait parfois une longue langue. D'après Mag, elle avait raté la capture de Kraback dix ans auparavant et lui en gardait rancune. Kraback, tout à sa passion, continuait à taper sur le piano, comme en lutte avec quelque chose.

— Le concert est interdit!

Cette phrase, comme un coup de tonnerre, éclata dans la salle. Surpris, je me retournai vers le fond. Je ne me trompais pas. C'était un policier géant assis au dernier rang qui l'avait proféré. A l'instant où je me retournais, il gronda de nouveau d'une voix encore plus forte, sans s'agiter :

— La séance est interdite!

Après... Ce fut la bagarre. « Sales flics! Kraback! Vas-y! continue! Imbéciles! Idiots! Foutez le camp! Ne cède pas!... »

Au milieu des cris et des imprécations, les bancs furent renversés, les programmes volèrent et — on ne sut qui les lança — une pluie de bouteilles vides, de pierres et même de concombres à demi grignotés s'abattit. Stupéfait, je voulus demander le pourquoi de tout ceci à Toc qui, visiblement excité, debout sur son banc ne cessait de crier :

— Kraback! Continue! Continue!

Et la femelle de Toc, elle aussi, comme soudain oublieuse de sa vieille hostilité, cria, tout comme Toc :

— Sales flics!

Je m'adressai donc à Mag :

— Qu'est-ce que c'est?

— Ça? C'est fréquent chez nous. La peinture ou la littérature, par exemple...

Gardant tout son sang-froid, le cou rentré dans les épaules chaque fois que quelque chose volait vers lui, Mag m'expliqua :

— ... La peinture ou la littérature, par exemple, claires, malgré tout, aux yeux de tout le monde dans ce qu'elles veulent représenter, ne subissent jamais dans ce pays d'interdiction de vente ou d'exposition. Mais on doit se résigner à interdire les concerts. Vous savez, la musique, elle, si obscène soit-elle, reste incompréhensible pour les kappa privés d'oreille.

— Mais alors, le policier en question aurait des oreilles? lui demandai-je.

— Ça c'est douteux. Peut-être la mélodie qu'il écoutait lui aura-t-elle rappelé les mêmes rythmes que ceux de son cœur quand il couche avec sa femme, dit-il.

Sur ces entrefaites, la bagarre devint de plus en plus tumultueuse. Kraback, campé devant le piano, lançait des regards insolents vers l'auditoire. Mais son attitude hautaine ne l'empêchait pas d'être la cible des objets volants. Et, toutes les deux ou trois secondes, il devait rectifier la position qu'il venait à peine de prendre. Mais enfin il maintenait du mieux qu'il pouvait sa dignité de grand musicien et ses yeux étroits jetaient des éclairs sauvages.

Moi? Bien entendu, pour me soustraire à tout danger éventuel, je m'abritais derrière Toc. Ce qui ne m'empêchait d'entretenir, par curiosité, une conversation animée avec Mag.

— Une censure pareille est inadmissible, lui déclarai-je.

— Comment? répliqua-t-il, elle est plutôt évoluée par rapport à celle de n'importe quel autre pays. Considérez, par exemple, le cas de X... Tout récemment, il y a un mois...

Il eut à peine prononcé ces mots qu'une bouteille vide lui tomba en plein milieu de la tête. *Quack!* (ce n'est qu'une simple interjection).

Ce fut tout. Il s'évanouit.

VIII

Ger, directeur d'une compagnie de verrerie, me plaisait singulièrement. C'était un capitaliste entre les capitalistes. De tous les kappa de ce pays, nul n'avait un ventre aussi gros que le sien. Mais quand il se prélassait sur un canapé, flanqué de sa femme mince comme une branche d'acacia et de ses enfants semblables à des concombres, il incarnait le bonheur même. J'accompagnais parfois le juge Pep ou le docteur Chak aux dîners offerts par Ger. En outre, grâce aux lettres de recommandation de Ger, je visitais certaines usines avec lesquelles lui et ses amis avaient des relations. Ce qui m'a le plus intéressé, c'est l'usine d'une « compagnie de fabrication » de livres. J'y entrai accompagné d'un jeune kappa, ingénieur de cet établissement. Je fus vraiment émerveillé devant le progrès de l'industrie mécanique du pays des kappa à la vue d'une énorme machine qui marchait grâce à l'énergie hydro-électrique. On disait que cette usine produisait annuellement sept millions d'exemplaires. Ce chiffre cependant ne me surprit pas. Ce qui me surprit, c'est le fait que, pour une telle production, il ne fallait presque pas de main-d'œuvre. Car, pour fabriquer ces livres, il suffisait de mettre dans la gueule en forme d'entonnoir d'une machine, du papier, de l'encre et une matière grise en poudre. Ces matières premières une fois introduites, il n'y avait pas à attendre plus de cinq minutes pour en voir sortir d'innombrables livres de formats divers : in-octavo, in-douze, in-seize... Regardant ces livres tombés en cataracte, je demandai à l'ingénieur kappa planté là, bombant le torse, quelle était cette poudre grise. Immobile, devant la machine noire et luisante, il me répondit d'une voix morne :

— Ceci? C'est de la cervelle d'âne. On la dessèche et on la pulvérise grossièrement. Le prix de revient en est de deux ou trois centimes la tonne.

Il est évident que de tels miracles industriels ne se limitaient pas à la fabrication des livres. Il en était de même pour celle de peintures ou de musique. En effet, toujours selon les dires de Ger, l'invention de nouvelles machines se faisait dans ce pays à un rythme de quelque sept ou huit cents types par mois et toute la fabrication s'effectuait rapidement et massivement sans recourir à la main-d'œuvre. Cela entraînait, toujours d'après l'ingénieur, le renvoi de travailleurs en nombre égal ou supérieur à quarante ou cinquante mille. Mais, en dépit de ce fait, je n'ai jamais rencontré le mot « grève » dans les quotidiens du matin. Intrigué, je m'enquis à l'occasion d'un dîner auquel j'étais comme d'habitude invité par la famille Ger avec Pep et Chak, sur ce sujet.

« C'est qu'on les bouffe tous ! » avait répondu Ger d'une voix normale, le cigare du dessert aux lèvres. Mais le mot « bouffe » me fut incompréhensible. Là-dessus, Chak au pince-nez, qui avait sans doute deviné ma perplexité, intervint pour me donner une explication.

— On extermine tous ces travailleurs. Regardez ce journal. Ce mois-ci, comme soixante mille sept cent soixante-neuf ouvriers ont été renvoyés, le prix de la viande en sera d'autant plus bas.

— Est-ce que les ouvriers s'exposent à ce massacre sans protester ?

— A quoi cela servirait-il, puisqu'il existe une loi concernant l'abattage des ouvriers ?

Ce furent les paroles de Pep qui, devant un pêcher sauvage en pot, faisait la grimace. Il va sans dire que cette conversation me soulevait le cœur. Mais Pep et Chak paraissaient eux aussi considérer ces tueries comme la chose la plus naturelle. De fait, Chak, toujours avec un sourire, lança vers moi, comme ricanant :

— Ce sont des mesures d'intérêt national que de supprimer le mal qu'on se donne pour crever de faim ou se suicider. Il s'agit d'absorber de force une petite quantité de gaz toxique. Les victimes n'éprouvent presque rien.

— Mais bouffer leur chair ?... demandai-je.

— Vous plaisantez ? Si Mag vous entendait parler ainsi, il éclaterait de rire. Et chez vous, les filles de la classe la moins favorisée ne deviennent-elles pas putains par force... ? C'est de la sensiblerie que de se scandaliser ainsi du carnage des ouvriers

Ger, qui suivait ces conversations, me présenta une assiette et un sandwich qu'il prit sur une table tout à côté et me dit sans désemparer :

— Prenez! Prenez-en un! C'est aussi de la chair d'ouvrier.

Je restais, bien sûr, interdit. Et même, je m'élançai hors du salon de Ger, suivi des rires de Pep et de Chak.

C'était une nuit chargée d'orage, le ciel sans étoiles s'étendait au-dessus des maisons. Me dirigeant dans l'obscurité vers mon logis, je vomissais sans interruption, et mes vomissements coulaient, blanchâtres, dans la nuit toute noire.

IX

Néanmoins, Ger, directeur de la verrerie, était sans aucun doute un kappa qui inspirait de la sympathie. Parfois, j'allais avec lui à son club où je passais des soirées agréables. Une des raisons en était que ce club me convenait davantage que le club des surhommes dont Toc était membre. Et les paroles de Ger, moins profondes, il est vrai, que celles du philosophe Mag, me révélèrent la perspective d'un monde entièrement nouveau, d'un monde très vaste. Ger, tournant une cuiller d'or massif dans sa tasse de café, me racontait bien des histoires agréables.

C'était, si je me souviens bien, par un soir de brume profonde. J'écoutais parler Ger, et il y avait, entre nous, un vase rempli de roses d'hiver. J'ai l'impression que cela s'est passé dans une chambre de style « Sécession » dont l'ensemble des meubles, fauteuils, tables, etc., était de couleur blanche rehaussée de filets d'or. Ger, sur le visage duquel s'esquissait un sourire plus complaisant que d'ordinaire, parlait du cabinet du parti *Quorax* au pouvoir à cette époque. Le mot *Quorax* n'étant qu'une interjection dénuée de sens, on ne ne peut le traduire autrement que par : « Tiens! » Laissons ces considérations et disons que c'était un parti dont le premier slogan fut « l'avantage de l'ensemble des kappa ».

— C'est Roppe, politicien célèbre, commença à dire Ger, qui dirige le parti *Quorax*. Vous vous souvenez de cette parole de Bismarck : « L'honnêteté est la meilleure diplomatie. » Mais Roppe étend le champ de l'honnêteté au gouvernement intérieur...

— Mais le discours de Roppe...

— Écoutez-moi, continua-t-il, son discours n'est qu'un tissu de mensonges, c'est évident! Mais comme chacun sait de quoi il retourne, cela revient au même que d'être honnête. C'est un de vos préjugés humains que de déclarer ce discours mensonger sans réflexion. Nous autres, kappa, à la différence de vous, humains... Non, mais laissons cela de côté. C'est sans importance. Je veux parler de Roppe. Il dirige le parti *Quorax*. Mais c'est Quiqui, directeur du journal *Pou-Fou*, qui tire les ficelles de Roppe. (Ce mot *Pou-Fou* est, lui aussi, une interjection sans signification. Si on tenait à le traduire coûte que coûte, on ne pourrait le faire que par l'interjection « Ah! ah! ») Et Quiqui, lui non plus, n'est pas son propre maître. Celui qui le gouverne, c'est votre serviteur Ger.

— Mais, intervins-je en hâte, excusez-moi, je suis peut-être indiscret, mais le journal *Pou-Fou* ne soutient-il pas les ouvriers? Le fait que son directeur Quiqui soit sous votre influence...

— Le personnel de la rédaction du journal *Pou-Fou* appuie, bien entendu, les ouvriers. Mais seul Quiqui peut diriger ces journalistes. Et Quiqui ne peut pas se dispenser de mon soutien, précisa-t-il.

Ger, toujours souriant, jouait avec sa cuiller d'or massif. En l'entendant s'exprimer ainsi, je me sentais gagné par un sentiment de pitié pour les journalistes de *Pou-Fou* plutôt que par un sentiment de haine envers Ger lui-même.

A mon silence, Ger ne tarda pas, me sembla-t-il, à deviner ce sentiment de pitié. Gonflant son gros ventre, il dit :

— Comment? Tous les correspondants du *Pou-Fou* ne sont pas partisans des ouvriers. Du moins, nous, kappa, sommes partisans de nous-mêmes avant d'être partisans des autres. Mais, l'ennuyeux, c'est que moi-même, je suis sous la domination d'une autre personne. Et qui croyez-vous que ce soit? C'est ma femme... Cette gracieuse Mme Ger.

Ger se détendit dans un grand éclat de rire.

— N'est-ce pas mieux ainsi? me dit-il. En tout cas, j'en suis heureux. Mais ceci est entre nous. C'est une chose que je ne puis confier qu'à vous seul, à vous qui n'êtes pas kappa.

— Cela ne revient-il pas à dire que le cabinet *Quorax* est dirigé par Mme Ger? signalai-je.

— Si vous voulez... Mais il faut bien reconnaître que la guerre d'il y a sept ans fut déclenchée à cause d'une kappa.

— La guerre? Ce pays a-t-il donc aussi été éprouvé par la guerre? fis-je, étonné.

— Bien sûr! et même, on ne peut savoir si dans l'avenir elle n'éclatera pas. Dans la mesure où d'autres pays, les pays voisins, existent...

Et je m'aperçus alors que le pays des kappa n'était pas isolé du point de vue international. D'après les explications de Ger, les kappa considèrent les loutres comme leur ennemi virtuel. Et l'on dit que l'armement des loutres n'est pas moins perfectionné que celui des kappa.

Je fus assez intéressé par l'histoire des kappa qui avaient eu maille à partir avec ces loutres au cours d'un conflit. Je note ici que l'existence des loutres, en tant qu'ennemis mortels des kappa, fait jusqu'ici inconnu, paraît avoir été ignorée, non seulement et comme de bien entendu par l'auteur du *Suiko kôryaku*, mais aussi par Yanagida Kunio [4], l'auteur du *Recueil des contes populaires des monts et des îles*.

— Avant la déclaration de guerre, se mit à raconter Ger, chacun des deux pays, se tenant sur ses gardes, épiait son adversaire. Car chacun craignait également l'autre. C'est alors qu'une loutre qui séjournait ici rendit visite à un couple de kappa. Or, la femelle nourrissait en secret l'intention de tuer son mâle. Celui-ci était un débauché, comprenez-vous? Et l'assurance sur la vie qu'il avait contractée ne pouvait qu'encourager cette intention de sa femelle.

— Connaissez-vous ce couple? demandai-je.

— Non... mais si, je connais le mâle, lui seul. D'après ma femme, c'est un chenapan. Mais, si vous voulez bien me permettre de vous donner mon opinion... je dirai que, plutôt qu'un chenapan, c'est un aliéné, obsédé par la manie de la persécution, habité par la crainte perpétuelle d'être saisi par une femelle... Il se trouve que la femelle avait mis du cyanure dans la tasse de chocolat de son mari. Par on n'a jamais su quelle erreur, elle le fit boire à la loutre, son hôte. La loutre en mourut, cela va sans dire. Ensuite...

— Ensuite, est-ce que la guerre a éclaté?

— Oui. Malheureusement, c'était une loutre décorée.

— Et qui a gagné?

— Notre pays, bien entendu! Trois cent soixante-neuf mille cinq cents kappa ont généreusement donné leur vie sur les champs de bataille. Mais ces pertes, comparées à celles de l'ennemi, sont presque négligeables. La majeure partie des fourrures qu'on trouve dans ce pays sont des fourrures de loutres. Lors de la guerre, outre la fabrication du verre, je me mis au transport des scories sur ces champs de bataille.

— Mais qu'est-ce qu'on fait des scories? demandai-je, intrigué.

— De la nourriture, bien entendu! Nous autres, kappa, lorsque nous avons faim, nous n'hésitons pas à manger tout ce qu'on nous donne.

— Cela... ne vous fâchez pas! Des scories pour les kappa sur le front... Cela ferait scandale chez nous.

— Dans ce pays aussi, peut-être est-ce un scandale. Mais si nous, les premiers, l'appelons scandale, personne n'y croit. Vous savez ce qu'a dit Mag, le philosophe? « Dis ton propre mal, il s'évanouira spontanément... » Mais pour moi, mises à part les considérations d'intérêt personnel, j'étais enflammé de patriotisme authentique.

Juste à ce moment-là, un garçon de service vint vers nous. Après avoir salué Ger, il dit comme s'il récitait un texte appris par cœur :

— La maison à côté de la vôtre brûle.

— En feu? cria Ger.

— L'incendie!

Affolé, Ger se leva. Le garçon ajouta, gardant tout son sang-froid :

— Mais le feu a déjà été maîtrisé.

Ger ébaucha un rire mêlé de larmes. Je pris conscience alors de la haine que j'étais arrivé à nourrir contre le directeur de la verrerie. Mais Ger était déjà redevenu un simple kappa qui n'avait rien d'un grand capitaliste. Retirant du vase une rose d'hiver, je la lui mis dans la main.

— Bien que le feu soit éteint, Mme Ger doit être terrifiée. Prenez ceci et rentrez, lui dis-je.

— Merci.

Ger me serra la main. Puis, souriant soudainement, il me chuchota :

— La maison d'à côté est une maison de rapport qui m'appartient. Au moins toucherai-je l'assurance.

Je revois encore très distinctement le sourire que Ger ébaucha à cet instant; ce sourire que je n'étais capable ni de mépriser ni de haïr.

X

— Qu'est-ce qui ne va pas? Tu es singulièrement mélancolique aujourd'hui.

Ainsi m'adressai-je, le lendemain de l'incendie, le cigare aux lèvres, à lui, qui était assis dans un fauteuil de mon salon. En effet, lui, la jambe gauche croisée sur la droite, fixait ses yeux creux sur le plancher, son corps plié si fort en avant que son bec gangrené était soustrait à mon regard.

— Rapp, qu'as-tu?

— Laisse-moi tranquille. Ce n'est rien.

Enfin, il releva la tête et dit d'une voix triste et nasillarde :

— Aujourd'hui, en regardant par la fenêtre, j'ai murmuré sans aucune intention spéciale : « Tiens, la grassette porte une fleur! » Sur ce, ma sœur a tout d'un coup blêmi et s'est récriée avec véhémence : « Alors, comme ça, je ne suis qu'une grassette. » Et ma sœur étant la grande favorite de ma mère, celle-ci a fait chorus.

— Je serais curieux de savoir pour quelle raison la fleur de la grassette déplaît à votre sœur, dis-je.

— Peut-être a-t-elle cru y voir une allusion à la capture du mâle. Là-dessus, une tante qui ne s'entend pas avec ma mère est intervenue et nous en sommes arrivés à nous « bagarrer ». Pis encore, mon père qui ne dessoûle pas, à ce vacarme, s'est mis à gifler tout le monde sans distinction. Je fus débordé. Par-dessus le marché, mon frère, prenant le porte-monnaie de ma mère, sortit pour aller voir un film ou quelque chose comme ça. Je... vraiment, je...

Rapp, cachant sa figure dans ses mains, s'effondra en larmes, incapable d'ajouter un mot.

J'étais ému, comme il se doit, et comme il se doit aussi, je me rappelais le mépris que le poète Toc avait affiché pour le régime patriarcal. Frappant sur l'épaule de Rapp, je l'encourageai.

— C'est partout pareil! Ne t'en fais pas!

— Mais... Si au moins mon bec n'était pas gangrené...

— Ça, il faut t'y résigner. Allons! Partons chez Toc!

— Toc se moque de moi. Je ne peux pas abandonner ma famille avec autant d'audace que lui la sienne.

— Alors, nous irons chez Kraback.

Depuis le concert, j'étais ami de Kraback. Je décidai, faute de mieux, d'amener Rapp chez ce grand musicien. Kraback menait une vie beaucoup plus luxueuse que Toc. Cela ne veut évidemment pas dire qu'elle ressemblait à celle du capitaliste Ger. Habituellement assis sous son propre portrait, sur un canapé de style turc, entouré des nombreux objets d'art : figurines de Tanagra, céramiques de Perse, qui emplissaient la chambre, il jouait avec ses enfants. Mais ce jour-là, je ne sais pour quelle raison, les bras croisés sur la poitrine, il était assis de mauvaise humeur. Et à ses pieds s'éparpillaient des bouts de papier. Rapp avait certainement déjà rencontré Kraback en compagnie du poète Toc. Mais, comme intimidé par cette atmosphère, il se contenta de le saluer poliment et de prendre place dans un coin de la chambre.

— Comment ça va, Kraback? lançai-je au grand musicien, en guise de salutation.

— Comment je vais? Cet idiot de critique! Il dit que mes poèmes lyriques n'arrivent pas à la hauteur de ceux de Toc.

— Mais vous êtes musicien.

— Bon, passe encore. N'a-t-il pas dit que, comparé à Roc, je ne mérite même pas le nom de musicien?

Roc était un musicien qu'on comparait volontiers à Kraback. Mais comme, malheureusement, il ne faisait pas partie du club des surhommes, je n'avais jamais eu l'occasion de m'entretenir avec lui. Je reconnaissais quand même sur les photos son visage malin, au nez recourbé.

— Roc est certainement un génie. Mais sa musique manque de la passion spécifiquement moderne qui imprègne la vôtre.

— Vous croyez cela sincèrement?

— Je vous le jure.

Alors, Kraback se leva brusquement, saisit un tanagra et le balança sur le plancher où il s'écrasa. Rapp parut visiblement horrifié. Il essaya de se sauver avec un cri bizarre. Mais Kraback, ayant fait un petit signe de main pour que Rapp et moi ne nous affolions pas, dit cette fois froidement :

— C'est que, tout comme ces profanes, vous n'avez pas d'oreille. J'ai peur de Roc...

— Vous? Ne faites pas le modeste!

— Je ne fais pas le modeste! Loin de là! A quoi cela me servirait-il de faire le modeste devant vous? Je le ferai plutôt devant les critiques. Moi... Kraback, je suis un génie. Sur ce plan, je n'ai pas peur de Roc.

— Alors, de quoi avez-vous peur?

— De quelque chose de mystérieux... disons de l'étoile qui gouverne le destin de Roc.

— Je n'y vois pas très clair.

— Disons, et vous comprendrez, que Roc est imperméable à mon influence. Mais moi, sans m'en apercevoir, je subis la sienne.

— C'est que votre sensibilité...

— Écoutez bien. Cela n'a rien à voir avec quelque chose de semblable à la sensibilité. Roc, en toute sécurité, fait un travail dont lui seul est capable. Mais c'est précisément cela qui m'agace. Aux yeux de Roc, il n'y a peut-être pas de différence. A mes yeux, elle est énorme.

— Mais la symphonie du maître...

Kraback, la fente de ses yeux plus mince encore, dévisagea Rapp haineusement.

— Taisez-vous. Qu'est-ce que vous comprenez? Je connais Roc bien mieux que ces chiens qui lèchent ses pieds.

— Voyons! Calmez-vous un peu!

— Si je pouvais me calmer... J'imagine toujours... L'être que nous ne connaissons pas a, pour se moquer de moi, Kraback, envoyé Roc devant moi. Le philosophe Mag le sait, lui qui vit toujours plongé dans de vieux bouquins, sous sa lanterne aux vitres de couleurs.

— Pourquoi?

— Lisez son dernier livre, *La Parole d'un idiot*[5].

Kraback me donna ou plutôt me jeta un livre. Puis, les bras de nouveau croisés, il déclara d'un ton glacial :

— Pour aujourd'hui, voulez-vous m'excuser?

Avec Rapp tout penaud, je me retrouvai dans la rue qui, à l'ombre des tilleuls alignés, s'allongeait entre les mêmes échoppes. Nous marchâmes sans échanger une parole, errant sans but. Nous vîmes alors venir à notre rencontre Toc, le poète aux longs cheveux. Il nous aperçut et, sortant un mouchoir de la poche de son ventre, il s'en essuya le front à plusieurs reprises.

— Oh! il y a belle lurette que nous ne nous sommes pas vus... nous lança-t-il; j'allais rendre visite à Kraback après une longue absence...

Voulant éviter que les deux artistes se trouvassent aux prises, je parlai à Toc, usant de circonlocutions, de la mauvaise humeur de Kraback.

— Ah! bon. Je n'irai pas. Car il est neurasthénique. Moi aussi, je souffre d'insomnie depuis deux ou trois semaines.

— Que penseriez-vous de vous joindre à notre promenade? lui dis-je.

— Non, pour aujourd'hui, je préfère ne pas aller avec vous. Mais... mon Dieu!

Avec ce cri, Toc me saisit par le bras. Et tout son corps ruisselait de sueurs froides.

— Qu'avez-vous ?

— Ce n'est rien. J'ai eu l'impression qu'un singe vert sortait sa tête de la portière de l'automobile qui est là.

Inquiet, je lui recommandai de consulter le médecin Chak. Mais, malgré mon insistance, il refusa. Plus encore, regardant nos têtes tour à tour d'un air méfiant, il en vint à nous dire :

— Je vous jure que je ne suis pas anarchiste. N'oubliez surtout pas cela, je vous prie... Allons, je vous dis au revoir. Pour ce qui est de Chak, je m'en fiche !

Debout, tout interdits, nous regardions Toc s'en aller. Nous ? Non, ce n'était plus nous, car l'étudiant Rapp, je ne sais depuis quand, tête en bas, les jambes écartées en l'air en plein milieu de la rue, regardait à l'envers le passage incessant des voitures et des piétons. Le croyant pris de démence, lui aussi, je le relevai, affolé.

— Ne fais pas l'idiot ! Qu'est-ce que tu fabriques ?

Mais, se frottant les yeux, et sur un ton d'un calme inattendu, il me répondit :

— Ce n'est rien. J'étais si triste que j'ai voulu essayer de voir le monde à l'envers. Mais c'est la même chose.

XI

Voici quelques extraits de *La Parole d'un idiot*, le livre du philosophe Mag :

L'idiot croit toujours que les autres sont idiots.

Notre amour de la nature provient, pour une part, de son absence de haine et de jalousie envers nous.

La vie la plus sage consiste à se conformer toujours aux mœurs de l'époque, tout en les méprisant.

Nous ne nous enorgueillissons que de ce qui nous manque.

Personne ne conteste la nécessité de détruire les idoles. Il n'en est pas moins vrai que personne ne refuse de devenir une idole. Mais seuls les plus favorisés des dieux, idiots, vilains ou héros, peuvent s'asseoir sans inquiétude sur le trône de l'idole. (Kraback avait souligné ce passage de son ongle.)

Toutes les idées indispensables à notre vie ont peut-être déjà été dites il y a trois mille ans. Nous ne pouvons rien faire d'autre que de mettre un feu nouveau sous les vieilles bûches.

Nous sommes toujours inconscients de nos plus grandes qualités.

Et si le bonheur était inséparable de la douleur et la paix de l'ennui ?...

Se faire justice est plus difficile que de faire justice aux autres. Que les sceptiques regardent les avocats.

Orgueil, cupidité, méfiance. Tous les vices, depuis trois mille ans, découlent de là. Peut-être aussi toutes les vertus.

L'amoindrissement du désir des biens matériels n'entraîne pas toujours la paix. Pour acquérir celle-ci, il nous faut aussi tempérer le spirituel. (Kraback avait aussi souligné ce fragment d'un coup d'ongle.)

Nous sommes plus malheureux que les humains. Car ils ne sont pas aussi évolués que les kappa. (Quand je lus ce fragment, je ne pus m'empêcher de rire.)

Faire est pouvoir faire, pouvoir faire est faire. En fin de compte, notre vie ne peut se dégager de ce cercle... En d'autres termes, elle est toujours irrationnelle.

Baudelaire, devenu gâteux, résuma sa conception de la vie en un seul mot : « Con. » Mais ce ne sont pas nécessairement les événements de sa vie qui racontent ce qu'il était. Disons plutôt que, trop confiant en son génie, en son génie poétique qui, lui seul, était capable d'assurer sa subsistance, il oublia le mot « estomac ». (Sur ce fragment aussi s'était imprimée la trace de son ongle.)

Si nous ne croyons qu'en la raison, nous devons, de par la logique, nier notre propre existence. La fin heureuse de Vol-

taire qui déifia la raison prouve que l'humanité est moins évoluée que les kappa.

XII

Voici ce qui se passa au cours d'une après-midi assez froid. Las de lire *La parole d'un idiot*, je sortis, désireux de voir le philosophe Mag. En chemin, à l'angle d'une rue déserte, je trouvai un kappa frêle comme un moustique appuyé contre le mur et, je ne me trompais pas : c'était celui qui m'avait volé mon stylo.

« Je le tiens ! » me disais-je.

J'interpellai un robuste agent qui passait par hasard :

— Dites, monsieur, voudriez-vous interroger ce kappa ? Il m'a volé un stylo il y a à peu près un mois.

L'agent, levant le bâton qu'il tenait dans sa main droite (les agents de ce pays portent un bâton de bois d'if au lieu d'un sabre), appela mon kappa :

— Hé là-bas !

Je pensais que le kappa s'enfuirait. Mais, avec un sang-froid inattendu, il vint à la rencontre de l'agent. Mieux encore, les bras croisés sur la poitrine, il nous dévisagea insolemment. L'agent, sans s'émouvoir autrement, tirant un carnet de sa poche, se mit à l'interroger :

— Ton nom ?

— Gruck.

— Profession ?

— J'étais facteur jusqu'à il y a deux ou trois jours.

— Bon ! D'après la plainte de ce monsieur, tu aurais volé son stylo ?

— Exactement, il y a environ un mois.

— Pour quoi faire ?

— Je voulais le donner comme jouet à mon enfant.

Pour la première fois, l'agent le regarda fixement, l'air sévère, et continua :

— Et ton enfant...

— Il est mort voici huit jours.

— As-tu sur toi le certificat de son décès ?

Le frêle kappa sortit de sa poche ventrale une feuille de papier. Ayant jeté un coup d'œil sur ce papier, l'agent, souriant niaisement tout à coup, lui tapa sur l'épaule et dit :

— Parfait. Tu peux t'en aller.

Stupéfait, je regardais l'agent. Là-dessus, marmonnant quelque chose, le frêle kappa nous tourna le dos et s'en fut. Enfin revenu de ma stupéfaction, je demandai à l'agent :

— Pourquoi n'arrêtez-vous pas ce kappa?

— Mais il est innocent!

— Grand Dieu! mais c'est lui qui a volé mon stylo...

— Pour en faire le jouet de son enfant, n'est-ce pas? Mais l'enfant est déjà mort. Si vous voulez un renseignement sur la question, vous n'avez qu'à lire l'article 1285 de notre Code pénal.

Là-dessus, il s'en alla sans attendre ma réponse. Me contentant de ce résultat, les mots « l'article 1285 du Code pénal » aux lèvres, je me précipitai chez Mag. Le philosophe était hospitalier. Ce jour-là encore, dans sa chambre obscure, s'étaient réunis le juge Pep, le docteur Chak, le directeur Ger de la compagnie de verrerie, et, sous la lanterne aux vitres de sept couleurs, ondoyaient les fumées de tabac. La présence du juge Pep me convenait parfaitement. A peine assis dans un fauteuil, au lieu de m'assurer de la teneur de l'article 1285 du Code pénal, je m'adressai à Pep :

— Monsieur Pep, permettez-moi de vous poser une question. Est-ce que votre pays ne punit pas les criminels?

Pep, après avoir exhalé sans hâte une bouffée de fumée de sa cigarette à bout doré, me répondit comme s'il ne trouvait aucun intérêt à ma question :

— Si! On les punit! On va même jusqu'au châtiment suprême.

— Mais, il y a environ un mois, je...

Après l'avoir informé de ce qui s'était passé, je l'interrogeai au sujet de l'article 1285 du Code pénal.

— Voilà ce qu'on peut en dire. Pour tout délit, quel qu'il soit, après disparition du motif dudit délit, on n'en peut plus poursuivre l'auteur. Dans votre cas, le kappa en question, qui était père d'un enfant, ne l'est plus. Alors le délit s'annule automatiquement.

— Mais ce n'est pas logique!

— Ne plaisantez pas. Il serait illogique d'assimiler le kappa qui « était » père au kappa qui « est » père. Voilà. Dans le Code du Japon, les deux cas se confondent. Pour nous, c'est ridicule. Fff...

Pep, lâchant sa cigarette, eut un léger sourire indifférent. Chak, qui était étranger au milieu juriste, intervint dans la discussion. Rectifiant la position de son pince-nez, il me demanda :

— Est-ce que la peine de mort existe au Japon?

— Bien sûr, par pendaison.

Quelque peu révolté contre Pep qui affectait l'indifférence, saisissant cette occasion, je lui lançai une pointe :

— Je crois que, dans ce pays, la peine de mort est appliquée de façon plus civilisée qu'au Japon.

— Cela va de soi.

Pep ne perdait pas son sang-froid.

Ici on ne recourt pas à la pendaison, rarement à la chaise électrique. Dans la plupart des cas, on n'utilise même pas l'électricité. On fait entendre au criminel la sentence, et c'est tout.

— Et ça suffit à le faire mourir?

— Largement. Le fonctionnement du système nerveux des kappa est plus subtil que le vôtre.

— Cette méthode ne s'applique pas seulement à la peine de mort par la justice. Il y a des assassins qui y ont recours.

Ger, directeur de compagnie, tout violacé sous la lumière tamisée par les vitres colorées, esquissa un sourire affectueux.

— Moi-même, par exemple, j'ai failli être victime d'une attaque en entendant l'autre jour un socialiste me dire : « Tu es un voleur. »

— Cela se produit plus souvent qu'on ne l'imagine. Un avocat que je connaissais est mort pour la même raison.

Je me tournai du côté du kappa qui était ainsi intervenu, le philosophe Mag. Lui, son habituel sourire ironique sur les lèvres, continuait à parler sans regarder personne.

— Un kappa s'entendit traiter par quelqu'un de « grenouille »... Comme vous devez le savoir dans ce pays, « grenouille » signifie « sale bête »... Il finit par ressasser tous les jours la même question : « Suis-je grenouille ou ne suis-je pas grenouille? » Et il mourut.

— C'est un suicide...

— Il faut bien comprendre que celui qui avait proféré cette injure l'avait fait pour tuer. Mais, selon vous, serait-ce une sorte de suicide...?

A peine Mag eut-il achevé que, de l'autre côté du mur de la chambre, et sans aucun doute dans l'appartement du poète Toc, retentit, vibrant dans l'air, la détonation sèche d'un revolver.

XIII

Nous nous précipitâmes dans l'appartement de Toc. Un revolver dans la main droite, le haut de la tête saignant abondamment, Toc gisait sur le dos, parmi les plantes alpestres en pots. A ses côtés, une femelle, le visage enfoui dans la poitrine de Toc, pleurait en hurlant. Je la relevai dans mes bras (habituellement, je n'aime pas toucher la peau gluante du kappa) et lui demandai :

— Qu'avez-vous?

— Je ne comprends pas ce qui s'est passé. Il paraissait écrire quelque chose. Et soudain, il s'est tiré une balle dans la tête. Ah! que vais-je devenir? Qur-r-r-r, qur-r-r-r-r. (Ce sont les pleurs du kappa.)

— En tout cas, Toc était un égoïste, dit Ger, le directeur de la verrerie au juge Pep, hochant tristement la tête.

Mais ce dernier, sans mot dire, alluma sa cigarette à bout doré. A ce moment, Chak, jusque-là agenouillé pour examiner la blessure de Toc, déclara à l'intention des cinq personnes présentes (en fait, une personne et quatre kappa), avec une attitude qui convenait au médecin qu'il était :

— Il est trop tard; Toc souffrait d'une maladie d'estomac chronique et il était devenu sujet à des accès de mélancolie.

— On dit qu'il était en train d'écrire quelque chose. Le philosophe Mag, tout en murmurant ces mots comme pour justifier son geste, prit une feuille de papier sur la table. Tous (sauf moi), allongeant le cou, regardèrent la feuille de papier par-dessus l'épaule carrée de Mag.

Allons (mon âme), partons vers la vallée qui termine le monde de souffrances,
Vers cette vallée où les rochers sont escarpés, l'eau pure, et où les fleurs des herbes aromatiques répandent leur parfum exquis.

— C'est un pastiche de la *Chanson de Mignonne* de Gœthe. Eh bien, il me semble que Toc s'est suicidé parce que son génie poétique lui aussi s'était tari.

A cet instant, le hasard amena le musicien Kraback dans sa voiture. Devant ce spectacle, il se tint quelques instants debout à la porte; puis se dirigeant vers nous, il jeta à Mag :

— Est-ce le testament de Toc?

— Non! C'est son dernier poème.

— Poème?

Mag, toujours calme, remit le manuscrit de Toc à Kraback aux cheveux ébouriffés. Celui-ci, sans jeter un seul regard autour de lui, se mit à lire. Absorbé par sa lecture, il répondit à peine aux questions que lui posait Mag.

— Que pensez-vous de la mort de Toc?

— ...*Allons, partons*... Moi non plus, je ne sais pas quand je mourrai... *Vers la vallée qui termine le monde de souffrances*...

— Mais n'étiez-vous pas aussi un des intimes de Toc?

— Intimes? Toc était toujours solitaire... *Vers la vallée qui termine le monde de souffrances*... Seulement, Toc, ô le malheureux!... *les rochers sont escarpés*...

— Malheureux?

— *L'eau pure*... Vous êtes heureux, vous tous... *les rochers sont escarpés*...

Apitoyé par la femelle qui ne cessait de pleurer, je

passai mon bras doucement autour de ses épaules et la conduisit vers le canapé placé dans un coin de la chambre. Là, un petit kappa de deux ou trois ans riait innocemment. A la place de la femelle, j'amusai le petit et je sentis mes yeux se mouiller. C'était la première et ce fut l'unique fois que je versai des larmes durant mon séjour au pays des kappa.

— Mais la famille de cet égoïste kappa est à plaindre. Il n'a pas réfléchi à ce qu'elle deviendrait après sa mort. »

Le juge Pep, allumant cigarette sur cigarette, répondait aux questions posées par le capitaliste Ger. Tout à coup la voix tonitruante de Kraback nous surprit. Le manuscrit à la main, il parlait à la cantonade :

— Ça y est. Il aura une splendide marche funèbre.

Le musicien, ses yeux étroits étincelant, serra légèrement la main de Mag et bondit vers la porte. Une foule de kappa du quartier était déjà, bien entendu, massée devant la porte de la maison de Toc, scrutant curieusement l'intérieur. Kraback bouscula sans ménagement les badauds et sauta dans sa voiture qui partit dans un vrombissement.

— Ne soyez pas indiscrets!

Le juge Pep, faisant fonction d'agent, refoula les badauds et ferma la porte. Et pour cette raison probablement, le calme revint tout à coup dans la chambre. Dans cette paix, respirant l'odeur du sang de Toc mêlée à celle des herbes alpestres, nous nous entretînmes de l' « arrangement posthume » du défunt. Mais le philosophe Mag, seul, contemplant le cadavre, semblait méditer comme en un rêve. Lui tapant sur l'épaule, je lui demandai :

— A quoi pensez-vous?

— A la vie des kappa.

— La vie des kappa?

— En fin de compte, nous autres, kappa, pour bien achever notre vie de kappa...

Puis Mag, comme confus, chuchota :

— Il faut, en tout cas, croire en une force qui nous transcende, nous les kappa, ne pensez-vous pas?

XIV

C'est cette phrase de Mag qui m'amena à évoquer les questions religieuses. Le matérialiste que j'étais n'y pensait bien sûr jamais sérieusement. Mais à ce moment-là, ému en quelque sorte par la mort de Toc, je commençai à réfléchir sur ce que pouvait être la religion des kappa. Je posai alors cette question à l'étudiant Rapp :

— Christianisme, bouddhisme, islamisme, zoroastrisme même, ont leur place ici. Mais, finalement, c'est le « modernisme » qui prédomine. On l'appelle aussi « vitalisme ». (Peut-être le mot « vitalisme » laisse-t-il à désirer. Le mot original est *quemoocha*, dans lequel *cha* correspond à l'*ism* anglais. La forme primitive de *quemoo*, *quemal*, correspond plutôt à vivre au sens plus restreint de manger un repas, boire de l'alcool, coucher avec une femelle...)

— Ainsi, vous dites qu'ici aussi, il existe des églises, des temples, etc. ?

— Vous plaisantez ! Le sanctuaire métropolitain du « modernisme » est le plus grandiose exemple d'architecture de ce pays. Que penseriez-vous, d'ailleurs, de le visiter ?

Par un tiède et nuageux après-midi, Rapp, tout fier, m'amena au grand sanctuaire en question. C'était en effet un édifice dix fois plus grand que la cathédrale Saint-Nicolas[6]. Plus encore, il était la synthèse de toutes sortes de style d'architecture. Je fus gagné par une sensation inquiétante lorsque face à cet imposant temple, j'en contemplai les hautes tours et les coupoles. Elles m'apparaissaient comme une forêt de tentacules s'élevant vers le ciel. Immobiles, nous regardions d'en bas cet extraordinaire sanctuaire — et combien nous nous sentions chétifs près de lui —, monstre plus que construction architecturale.

L'intérieur aussi était immense. Entre des colonnes à chapiteaux de style corinthien, déambulaient les fidèles. Comme nous, ils paraissaient très petits. Bientôt, nous rencontrâmes un kappa penché en avant. Rapp, s'inclinant légèrement, lui dit d'un ton respectueux :

— Maître! Vous me permettez de vous présenter mes souhaits respectueux pour votre santé.

L'autre kappa, lui rendant son salut, répondit non moins poliment :

— C'est vous, monsieur Rapp? Vous avez toujours l'air... (sur ce, il s'interrompit un instant, peut-être reconnut-il enfin le bec gangrené de Rapp). Vraiment, vous avez l'air d'aller très bien. Mais, comment se fait-il qu'aujourd'hui, vous...?

— Aujourd'hui, j'accompagne ce monsieur. Peut-être en avez-vous déjà entendu parler, ce monsieur...

Et Rapp se lança dans un grand discours pour me présenter. Ma présence lui servait d'excuse pour son manque d'assiduité à fréquenter le temple, me semblait-il.

— A propos, Maître, continua-t-il, ne voudriez-vous pas conduire ce monsieur?

Le maître, souriant généreusement, me salua, puis, sans hâte, indiqua, du bout du doigt, l'autel auquel nous faisions face.

— Je serai volontiers votre guide, mais cela ne servira pas à grand-chose. L'objet de notre culte, à nous fidèles, est l'« Arbre de vie » qui se dresse sur cet autel. Comme vous voyez, il porte un fruit doré et un fruit vert. Le premier est le fruit du bien, le second celui du mal...

Au cours de ces explications, je commençais à éprouver de l'ennui : car les paroles que le maître daignait prononcer résonnaient comme des paroles usées. Bien entendu, je feignais de l'écouter avec intérêt. Mais je n'en oubliais pas moins de jeter, par intervalles, un regard furtif dans l'intérieur du grand temple.

Les colonnes de style corinthien, les ogives gothiques, le dallage en damier du plancher suivant le goût arabe, les lutrins de style pseudo-Sécession..., l'harmonie qui se dégageait de cet ensemble hétéroclite avait une beauté rude et sauvage. Mais, ce qui attira surtout mon attention ce furent des bustes nus en marbre installés dans des niches pratiquées dans les murs de chaque côté. J'eus l'impression de les avoir déjà vus quelque part. Et j'avais raison. Le kappa, plié en avant, ayant terminé ses explications sur l'« Arbre de vie », approchait maintenant, suivi de

Rapp et de moi-même, d'une niche sur le côté droit et se lançait dans des commentaires sur le buste qui s'y trouvait.

— C'est un de nos saints... saint Strindberg, qui se révoltait contre tout. On dit qu'à la suite de multiples souffrances, il trouva son salut dans la philosophie de Swedenborg. En réalité, il n'en est rien. Ce saint, comme nous tous, croyait au *vitalisme* — ou plutôt il ne pouvait ne pas y croire. Lisez le livre *Légendes*, qu'il nous a laissé. De son propre aveu, il était, lui aussi, un « suicidé raté ».

Un peu assombri par ces paroles, je déplaçai mon regard vers la niche suivante, laquelle abritait le buste d'un Allemand à forte moustache.

— C'est Nietzsche, poète de Zarathoustra. Ce saint chercha le salut dans le « surhomme » qu'il avait lui-même fabriqué. Mais, désespéré lui aussi, il devint fou. S'il ne l'était devenu, il n'aurait probablement pu compter parmi nos saints...

Après un court silence, le maître nous amena devant une troisième niche.

— Le troisième buste est celui de Tolstoï. Plus que tous les autres, il s'infligea d'austères mortifications. C'est qu'étant né aristocrate, il n'aimait pas exhiber ses propres souffrances à la curiosité du peuple. Ce saint s'efforça de croire dans le Christ, en qui il est, de fait, impossible de croire. Il lui arriva même de déclarer publiquement qu'il y croyait. Mais, dans les dernières années de sa vie, il en vint à ne plus pouvoir supporter d'être un menteur romantique. Il est d'ailleurs notoire que ce saint, comme les autres, éprouva quelquefois une peur réelle en face des solives de son cabinet de travail. Mais, puisqu'il compte parmi les saints, c'est que, bien sûr, il ne s'est pas suicidé.

Le buste installé dans la quatrième niche était celui d'un Japonais comme moi. A la vue du visage de ce compatriote, je ne pus m'empêcher de ressentir une certaine nostalgie.

— Celui-ci est Kunikida Doppo [7]. Ce poète connaissait à fond la tristesse de l'ouvrier qui se jeta sous un train. Il serait superflu de vous donner plus de détails. Maintenant, regardez dans la cinquième niche.

— N'est-ce pas Wagner ? lui demandai-je.

— Certainement. Révolutionnaire et ami de rois. Vers la fin de sa vie, saint Wagner allait jusqu'à réciter le bénédicité avant de manger. Mais c'était évidemment un fidèle du *vitalisme* plutôt qu'un chrétien. Si l'on en croit ses propres lettres, nous ne savons combien de fois ce saint fut souvent — on ne sait combien de fois — poussé vers la mort par les souffrances de ce monde.

Nous étions déjà devant la sixième niche.

— C'est un ami de saint Strindberg, un jeune peintre français, ancien commerçant, qui épousa une jeune Tahitienne de treize ou quatorze ans, délaissant sa propre femme qui avait eu de lui beaucoup d'enfants. Dans les veines robustes de ce saint coulait le sang d'un ancien matelot. Mais regardez ses lèvres. Il y reste encore une trace de cyanure ou de quelque chose de semblable qu'il... Celui qui se trouve dans la septième niche... Mais vous devez être fatigué. Venez par ici.

J'étais, en effet, fatigué. Suivant le maître avec Rapp, je passai par un couloir où flottait l'odeur de l'encens et j'entrai dans une chambre. Dans un coin de cette petite pièce, une statue de Vénus noire se dressait ; devant elle, en offrande, une grappe de raisin de montagne. Comme je m'étais attendu à une cellule de moine nue de tout ornement, je fus un peu intrigué. A mon attitude, le maître parut deviner le choc que j'avais ressenti. Avant même de m'inviter à prendre place, il m'expliqua, comme déplorant mon ignorance :

— N'oubliez surtout pas que notre religion est le *vitalisme*. L'ordre de notre Dieu, l' « Arbre de vie », est de vivre intensément. Monsieur Rapp, avez-vous déjà montré à ce monsieur nos Saintes Écritures ?

— Non, Maître, il me faut avouer que je les ai à peine lues moi-même.

Rapp, grattant l'assiette de son crâne, répondit sans détours. Le maître, souriant toujours avec douceur, continua à parler :

— Ainsi, vous êtes dans l'ignorance. Notre Dieu créa ce monde en un jour (l' « Arbre de vie », bien qu'arbre, est omnipotent). Puis il donna la vie à une femelle de kappa, qui, lasse de s'ennuyer, demanda alors un mâle.

Notre Dieu, prenant cette plainte en pitié, recueillit le cerveau de la femelle et en tira un mâle.

« Notre Dieu bénit le couple, disant : « Mangez, multipliez-vous, vivez intensément ... »

Les paroles du maître me rappelèrent le poète Toc. Il était, malheureusement, athée comme moi. Comme je n'étais pas kappa, j'avais une bonne raison d'ignorer le *vitalisme*. Mais Toc, né dans le pays des kappa, devait assurément connaître l' « Arbre de vie ». Je fus saisi de pitié à la pensée du sort de Toc qui n'avait pas suivi cette religion. Alors, interrompant la parole du maître, je me mis à parler de Toc :

— Ah! Ce poète est digne de pitié!

M'entendant parler ainsi, le maître soupira longuement :

— Seuls la foi, le milieu et le hasard déterminent notre destin (vous y ajouterez sans doute l'hérédité). Malheureusement, M. Toc n'avait pas la foi.

— Toc ne vous enviait-il pas? Moi, je vous envie. M. Rapp est encore jeune...

— Si seulement mon bec était en bon état, je serais plus optimiste.

A ces paroles, le maître soupira longuement à nouveau et, larmes aux yeux, regarda fixement la Vénus noire.

— A vrai dire — il s'agit de mon secret...; n'en dites jamais rien à personne, je vous en prie —, moi-même, je ne peux pas croire en notre Dieu. Mais un jour viendra où ma prière portera...

Le maître voulut continuer quand, tout à coup, la porte de la chambre s'ouvrit et livra passage à une grosse femelle qui, d'un seul trait, s'élança vers lui. Nous essayâmes, bien entendu, de l'arrêter, en la saisissant par les bras. Mais celle-ci, en un clin d'œil, avait jeté le maître sur le plancher.

— Ce bougre de vieux! Aujourd'hui encore, tu as pris dans mon porte-monnaie de quoi boire un coup! cria-t-elle.

Une dizaine de minutes plus tard, laissant là le couple, nous descendions, comme en fuite, l'escalier de la façade.

— S'il en est ainsi, il me semble que le maître a de bonnes raisons de ne pas croire à l' « Arbre de vie », me dit Rapp après avoir marché quelque temps en silence.

Sans lui répondre, je me retournai vers le grand temple. Dans le ciel brouillé, comme auparavant, il projetait ses hautes tours et ses coupoles semblables à une forêt de tentacules, et il s'en dégageait une menace semblable à celle d'un mirage suspendu sur le désert.

XV

Une semaine à peu près s'écoula. J'appris par hasard du docteur Chak une histoire curieuse, selon laquelle la maison qu'avait habitée Toc était hantée par des fantômes. A cette époque-là, la femme de Toc s'en était allée vivre ailleurs et la maison de mon ami le poète était devenue un studio de photographie. D'après ce que racontait Chak, sur toutes les photos prises dans ce studio, Toc, on ne sait comment, se manifestait, vaporeux, en filigrane. Je dois encore dire que Chak, matérialiste, ne croyait nullement à une vie posthume. La preuve en est que, même lorsqu'il racontait cette histoire, il ajoutait, avec un sourire malicieux, cette phrase en guise de commentaire : « L'âme elle-même me paraît avoir une existence matérielle. »

Je ne suis pas tellement différent de Chak en ce que je ne crois pas, moi non plus, à l'existence des fantômes. Mais comme j'avais de bons sentiments envers le poète Toc, je courus sur l'heure à une librairie et j'y achetai les journaux et les revues où avaient paru les articles sur le fantôme de Toc et ses photos fantasmagoriques. En effet, sur toutes ces photos, un kappa semblable à Toc figurait, vaporeux, derrière et à travers les kappa, vieux ou jeunes, mâles et femelles. Mais ce qui, plus encore que les photos, m'étonna, ce furent les articles, et notamment le rapport de l'Association d'Occultisme, sur le fantôme de Toc. Voici le résumé de ce rapport que j'ai traduit assez fidèlement [les notes que j'ai ajoutées sont mises entre crochets] :

Rapport présenté sur le fantôme de M. Toc, poète. [N° 8274 de la *Revue de l'Association d'Occultisme.*]

La présente association ayant organisé une enquête extraordinaire au n° 251, rue..., ancienne résidence du poète Toc, suicidé, actuellement studio du photographe X..., y assistèrent les membres suivants (les noms ont été omis ici).

Nous, membres de l'Association, au nombre de dix-sept, dont le président de l'Association d'Occultisme Peck, en compagnie de notre médium le plus digne de foi, Mme Hop, le 17 septembre, à dix heures et demie du matin, nous réunîmes en une pièce dudit studio. Dès l'entrée dans le studio, Mme Hop, sensibilisée par l'atmosphère spirite, fut saisie de crampes par tout le corps si bien qu'elle vomit à plusieurs reprises. Suivant Mme Hop, par l'usage abusif que faisait le poète Toc du tabac, l'air spirite lui-même en était arrivé à être saturé de la nicotine.

Nous, membres de l'Association, prîmes place avec Mme Hop, autour d'une table ronde sans mot dire. Après trois minutes vingt cinq secondes, Mme Hop tomba dans un état d'extase manifeste et se trouva possédée par l'esprit du poète Toc. Alors, par rang d'âge, nous engageâmes la conversation avec l'esprit de Toc installé en Mme Hop.

Question : Pourquoi apparais-tu sous forme de fantôme?

Réponse : Pour me renseigner sur ma renommée posthume.

Q. : Désires-tu ou les esprits en général désirent-ils la renommée, après la mort?

R. : Moi, du moins, je ne puis m'en empêcher. Mais un poète japonais que j'ai rencontré la méprisait.

Q. : Connais-tu le nom de ce poète?

R. : Malheureusement, je l'ai oublié. Je m'en rappelle un seulement parmi les poèmes à dix-sept syllabes qu'il aimait à composer.

Q. : Quel est ce poème?

R. : Un vieil étang ! Le Plongeon d'une grenouille ! Le Bruit de l'eau !

Q. : Considères-tu ce poème comme un chef-d'œuvre?

R. : Ce n'est pas mal, à mon avis, mais, si on mettait

kappa à la place de grenouille, ce serait plus élevé, plus brillant.

Q. : Soit, mais pour quelle raison?

R. : Car nous, kappa, nous tenons très fortement au kappa dans toutes les formes de l'art.

A ce moment, le président peck nous rappela qu'il s'agissait d'une enquête extraordinaire de l'Association d'Occultisme et non d'un jury de concours.

Q. : Quelle est la vie des esprits?

R. : Rien de différent de la vôtre.

Q. : Regrettes-tu donc ton suicide?

R. : Pas tout à fait. Lorsque je serai las de la vie d'esprit, je me ressusciterai à l'aide d'un revolver.

Q. : Est-ce que ressusciter est facile?

A cette question, l'esprit de Toc répliqua par une autre question. Ce qui sembla tout naturel à ceux qui connaissaient Toc.

Q. (de Toc) : Se suicider est-il facile?

Q. : La vie chez vous est-elle éternelle?

R. : Sur notre vie, les opinions sont extrêmement partagées. On ne peut en croire aucune. Mais sachez que, par chance, chez nous aussi, il y a des religions : christianisme, bouddhisme, islamisme, zoroastrisme.

Q. : A quoi est-ce que tu crois?

R. : Je reste agnostique.

Q. : Mais, au moins, tu ne mets pas en doute l'existence de l'âme?

R. : Je ne peux pas croire aussi fortement que vous.

Q. : As-tu beaucoup de relations?

R. : Les amis que je fréquente, gens d'Orient ou gens d'Occident, des temps passés, des temps modernes, ne sont pas moins de trois cents. Les plus notables sont : Kleist, Meilender, Weininger...

Q. : Tes amis sont-ils tous des suicidés?

R. : Pas nécessairement. Montaigne, par exemple, qui donna une justification du suicide, est un ami que je respecte profondément. Mais je refuse toute relation avec les pessimistes qui n'ont pas eu le courage de se tuer — Schopenhauer et ses semblables.

Q. : Je voudrais savoir si Schopenhauer est en bonne santé?

R. : Il s'occupe actuellement de pessimisme spiritiste et exprime ses opinions sur la question de savoir si la résurrection volontaire est souhaitable ou non. Mais, ayant su que le choléra est imputable aux microbes, il paraît en être profondément soulagé.

Nous lui demandâmes successivement des nouvelles d'esprits tels que Napoléon, Confucius, Dostoïevsky, Darwin, Cléopâtre, Çâkyamouni, Démosthène, Dante, Sen no Rikyû [8], etc. Mais, à notre grande déception, Toc, au lieu d'y répondre avec abondance de détails, voulut vérifier les rumeurs qui le concernaient lui-même.

Q. (de Toc) : Quelle est ma renommée posthume ?

R. : D'après un critique, tu figures parmi les poètes « mineurs. »

Q. : Ce critique fait certainement partie de ceux qui m'en veulent, parce que je ne leur avais pas dédicacé mon recueil de poèmes. Est-ce que mes œuvres complètes ont été publiées ?

R. : Oui, mais la vente n'en est pas fameuse.

Q. : Mes œuvres complètes, après trois siècles, c'est-à-dire après l'extinction des droits d'auteur, seront achetées par tous. Quelles sont les nouvelles de l'amie avec qui je vivais ?

R. : Elle est devenue l'épouse de l'éditeur Rak.

Q. : Elle ne saurait donc malheureusement pas encore qu'un des yeux de Rak est artificiel. Mes enfants ?

R. : Nous avons entendu dire qu'ils étaient dans un orphelinat national.

Après un court silence, Toc recommença ses questions.

Q. : Quel est l'état actuel de ma maison ?

R. : Elle est devenue le studio d'un photographe.

Q. : Ma table ?

R. : Personne ne sait ce qu'elle est devenue.

Q. : Je gardais secrètement une liasse de lettres dans un tiroir de ma table. Mais, heureusement, cela ne vous regarde pas. Maintenant, notre monde spirite va plonger doucement dans la pénombre du soir. Je vous quitte. Adieu mes amis, adieu, mes chers amis.

Avec ces dernières paroles, Mme Hop se réveilla brusquement. Nous, les dix-sept membres de l'Association, garantissons, par le Dieu du Ciel, l'authenticité de ces paroles. [En ce qui concerne les indemnités dues à Mme Hop, elles ont été payées au tarif habituel selon ce qu'elle gagnait quand elle était actrice.]

XVI

Après la lecture de ces articles, le séjour dans ce pays m'étant devenu de plus en plus pesant, je fus saisi du désir de rentrer, si possible, chez les humains. Mais, malgré toutes les recherches que je fis au cours de mes promenades, je ne pus retrouver le trou par lequel j'étais tombé ici. Sur ces entrefaites, j'appris du pêcheur Bag que, dans la banlieue, un vieux kappa vivait tranquillement, lisant des livres, jouant de la flûte. Supposant que, si j'interrogeais ce kappa, il m'indiquerait peut-être la route pour sortir de ce pays, je ne tardai pas à lui rendre visite là où il habitait. Mais à l'endroit indiqué, dans une petite maison, je trouvai un kappa qui, loin d'être vieux, était si jeune au contraire, à peine douze ou treize ans, que l'assiette de sa tête n'avait pas encore durci et qui jouait tranquillement de la flûte. Je me demandai si je ne me trompais pas de maison. Mais, vérifiant son nom pour plus de sûreté, je sus que c'était bien là le vieux kappa dont m'avait parlé Bag.

— Vous avez l'air d'un enfant.

— Tu n'étais donc pas au courant?... Par je ne sais quel destin, j'avais déjà les cheveux blancs quand je sortis du ventre de ma mère. Mais à partir de ce moment-là, je me mis à rajeunir, et maintenant, me voici enfant comme tu le vois. Si je fais le calcul de mon âge, en admettant que j'avais soixante ans lors de ma naissance, je peux avoir aux environs de cent quinze ou cent seize ans.

Je promenai mon regard dans la chambre. Était-ce pure imagination de ma part? Les modestes chaises et la table tout ordinaire, baignaient, me parut-il, dans une atmosphère de bonheur sans mélange.

— Il me semble que vous vivez plus heureux que les autres kappa ?

— C'est possible. Dans mon enfance, j'étais vieux, et maintenant à l'âge d'homme, je suis devenu jeune. Aussi ne suis-je pas assoiffé d'argent comme les vieux, ni cupide comme les jeunes. En tout cas, ma vie, si elle n'est pas heureuse, est au moins tranquille.

— En effet, votre vie doit être tranquille.

— Oui, mais je ne t'ai pas dit toutes les raisons que j'ai d'être heureux. Mon corps est robuste et j'ai assez de fortune pour échapper à toutes les difficultés de la vie. Mais ce qui m'a le plus favorisé, c'est que j'étais déjà vieux quand je suis né.

Je devisai pendant quelque temps avec lui au sujet de Toc, qui s'était suicidé, ou de Ger, qui consultait le médecin tous les jours. Mais, je ne sais pourquoi, le vieux kappa ne paraissait pas porter beaucoup d'intérêt à mes histoires.

— Alors, vous n'êtes pas attaché à la vie comme les autres ?

Le vieux kappa, les yeux sur mon visage, répondit tranquillement :

— Comme les autres kappa, moi aussi, je me suis détaché du ventre de ma mère après que mon père m'eut demandé si je voulais naître dans ce monde.

— Mais, moi, je suis tombé dans ce pays tout à fait par hasard. Indiquez-moi, je vous prie, la route par laquelle je pourrai sortir de ce pays.

— Il n'y a qu'une seule qui te permette de partir d'ici.

— Laquelle ?

— C'est la route par laquelle tu es venu.

Quand j'entendis ces paroles, je ne sais pourquoi, tous mes cheveux se hérissèrent.

— Malheureusement, je n'arrive pas à la retrouver.

Le vieux kappa me fixa de son regard limpide. Puis, se relevant, il s'approcha d'un coin de la chambre et tira sur une corde qui pendait au plafond. Alors s'ouvrit une lucarne que je n'avais pas aperçue jusque-là. De l'autre côté de la lucarne, à travers les branches des pins et des cèdres, s'étendait, tout bleu, le grand ciel. Plus encore, je voyais se dresser le sommet même du mont Yari-ga-take, semblable à une énorme pointe de flèche. Comme un enfant qui regarde un avion, je sautai de joie.

— Tiens, tu n'as qu'à sortir par là.

Ce disant, le vieux kappa montra la corde du bout de son doigt. Ce que je croyais n'être qu'une simple corde était en réalité une échelle de cordes.

— Alors, je puis sortir par là, n'est-ce pas?

— Oui, mais, je t'avertis, ne t'avise pas de regretter d'être parti.

— Pas de danger, je ne regretterai jamais.

Cette réponse à peine lancée je grimpai à l'échelle de cordes, laissant en dessous de moi l'assiette de la tête du vieux kappa.

XVII

Après mon retour du pays des kappa, je fus gêné pendant quelque temps par les odeurs de la peau des humains. Comparés à ces derniers, les kappa sont vraiment propres. Et puis, notre tête à nous, humains, paraissait bizarre à mes yeux habitués à regarder les kappa. Peut-être ce fait vous semble-t-il incompréhensible, mais hormis les yeux et la bouche, le nez est l'organe qui suscite les sensations les plus fortes. J'essayais, bien entendu, dans la mesure du possible, de ne voir personne. Toutefois, peu à peu je m'accoutumais aux humains. Six mois après mon retour, j'arrivai à pouvoir aller n'importe où. Mais, l'embarrassant, c'est qu'il m'arrivait souvent, au cours d'une conversation, de laisser instinctivement échapper des mots en langue kappa.

— Tu seras chez toi demain?

— *Qua.*

— Comment dis-tu?

— Que je serai chez moi.

C'était ainsi que la conversation se déroulait.

Mais, juste un an après mon retour du pays des kappa,

je subis un échec dans une certaine affaire... et... (à ces mots, le docteur S... l'avertit : « Cessez. » D'après le docteur S..., chaque fois qu'il en arrivait là, le pensionnaire nº 23, échappant au contrôle des gardiens, devenait brutal).

— Alors, n'en parlons pas. Mais l'échec de cette affaire me donna le désir de retourner au pays des kappa. Non pas, certes, d'y aller, mais d'y « retourner ». Le pays des kappa m'apparaissait, dans l'état où j'étais à cette époque, comme mon pays natal.

Je sortis doucement de la maison et voulus prendre le train de la Ligne centrale. Malheureusement, arrêté par un policier, je fus interné à l'hôpital. Pendant mon hospitalisation, je continuai à rêver des kappa. Comment va le docteur Chak? Le philosophe Mag doit, comme d'habitude, réfléchir à un problème sous la lanterne aux vitres de sept couleurs. Surtout, mon ami intime Rapp, dont le bec était gangrené... C'était un après-midi nuageux comme aujourd'hui, au milieu de mes rêveries, je faillis crier à haute voix. Je ne sais comment il était entré, mais le kappa pêcheur nommé Bag, debout en face de moi, s'inclinait à plusieurs reprises! Je ne me souviens plus si, après avoir repris mes esprits, je pleurais ou je riais. En tout cas, il est certain que j'étais rempli de joie, de pouvoir parler la langue des kappa après si longtemps.

— Est-ce bien toi? Bag! Comment es-tu là!

— Oui, je suis venu vous voir, ayant entendu dire que vous étiez malade.

— Comment l'as-tu su?

— Par les informations à la radio.

Bag riait fièrement.

— Mais comment as-tu pu venir?

Ce n'était pas difficile. Les rivières et les canaux de Tôkyô sont autant de passages pour les kappa.

Je m'aperçus, à ce moment-là seulement, que les kappa sont des batraciens tout comme les grenouilles.

— Mais il n'y a pas de rivières dans ces parages.

— Oh! je suis venu ici par la conduite d'eau et je suis sorti par une bouche d'incendie...

— Par une bouche d'incendie?...

— Monsieur aurait-il oublié qu'il existe aussi des plombiers au pays des kappa?

Dès lors, tous les deux ou trois jours, je reçus la visite des kappa. D'après le docteur S..., j'étais atteint de démence précoce. Mais le docteur Chak m'a dit (et ce doit être très choquant pour vous aussi) que ce n'est pas moi qui suis dément précoce, mais bien plutôt le docteur S... et vous autres. Si même le docteur Chak se dérangea, il va sans dire que l'étudiant Rapp et le philosophe Mag me rendirent visite. Cependant, dans la journée, à part le pêcheur Bag, personne ne venait. C'était la nuit surtout qu'ils arrivaient à deux ou trois,... par les nuits de lune.

Hier soir encore, je causais au clair de lune avec Ger, le directeur de la compagnie de verrerie et le philosophe Mag. Et même, on a fait jouer à Kraback, le musicien, un morceau au violon. Regardez. Voyez-vous ce bouquet de lis noirs posé sur la table là-bas? C'est le cadeau que Kraback m'a apporté hier soir...

(Je me retournai. Mais sur la table il n'y avait rien, pas même un bouquet de fleurs.)

— Ce livre aussi, c'est le philosophe Mag qui s'est dérangé pour me l'apporter. Lisez le premier vers. Non, vous ne devez pas connaître la langue des kappa. Alors, je lirai pour vous. C'est un volume de l'œuvre complète de Toc, récemment publiée.

(Ouvrant un vieil annuaire du téléphone, il commença à réciter à haute voix les vers suivants :)

Au milieu des fleurs de palme et des bambous,
Bouddha dort depuis longtemps

Comme le figuier desséché au bord de la route,
Le Christ lui-même semble déjà mort.

Quant à nous, il nous faut reposer,
Fût-ce devant un décor de théâtre.

(L'envers du décor n'était fait que de toiles de canevas rafistolées.)

Mais, je ne suis pas aussi pessimiste que ce poète. Tant que les kappa viendront me voir assez souvent... Mais j'avais oublié! Vous vous rappelez le juge Pep qui était mon ami. Ce kappa, ayant perdu sa position, est vraiment devenu fou. On dit qu'il est actuellement dans un clinique psychiatrique du pays des kappa. Je voudrais bien aller lui rendre visite, si le docteur S... me le permettait...

(Le 11 février 1927.)

Notes

I. FIGURES INFERNALES

Sources : *Uji shûi monogatari* (recueil de contes, supplément du *Uji* (Dainagon) *monogatari*, c'est-à-dire du *Konjaku monogatari*. L'œuvre, dont l'auteur reste inconnu, se compose de 15 livres, contient 196 contes rédigés entre 1213 et 1218). Livre III, conte intitulé « Yoshidie, peintre bouddhiste, se réjouit dans la contemplation de l'incendie »; *Jikkin shô* (recueil de contes rédigé par Tachibana Narisue ou Sugawara no Tamenaga ou Rokuhara Jizôzaemon Nyûdô, en trois volumes, 280 contes d'édification, 1253), livre VI, conte 32; *Kokon chomon jû* (recueil de contes attribué à Tachibana Narisue, en 20 livres, 1254), livre XI, conte intitulé « Composition du *Paravent des Figures infernales* par Hitaka ».

1. *Figures infernales :* sujet de peinture bouddhique représentant les atrocités de l'enfer, ayant pour but de recommander le bien et de mettre en garde contre le mal.

2. *Roi de Science magique Dai Itoku :* un des cinq grands rois de science magique du bouddhisme ésotérique (*mikkyô*). Juché sur le dos d'un taureau blanc, il subjugue les serpents venimeux et les dragons malveillants.

3. Che Houang-ti, le premier empereur de Ts'in (259-210 av. J.-C.), qui, après l'époque des Royaumes Combattants (403-220 av. J.-C.), unifia la Chine. Bâtisseur de la Grande Muraille, il est connu pour la somptuosité grandiose de ses entreprises.

4. *Yang-ti :* second empereur de la dynastie de Souei (580-618). Il tua son père et devint empereur; il entreprit de grands travaux mais, vautré dans le luxe, il fut assassiné par un de ses sujets.

5. *Eboshi :* coiffure de l'époque de Heian, originairement confectionnée avec de la soie noire, plus tard en papier empesé de laque. La forme et l'enduit en étaient différents selon le rang hiérarchique de ceux qui le portaient : *eboshi* à haut-de-forme, *eboshi* plié, *eboshi* souple, etc.

6. *Kichijôten :* déesse bouddhique de la bonne fortune et de la beauté.

7. *Roi de Science magique Fudô :* un des cinq grands rois du bouddhisme ésotérique, aux traits courroucés, dompteur des démons et des mauvaises passions. Il est assis, immuable (*Fudô*), au milieu des flammes qui s'élèvent en se tordant.

8. Un *ken* équivaut à 1,81 m environ.

II. LE NEZ

Sources : *Konjaku monogatari* (recueil de contes portant sur ce qui se passait en Inde, en Chine et au Japon, en 31 livres; l'auteur n'en est pas précisé; fin XIe siècle), livre XXVIII, conte 20; *Uji shûi monogatari*, livre II, conte intitulé « Moine au long nez ».

On remarquera également l'influence du *Nez* de Gogol (selon M. Yoshida S.).

1. *Le soûtra de Kannon :* chapitre XXV du soûtra du Lotus, autrement appelé *Fumon-bon*, où sont relatées la vertu et la grâce du bodhisattva *Kannon*.

2. *Mokuren : Maudgalyayâna*, un des dix disciples de Çakyamouni, connu pour ses pouvoirs miraculeux.

3. *Sharihotsu : Sariptra*, un des dix grands disciples de Çakyamouni, connu pour sa sagesse.

4. *Ryûju : Nagarjûna* († 234 av. J.-C.), grand philosophe bouddhiste de l'Inde, versé dans la doctrine du Grand Véhicule.

5. *Memyô : Ashvaghosha* (vers le IIe siècle), philosophe et grand poète bouddhiste de l'Inde, protégé du roi Kaniska.

6. *Bosatsu : Bodhisattva* (être à éveil, candidat à la bouddhéité), personnalité bouddhique de haute vertu, qui poursuit le perfectionnement de la sagesse et édifie le peuple.

7. *Ryûgentoku*, *Lieou Yuan-tö* (160-223), roi de *Chou Han*, dont les oreilles étaient excessivement longues.

8. *Fugen : Fugen bosatsu*, grand bodhisattva compatissant, assis sur le dos d'un éléphant blanc.

III. RASHOMON

Sources : *Konjaku monogatari*, livre XXIX, conte 18, intitulé « Histoire d'un voleur qui a vu des cadavres dans la galerie de *Rashômon* »; *ibid.*, livre XXXI, conte 31, intitulé « Histoire d'une vieille femme qui vendait des poissons à *Tatehaki no jin* ».

1. *Rashômon :* La porte de *rashô*, grande porte d'entrée de la capitale *Kyôto* à l'époque de Heian, était située à l'extrémité sud de la grande avenue de Suzaku conduisant au Palais. Elle fut bâtie au début de l'époque de Heian. L'enceinte *(rashô* ou *rajô)* dont cette porte devait servir d'entrée principale n'a jamais été construite. La porte était munie d'une galerie.

2. Cf. « Figures infernales », n. 5.

3. L'époque de Heian (794-1192) : époque où les empereurs régnaient directement à Kyôto (capitale de Heian).

4. *L'heure du singe :* de 15 heures à 17 heures.

IV. DANS LE FOURRÉ

Sources : *Konjaku monogarati*, livre XXIX, conte 23, intitulé « Un homme, amenant sa femme à la province de *Tamba*, s'est vu ligoter, à Ooeyama, par un malfaiteur ».

1. *Chô :* ancienne unité de distance valant soixante *ken*, soit à peu près à 109 mètres (voir note 8 du conte I).

2. Yamashina : lieu-dit qui se trouve à proximité de la capitale, dans l'arrondissement actuel de Higashiyama de Kyôto.

3. *Suhô :* rouge foncé, couleur particulièrement appréciée pour teindre le revers de la robe de cérémonie de la dame de cour.

4. *Shaku :* ancienne unité de longueur valant à peu près 30 centimètres; 6 *shaku* constituent un *ken*, dont 60 unités font un *chô*.

5. *Sun :* le dixième d'un *shaku*.

6. La première de *Kong :* vers 22 heures.

7. *Pindola :* un des seize *rakan* du bouddhisme. *Rakan*, ou *arakan*, vient du sanskrit *arhat* qui signifie « celui qui est à vénérer ». Pindola est vénéré au Japon pour son pouvoir de guérir les maladies.

8. Nom de la province qui se trouve au nord de la préfecture actuelle de Fukui, sur la côte de la mer du Japon.

9. Temple de Kiyomizu : temple bouddhique qui se trouve à Kyôto, dans l'arrondissement actuel de Higashiyama, temple commun à la secte de *Hossô* et à celle de *Shingon*.

V. GRUAU D'IGNAMES

Sources : *Konjaku monogatari*, livre XXVI, conte intitulé « Le chef de la Garde impériale Toshihito, encore jeune, amène un *goi* de Kyôto à Tsuruga »; *Ujishûi-monogatari*, livre I, conte intitulé « Gruau d'ignames de Toshihito ».

1. *Gruau d'ignames :* gruau de riz bouilli avec des ignames coupées en morceaux. Mets préféré des Japonais.

2. *Gangyô :* nom d'une ère de l'époque de Heian, correspondant à 877-884 de l'ère chrétienne.

3. *Ninna :* nom d'une ère de l'époque de Heian, correspondant à 885-888 de l'ère chrétienne.

4. *Fujiwara Mototsune :* 835-891; quoiqu'il ne fût pas prince impérial, il devint, pour la première fois au Japon, *Régent et Grand Rapporteur*, fonctions réservées jusque-là aux seuls princes du sang.

5. *Goi :* cinquième rang, le plus bas degré de la hiérarchie administrative, exigé pour ceux qui avaient accès au Palais impérial.

6. *Mii :* temple bouddhique à Ootsu, métropole de la secte de *Tendai.*

7. Echizen : nom de la province correspondant à la préfecture actuelle de Fukui.

8. *Heure de serpent :* dix heures du matin.

9. Takashina : lieu-dit qui se trouve entre le temple Mii et Tsuruga, chef-lieu d'Echizen.

10. *Heure de chien :* huit heures du soir.

11. *Heure de lièvre :* six heures du matin.

VI. LES VIEUX JOURS DU VÉNÉRABLE SUSANOO

Sources : *Kojiki*, livre I. *Kojiki*, « Livre des choses anciennes », premier livre compilé en japonais en 712 par Oono Yasumaro à partir de la tradition orale. On y trouve, en dehors de la justification du droit divin des empereurs considérés comme descendants des dieux, nombre d'épisodes pittoresques et de poèmes pleins de saveur rustique. Le livre I raconte la genèse et l'âge mystique du Japon.

1. Susanoo : une des principales divinités de la mythologie japonaise; frère cadet d'Amaterasu, *grande déesse qui illumine le ciel*, et un des trois enfants du divin couple Izanami et Izanagi, procréateurs de la plupart des dieux et de la nature dans le monde du « Kojiki », il fut expulsé de *Takamagahara*, *Plaine du Haut Ciel*, résidence des dieux célestes, à cause de ses sauvageries. Il descendit à la province d'Izumo (qui se confond souvent dans la mythologie japonaise avec les limbes, pays souterrain), où il tua un gros serpent à huit têtes qui allait dévorer la princesse Kushinada, sa future épouse, et devint souverain des limbes (*Nenokuni*, pays des racines).

2. Princesse Suseri : fille de Susanoo et de Kushinada; future épouse de Ookuninushi no mikoto, appelé dans le présent conte Ashihara Shikoo.

3. Oohimemuchi : autre nom d'Amaterasu, *grande déesse qui illumine le ciel*, dont l'arrière-arrière-petit-fils sera le premier empereur du Japon, *Jimmu tennô.*

VII. LE FIL D'ARAIGNÉE

Sources : Dostoïevsky, *Les Frères Karamazov*, VIIe partie, section 3 (d'après M. Yoshida S.).

VIII. LE MARTYR

Les sources de ce conte sont très discutées. Pour le style, M. Yoshida S. croit y repérer l'imitation de celui de *Heike monogatari* (« La Geste des Taïra »), édition Amakusa (fin XVIe ou début XVIIe siècle). Il paraît, selon l'aveu de l'auteur lui-même, que ce conte n'est qu'une invention de ce dernier, purement et simplement, et cela malgré le commentaire, qui a toute l'apparence de la vérité, qu'il a ajouté à la fin de la narration

1. *Guia do peccador*, « Guide du pécheur », par Luis de Granada; la traduction japonaise fut publiée à Nagasaki en 1599, présume-t-on.

2. *Ekkelesia :* église. L'auteur se sert, dans ce conte comme dans quelques-uns du même genre, complaisamment de vocables lusitaniens familiers aux chrétiens japonais du XVIe et du XVIIe siècle. On sait que la nouvelle religion fut apportée au Japon par des missionnaires portugais. La présente traduction conserve, comme le texte japonais, ces mots de consonance étrangère en leur forme originale un peu déformée :
Ekkelesia, église; *padre*, Père; *Paraiso*, paradis; *Deus*, Dieu; *Gentio*, gentil, païen; *conta*, chapelet; *irmao*, Frère; *superiores*, supérieurs; *diabo*, diable; *Cruz*, Croix; *Virgen Maria*, Vierge Marie; *confissao*, confession; *inferno*, enfer; etc.

3. *Legenda aurea :* par Jacobus de Borgine (1235-1298). Mais l'édition dont parle ici l'auteur est purement imaginaire.

IX. LE RAPPORT D'OGATA RYOSAI

Sources : Ogata Ryôsai est très probablement un personnage imaginaire. M. Yoshida S. croit d'autre part repérer, en ce qui concerne le style épistolaire à la manière *Époque d'Edo* de ce conte, l'influence du « Testament d'Okitsu Yagoemon » (1912) de Mori Ogai (1862-1922).

1. *Kirishitan :* chrétiens, terme avec lequel les gens de l'époque appelaient les adeptes de la nouvelle religion.
2. *Heure de lièvre :* six heures du matin.
3. *Heure de mouton :* deux heures de l'après-midi.
4. *Heure de serpent :* dix heures du matin.
5. *Heure de dragon :* huit heures du matin.
6. *Bateren : padre*, Père; *Irmao*, frère.

X. OGIN

1. *Germa :* nom de l'ère au début de l'époque d'Edo (1615-1624).
2. *Kan-ei :* nom de l'ère à l'époque d'Edo (1624-1644).

3. *Urakami :* Actuellement une partie de la ville de Nagasaki, dans l'île de Kyûshû. Un des hauts lieux des chrétiens japonais au XVIIe siècle.

4. *Zen :* Une secte bouddhique qui insiste sur la concentration de l'esprit et l'intuition de la vérité.

5. *Hokke :* Littéralement Soûtra de « Lotus », une secte bouddhique appelée aussi secte commencée par Nichiren (1222-1282).

6. *Tôdo :* « Terre pure » où habite Bouddha, une secte bouddhique inaugurée par le moine Hônen (1133-1212).

XI. L'ILLUMINATION CRÉATRICE

Sources : *Extrait du Journal de Bakin*, rédigé par Aeba Kôson (1855-1922), romancier et critique de théâtre. Le titre original de cette nouvelle, *Gesaku Zammai*, est difficile à traduire.

Gesaku qui, littéralement, signifie *composition par divertissement*, est l'appellation globale que donnaient à leurs œuvres les auteurs de romans de la dernière époque d'Edo. Menant leur vie d'écrivains sous le gouvernement du shôgunat, de caractère foncièrement guerrier et moralisant, ces auteurs qui se complaisaient à décrire les milieux des gens du peuple avaient la nécessité de se faire passer pour ceux qui ne prenaient pas au sérieux leur métier d'écrire. De fait, pas mal de ces écrivains furent exposés à des censures parfois très sévères. Le mot *sammaï*, dérivé du sanskrit *samâdhi*, concentration d'esprit, signifie en japonais absorption complaisante dans une chose ou dans un état, même une sorte d'extase libérée de tout souci ou préoccupation. La présente nouvelle décrit le cheminement du romancier (v. nº 3) Bakin qui, malgré toutes les difficultés, arriva à cet état d'esprit dans lequel un écrivain peut s'adonner complètement à son œuvre au mépris de tout ce qui se passe autour de lui. Il est évident qu'Akutagawa voit en la personne de Bakin qui avait vécu plus d'un siècle auparavant un destin qu'il devait d'ores et déjà accepter comme sien dans l'époque qu'il vivait, une époque non moins désespérante que l'autre. En fin de compte, cette œuvre représente la recherche d'une « illumination » intérieure qui permette à un écrivain de vivre et de créer dans des conditions difficiles à supporter.

1. Shikitei Samba (1776-1822) : auteur des *Kokkei bon*, livres drolatiques et burlesques, dont *Ukiyo buro*, *les Bains de ce monde flottant*, de la dernière période de l'époque d'Edo.

2. *Bouche-de-grenade :* dans les établissements de bains publics de l'époque d'Edo, la baie par laquelle on s'introduit à l'intérieur de la cloison qui protège le bassin d'eau chaude contre le refroidissement.

3. Un vieillard : Takizawa Sakichi, autrement Bakin (1767-1848), romancier de la dernière période de l'époque d'Edo, héros de ce conte. Issu d'une famille de guerriers, il devint disciple du roman-

cier Santô Kyôden (1761-1816). Il surpassa les autres écrivains de son époque par la quantité, et parfois la qualité, de ses œuvres. Ses romans, aux sujets populaires, traditionnels ou historiques, tous basés sur la morale confucianiste, par suite d'intention foncièrement didactique, se conformaient, somme toute, à la discipline féodale de l'époque de Tokugawa, sans toutefois perdre leur caractère populaire. Ses œuvres principales sont : *Rêve de Nanka* (1808), *Arc tendu du croissant de lune* (1806), *Histoire des huit chiens-guerriers* (« Hakkenden ») (1814-1841).

4. *Kyokutei :* autre nom de plume de Bakin.

5. *Hakkenden :* « Histoire des huit chiens-guerriers », chef-d'œuvre de Bakin, en 96 volumes, achevé en 1841. Huit guerriers, nés de la demoiselle Fusehime, enceinte de l'esprit de son chien fidèle, incarnent respectivement huit vertus principales du confucianisme, morale officielle de l'époque, charité, justice, politesse, sagesse, fidélité, honnêteté, piété filiale, respect; ils collaborent pour la restauration de la « Maison » du père de Fusehime, leur mère, de la « Maison » Satomi, anéantie par ses ennemis; bref, c'est une histoire de vengeance à la mode de l'époque.

6. Kobungo : dans le *Hakkenden*, l'assassin du mari de Sôsuke en est l'ami.

7. *Ra-kan-chû* : Lo Kouang-tchong, romancier chinois du début de la dynastie des *Ming* (XVIIe siècle), auteur notamment du *San-kouo-che yen-yi*, roman romanesque basé sur le *San-kouo-che* , « Histoire des Trois Pays ».

8. *Haïku :* court poème de dix-sept syllabes.

9. *Tanka :* court poème de trente et une syllabes.

10. *Suikoden :* « Chouei hou tchouan », grand roman du début de la dynastie des *Ming*, qui raconte les actes et faits de dix-huit personnages de l'époque des *Song;* l'œuvre est parfois attribuée à Lo Kouang-tchong. Bakin la traduisit en japonais.

11. Kyôden : Santô Kyôden (1761-1816) a arrangé le « Chouei hou tchouan » dans son *Chûshin Suikoden* (« Suikoden, histoire de la fidélité »).

12. Quatre Livres et cinq Canons (*Sseu-chou* et *Wou-king*), textes sacrés du confucianisme.

13. *Osome Hisamatsu :* suicide d'amour d'Osome, fille d'un marchand d'huile d'Osaka, et de Hisamatsu, employé de ce dernier. Cette affaire fut plusieurs fois mise en scène pour le *Jôruri* (théâtre de marionnettes) comme pour le *Kabuki.*

14. *Histoire d'amour des fleurs de l'automne :* roman d'amour de Bakin inspiré par le suicide d'amour d'Osome et de Hisamatsu, *Shûden jôshi aki no nanakusa.*

15. Ikku : Jippensha Ikku (1765-1831), romancier humoristique de la dernière période d'Edo, auteur du *Tôkaidôchû hizakurige* (« Voyage sur le *Tôkaidô* sur le destrier Genou », autrement dit : *à pied*).

16. Saryûken : autre nom de Bakin.

17. « Kin-pei-bai » : *Kin-p'ing-mei*, grand roman chinois de l'époque Ming; ici il s'agit d'un roman de même titre de Bakin, qui est un pastiche du premier.

18. Nezumikozô Jirôdayû : célèbre voleur aux vœux généreux, ami des pauvres, arrêté et exécuté en 1832.

19. Unités monétaires de l'époque d'Edo : 1 *ryô* = 4 *bu*.

20. Tanehiko : Ryûtei Tanehiko (1783-1842), romancier des ninjô-bon, livres sentimentaux de la dernière période d'Edo.

21. Shunsui : Tamenaga Shunsui (1789-1844), disciple de Samba, écrivain de livres sentimentaux de la dernière période d'Edo.

22. « Voyage aux îles » : *Juntôki* (1814-1826), roman de Bakin, où le héros, Asahina Saburô, par ses exploits héroïques, surmonte des situations difficiles.

23. Watanabe Kazan : Watanabe Noboru, alias Kazan (1793-1841), artiste peintre au style mixte oriental-occidental, érudit; d'autre part, il était versé dans le classique chinois et les études hollandaises. Ses œuvres, à tendance parfois révolutionnaire, furent interdites. Il se suicida.

24. *Haori* et *hakama : haori* est une sorte de cotte légère qu'on porte sur le *kimono*, et *hakama*, une sorte de jupe pour la cérémonie. On dit *haori hakama* lorsqu'on est en costume pour la cérémonie.

25. Kanzan et Jittoku : Han Chan et Chi Tö, deux célèbres moines bouddhiques de l'époque de *T'ang*. Ils servent souvent de sujet à la peinture « zeniste ».

26. Wang Ma-k'i : poète et peintre de l'époque de *T'ang* (699-739); il excella notamment dans la description des paysages.

27. Le premier empereur de *Ts'in* (259-210 avant J.-C.), par le souci de consolider l'unité de son nouvel empire, brûla les livres confucianistes et autres et enterra vifs les savants et érudits.

28. *Tatami :* natte de paille très solide, 1,80 m de long, 0,90 m de large et 5 centimètres de haut. *Tatami* tapisse les pièces de la maison japonaise et constitue l'unité de superficie de celles-ci : la pièce de 6 *jô* est celle qui est recouverte de 6 *tatami*. Le *tsubo*, unité de superficie du terrain, est l'espace susceptible d'être couvert de deux *tatami* disposés en largeur.

29. *Tankei :* l'endroit de la province de Chan-toung, en Chine, où se produisent de bonnes pierres réservées pour la fabrication de l'écritoire, de là l'appellation de cette écritoire même.

30. *Sonri :* forme du dragon enroulé sur soi-même.

31. Porc de *Liao-toung :* celui qui se vante de rien. Autrefois, à *Liao-toung*, un porc à tête blanche est né. Un homme, émerveillé, voulut l'offrir à l'empereur, mais, allant à *Ho-toung* pour cela, il y

rencontra, à sa grande confusion, beaucoup de porcs semblables et, tout penaud, il rentra à la maison.

32. *Kannon :* le bodhisattva Kannon, adoré pour sa grande pitié envers les gens.

XII. CHASTETÉ D'OTOMI

1. Bande de *Shôgi : Shôgi* signifie « manifestation de la justice ». Il s'agit d'un groupe de derniers révoltés contre la révolution de Meiji. Pour faire preuve de leur fidélité envers le *shôgun*, ils se retranchèrent dans le Tôeizan d'Ueno, à Tôkyô, mais furent rapidement maîtrisés par l'armée gouvernementale (1868).

2. Huitième heure : deux heures du matin ou deux heures de l'après-midi.

3. *Yukata : kimono* léger qu'on porte en été, surtout à la maison.

4. Parapluie *Daikoku :* large parapluie vendu par les Magasins Daikokuya d'Osaka.

5. *Nagashi :* dans la maison japonaise, sorte d'évier, assez large, aménagé à une certaine hauteur ou à même le plancher, pour écouler l'eau sale de la cuisine ou de la salle de bains.

6. *Kokura :* ville industrielle dans le nord de Kyû-shû, où l'on produit beaucoup de tissus de coton.

XIII. VILLA GENKAKU

1. *Bunka-mura :* groupement de *bunka-jûtaku*. *Bunka-jûtaku* est une sorte d'habitation très en vogue à l'époque de *Taïsho* (1912-1926), au style moitié occidental moitié japonais, simple, commode, saine et relativement peu coûteuse. *Bunka* signifie « culture », « civilisation ».

2. Manière de nouer les cheveux réservée aux jeunes filles.

3. *Natte* ou *tatami* ou *jô :* unité de superficie de la chambre de la maison japonaise, à peu près 1,80 m².

4. *Kappore :* danse populaire et burlesque exécutée sur l'air drolatique dont les paroles commencent par *Kappore*.

5. Passage du soûtra de Kannon.

6. Soûtra d'Obaku : soûtra d'une secte zen du même nom, venue au Japon à l'époque d'Edo (XVIIe siècle).

XIV. LE MOUCHOIR

1. Lanterne de *Gifu :* lanterne très raffinée qu'on fabrique dans la région de *Gifu*, dans le département du même nom.

2. *Bushidô :* la morale pratiquée par les guerriers à l'époque de la féodalité du Japon, codifiée à l'époque de Tokugawa sur la base de l'éthique confucianiste. Le livre intitulé *Bushidô* fut écrit par Nitobe Inazô, célèbre professeur et diplomate (1862-1933), qu'on identifie avec Hasegawa de ce conte.

3. Baïkô : acteur de *Kabuki* à l'époque de *Taïsho* et à celle de *Showa* (1885-1945).

4. Chronique de Taïkô : pièces de *Jôruri* ou de *Kabuki* ayant pour héros Taïkô Hashiba Hideyoshi, grand ministre et général du XVIe siècle (1536-1598).

XV. LES KAPPA

Sources : Swift, *Gulliver's Travel;* Samuel Butler, *Erewhon;* Anatole France, *L'Ile des pingouins.*

1. *Kappa :* forme contractée de *kawa wappa,* venu à son tour de *kawa warawa* (petit enfant de la rivière). C'est un animal imaginaire, batracien, à l'aspect d'un petit enfant. Il ne se trouve qu'au Japon. Le visage ressemble à celui d'un tigre (d'où cette appellation *sui.ko,* tigre d'eau); sa bouche est pointue et ses cheveux sont plutôt maigres. Sur sa tête, il a un petit creux contenant une petite quantité d'eau qui le maintient en forme. Il se nourrit de sang d'autres animaux, éventuellement de petits enfants qu'il entraîne sous l'eau.

2. Kamikôchi : station thermale dans le massif central des Alpes japonaises, à la préfecture de Nagano. Les chaînes de montagnes qui s'y accumulent comptent nombre de cimes de plus de 3 000 mètres d'altitude.

3. *Suiko kôryaku :* livre curieux, « Considérations sommaires sur le tigre d'eau ou kappa ».

4. Yanagida Kunio (1875) : célèbre ethnologue japonais.

5. « La Parole d'un idiot » : pastiche du titre d'un article qu'Akutagawa avait publié, en 1927, dans la revue *Kaizô,* numéro d'octobre, dont le titre exact est « La Vie d'un idiot ».

6. Église métropolitaine orthodoxe à Tôkyô, style byzantin.

7. Kunikida Doppo (1871-1908), romancier, précurseur du naturalisme japonais.

8. Sen no Rikyû : de son vrai nom, Sen no Sôeki, grand maître de la cérémonie de thé (1520-1590). Il servit deux grands chefs militaires de son époque, Oda Nobunaga et Toyotomi Hideyoshi. Il fut tué par ce dernier.

Ouvrage reproduit
par procédé photomécanique.
Impression S.E.P.C.
à Saint-Amand (Cher), le 25 septembre 1986.
Dépôt légal : septembre 1986.
Numéro d'imprimeur : 1529.
ISBN 2-07-070748-2. / Imprimé en France.

38933